一张年表读懂
世界史

路吉善 ◎ 编著

中国致公出版社

图书在版编目（CIP）数据

一张年表读懂世界史 / 路吉善编著. —— 北京：中国致公出版社，2022（2022.10重印）
ISBN 978-7-5145-1873-3

Ⅰ.①一… Ⅱ.①路… Ⅲ.①世界史—历史年表 Ⅳ.①K108

中国版本图书馆CIP数据核字（2021）第207457号

一张年表读懂世界史 / 路吉善　编著
YI ZHANG NIANBIAO DUDONG SHIJIE SHI

出　　版	中国致公出版社 （北京市朝阳区八里庄西里100号住邦2000大厦1号楼西区21层）
发　　行	中国致公出版社（010-66121708）
责任编辑	颜士永
责任校对	魏志军
策划编辑	仪雪燕
封面设计	末末美书
印　　刷	三河市嘉科万达彩色印刷有限公司
版　　次	2022年3月第1版
印　　次	2022年10月第2次印刷
开　　本	889 mm×1194 mm　1/24
印　　张	15.25
字　　数	230千字
书　　号	ISBN 978-7-5145-1873-3
定　　价	59.80元

（版权所有，盗版必究，举报电话：010-82259658）
（如发现印装质量问题，请寄本公司调换，电话：010-82259658）

序 言

历史是什么？不同的人有不同的答案。英国历史学家约翰·西利说："历史是过去的政治，政治是当代的历史。"雨果说："历史是过去传到将来的回声，是将来对过去的反映。"卡尔·贝克说："历史是说过和做过的事情的记忆。"

学习历史有什么作用？李世民说："以史为镜，可以知兴替。"龚自珍说："欲知大道，必先为史。"因为历史揭示了人类社会发展的规律，只有学习和了解了历史，才能更好地认识和把握社会发展进程中的规律和趋势。

人类社会从相互孤立、分散走向整体是一个伟大的历史进程，在这个历史进程的某个阶段，"世界历史"开始出现。世界历史不是世界上各个国家历史的简单相加，而是一个相互联系的有机体，因为没有哪个国家或民族能跟外界绝对隔绝。相反，人类文明越发达，国家间的交往就越密切。

从古至今，人类在发展的过程中，创造出许多灿烂的物质文明和精神财富，这些无价之宝，是全人类共同的财富。我们要善于从这些财富中汲取营养，为己所用。在全球化的今天，我们要放眼全世界，开阔我们的视野，学习世界上伟大人物的思想。

我们不能只关心和谈论自己的话题，还要关心和谈论别人的话题。想要有水平地讨论别人的话题，就要先了解别人。只有在了解世界的基础上，才能为世界提供有用的知识，或者提出有见地的观点，赢得别人的尊重。

当我们潜心学习世界历史后，我们不仅能够谈论其中的一些人和事，还能让我们的视野更开阔，头脑更睿智。

用心去学习世界历史，才能创造出属于自己的历史。

在数千年的历史长河中，有太多的人和事值得我们去书写，从早期中华文明的起源到伯罗奔尼撒战争，从尼罗河畔法老的诅咒到古希腊苏格拉底的思辨，从郑和下西洋到文艺复兴……历史画卷中值得回忆的片段太多太多，而我们只能截取其中精华组成人类历史的主要脉络，并将其编纂成书以帮助读者对世界历史有一个大致了解。

为保证本书历史事件细节的真实性，作者在写作的过程中查阅并参考了大量的相关图书及资料，如西方学者斯塔夫里阿诺斯的《全球通史》、格鲁塞的《东方的文明》、威尔斯的《极简世界史》，以及我国学者如吕思勉、钱穆、冯友兰、黄仁宇等人的相关著作，对于写作过程中的参考资料，作者已经用参考文献的方式于每章最后一部分列示，在此，再次对这些前辈学者表示感谢和敬意。

在本书中，我们以时间、地域和历史事件为结构，向读者介绍了从人类早期文明的开创到近代联合国成立这数千年历史的发展脉络。从时间线上，本书纵贯人类史前史、上古史、中古史、近代史和现代史，在关注这一时间线上的重大历史事件的同时，还着重介绍了一些人类在文化、思想、艺术、哲学等领域的伟大成就。

值得一提的是，中国作为世界大家庭中的一员，本书在设置上并没有将其另做划分，而是将中华历史与世界历史关联融合，将其作为世界历史演进的一部分加以叙述，以期给读者呈现出最完整的世界历史蓝图，让他们以更高、更完整的视角来看整个世界。

目 录

世界史前史

第一章 人类的诞生

遥远的故乡 …………………………… 004

森林古猿的进化之路 ………………… 006

学会用火 ……………………………… 008

石器时代 ……………………………… 010

原始宗教 ……………………………… 012

附录：第一章参考文献 ……………… 014

世界上古史

第二章 古代文明的曙光

世界上最古老的文明：苏美尔文明 …… 018

人类最早的文字：楔形文字 ………… 021

尼罗河的馈赠：古埃及文明 ………… 025

扑朔迷离的古埃及宗教 ……………… 029

长江下游的良渚文明 ………………… 031

克里特岛上的米诺斯文明 …………… 035

千年之谜金字塔 ……………………… 038

印度河文明 …………………………… 041

阿卡德帝国 …………………………… 044

黄河文明 ……………………………… 047

古巴比伦王国 ………………………… 050

《汉谟拉比法典》 …………………… 052

影响深远的腓尼基字母 ……………… 055

叛逆的法老——阿蒙霍特普四世 …… 057

法老的诅咒 …………………………… 060

附录：第二章参考文献 ……………… 063

第三章 社会制度大变革

华夏的开始 …………………………… 066

所罗门宝藏 …………………………… 070

亚述帝国的兴起与衰落 ……………… 072

婆罗门教的创立 …… 076
斯巴达国家形成 …… 079
千年古城罗马的传说 …… 083
世界传奇帝王——居鲁士大帝 …… 085
梭伦改革 …… 088
众神之神——宙斯神像 …… 092
附录：第三章参考文献 …… 094

第四章　奴隶社会的产生

圣人孔子 …… 096
古罗马共和国 …… 100
苏格拉底的信仰 …… 102
亚里士多德的伟大贡献 …… 107
罗德岛太阳神巨像之谜 …… 109
希望之光——亚历山大灯塔 …… 113
黑白两面阿育王 …… 115
千古一帝秦始皇 …… 118
附录：第四章参考文献 …… 122

第五章　帝国的战争

布匿战争 …… 124
安息帝国 …… 127

马其顿战争 …… 130
贵霜帝国 …… 133
丝绸之路的开创——张骞出使西域 …… 136
恺撒大帝 …… 139
西罗马帝国的灭亡 …… 142
庞贝的末日 …… 144
萨珊王朝 …… 147
附录：第五章参考文献 …… 150

世界中古史

第六章　中世纪的开端

匈奴王阿提拉 …… 154
消失的玛雅文明 …… 157
《查士丁尼法典》 …… 162
拜占庭的奇迹：圣索菲亚大教堂 …… 165
阿拉伯帝国 …… 168
日本大化改新 …… 172
开元盛世 …… 175

丕平献土 ·········· 179
查理大帝 ·········· 181
凡尔登条约：天下三分 ·········· 184
阿拉伯医学王子——阿维森纳 ·········· 186
附录：第六章参考文献 ·········· 188

第七章　封建王国的变革

卡佩王朝 ·········· 192
日本武士的形成 ·········· 195
教权与王权的争斗——卡诺莎之辱 ·········· 198
哥特式建筑艺术的起源 ·········· 202
琅城起义，欧洲城市的兴起 ·········· 205
《自由大宪章》 ·········· 208
巴黎大学 ·········· 211
阿维农之囚 ·········· 212
郑和下西洋 ·········· 215
附录：第七章参考文献 ·········· 218

第八章　封建社会的挽歌

意大利多里奇诺起义 ·········· 220
跛子帖睦尔 ·········· 222

欧洲黑死病的阴霾 ·········· 224
法国扎克雷农民起义 ·········· 227
英国瓦特·泰勒农民起义 ·········· 232
圣女贞德 ·········· 235
君士坦丁堡的陷落 ·········· 239
阿拉伯人的民间故事：《一千零一夜》 ·········· 242
中世纪最后一位诗人但丁 ·········· 244
附录：第八章参考文献 ·········· 248

世界近代史

第九章　探索与发现

文艺复兴 ·········· 252
大航海时代 ·········· 256
瓜分新世界的协议：《托尔德西里亚斯条约》 ·········· 260
莫尔与《乌托邦》 ·········· 261
马丁·路德的宗教改革 ·········· 265
麦哲伦的1082天环球航行 ·········· 269

马基雅弗利与《君主论》……………… 272
哥白尼的《天体运行论》……………… 275
尼德兰革命 …………………………… 279
中国 17 世纪的工艺百科全书：《天工开物》… 283
附录：第九章参考文献 ………………… 286

第十章　资本主义的发展

两个"日不落"帝国 …………………… 288
永恒的莎士比亚 ……………………… 290
英国东印度公司 ……………………… 294
罗曼诺夫王朝 ………………………… 296
被送上断头台的国王：查理一世 ……… 299
近代物理学之父：艾萨克·牛顿 ……… 302
乾隆盛世 ……………………………… 305
附录：第十章参考文献 ………………… 309

第十一章　革命与发展

蒸汽机与工业革命 …………………… 312
莱克星顿的枪声 ……………………… 314
最后一战：滑铁卢战役 ………………… 317
马克思与《共产党宣言》………………… 320
《解放黑人奴隶宣言》…………………… 324

日本明治维新 ………………………… 327
辛亥革命 ……………………………… 330
俄国文学之父——普希金 …………… 333
附录：第十一章参考文献 ……………… 337

世界现代史

第十二章　纷乱再起

俄国十月社会主义革命 ……………… 342
美国经济大萧条 ……………………… 344
慕尼黑阴谋会议 ……………………… 347
第二次世界大战爆发 ………………… 349
雅尔塔会议 …………………………… 353
联合国成立 …………………………… 355
附录：第十二章参考文献 ……………… 357

世界史前史

(人类出现到原始社会时期)

第一章 人类的诞生

- 遥远的故乡
- 森林古猿的进化之路
- 学会用火
- 石器时代
- 原始宗教

人们把有文献记载之前的历史阶段叫作史前史。那时地球是什么样的？人类又是什么样子？聪明的现代人通过考古学、生物学、生态学、地质学、遗传学等多门学科，渐渐描绘出人类的起源、古猿的进化、农业的出现、宗教的形成等阶段。

早期人类以采集和狩猎为主，随着工具制作的进步，出现了剩余劳动力，于是逐渐发展出了种植业和家畜饲养业，人类也从迁居进入定居，慢慢开始出现了人类文明。

距今	地点	事件
大约46亿年	宇宙	宇宙大爆炸的尘埃形成了地球
大约5亿年	地球	进入"鱼类时期"
大约2300万年	非洲、亚洲和欧洲	出现"森林古猿"
大约1400万年	非洲、亚洲和欧洲	发现了"拉玛古猿"
大约550万年	非洲	"南方古猿"
大约250万年	非洲	"能人"制作石质工具
大约180万年	亚洲中国西侯度遗址	发现带切痕的鹿角和动物烧骨
大约150万年	非洲和亚洲	"直立人"制造复杂的石器
大约100万年	欧洲法国埃斯卡遗址	发现红烧土遗址
大约55万年	亚洲中国周口店遗址	发现灰层和烧骨
大约1万年	西亚、北非、欧洲、中美洲	人类进入新石器时代

时间	事件	地区	主线
约46亿年前	宇宙大爆炸的尘埃形成地球	宇宙	地球的形成

遥远的故乡（约46亿年前）

约46亿年前，宇宙大爆炸后残留的尘埃，组成了一个全新的行星——地球，地球和一些行星围绕太阳在转动。随着时间的推移，地球和月球开始有了最初的形状，它们离太阳（一个巨大的火球）很近，所以表面可能处在燃烧熔融的状态。那时地球表面岩浆滚动，炙热难耐，没有水存在的迹象，在雾气弥漫之下是一片熔岩的海洋。

很多年过去了，地球、月球与太阳的距离逐渐变远，运行的速度也越来越慢。接下来，气体逐渐稀薄，岩浆也慢慢凝固。不知又过了多少年，一条溪流从已经凝固的岩浆中喷涌而出，慢慢汇聚成池沼、湖泊，形成了生命最初的生存家园。

地球

地球的年龄越来越大，太阳与地球的距离也越来越远，地球开始变得温和而平静。慢慢地，狂风暴雨不再那么猛烈，海水不断增加，最后汇聚成了一望无际的大海。

那时地球依然没有生命，整个地球一片黯然，毫无生机。

不知从什么时候开始，生命开始在有阳光和海水的地方出现，这些原始的生命被潮汐带到了潮间、海岸和大海深处。在那里，脆弱的原始生命要经历严峻的环境考验，为了在恶劣的环境中生存下去，这些原始的生命体进化出了自己的"绝招"，如依靠嗅觉、味觉寻找食物等。

大约5亿年前，在古生代出现了一种长着眼睛和牙齿，能够游泳，生命力更强的生命体。这就是鱼类的雏形，是我们知道的最早的脊椎动物。随着脊椎鱼类的数量显著增加，地球进入了"鱼类时代"。

白垩纪鱼化石

鱼类时期，烈日和雨水不断地侵蚀着裸露在外的岩石和高峰，但在大陆上，生命还并未出现，植物要等到很久以后才能"占据"大陆，此时陆地上还没有真正的"土壤"，连苔藓和地衣都不存在。

而后，地球运动的轨迹发生了改变，地球内部也发生剧烈的变动。地壳隆起、火山喷发，海洋更深了，山也更高了。此时，太阳的影响也在悄然改变着地球的温度，让地球变得更加温暖，更加适宜生命繁衍。

在漫长的岁月里，经历了自然气象的不断侵蚀，以及河流

主线	地区	事件	时间
地球的形成	地球	地球上出现生命	大约地球形成后的10亿年
	地球	进入"鱼类时代"	大约5亿年前

时间	事件	地区	主线
大约2亿年前	出现哺乳动物	地球	
2300万到1800万年前	森林古猿出现	非洲 亚洲 欧洲	人类的进化历程

的不断冲刷，高山变得低矮，泥土被带进大海，海平面不断扩大，导致近海陆地变成了浅海。陆地上开始出现了植物，各种生物开始转移到陆地上生活。之后，脊椎动物也出现了。

远古时代，脊椎鱼类仍然依靠鳃进行呼吸，这让它们无法在陆地上生存，而在不断进化的过程中，它们形成了新的器官——肺。之后，为了在陆地上更好地生存下去，上岸的动物仍然不断进化。后来地球上出现了两栖动物，再后来出现了爬行动物，然后出现了会产卵的鸟类，接着哺乳动物开始出现。

森林古猿的进化之路（2300万—1800万年前）

随着时间的流逝，地球孕育出了很多新的生命。在2300万到1800万年前，在雨林和草原上，一种古代灵长类动物开始活跃起来，它们就是人类的祖先——森林古猿。森林古猿的足迹遍布非洲、亚洲和欧洲。它们的化石最早是在法国被发现的，因为被发现时它们跟树叶化石在一起，于是发现者就称

森林古猿

它们为"森林古猿"。后来人们在印度北部和巴基斯坦交界的希瓦利克山区也发现了它们的化石。资料显示，它们跟黑猩猩有些相近，可以通过双臂在树上活动。

在肯尼亚、印度、巴基斯坦、土耳其、中国云南，以及希腊、匈牙利等地，人们又陆续发现了另一类古猿的遗迹和化石，它们生活在距今1400万到800万年，科学家将它们称作拉玛古猿。非洲发现的拉玛古猿，门齿很小，颌部很窄，与森林古猿比较相似，但跟人类的区别较大。在印度发现的拉玛古猿，它们出现的年代较晚一些，这类古猿面部变短，犬齿比较小，并且齿间没有间隙，跟人类近似。

距今550万到130万年，在非洲地区生活着另一类古猿——南方古猿，它们离开了森林，开始在开阔地带活动。它们有的身强体壮，脑容量比较大；有的身体矮小，脑容量也比较小；有的带着明显的类人猿特征。

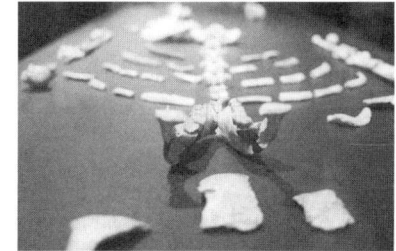

南方古猿露西化石

有的南方古猿已经会制造简单的工具了，一般认为这种能粗制石器的南方古猿就是真正的人类，应该被看成是一种"猿人"。南方古猿在颈以下的构造基本跟人相似，但颈以上的构造，基本跟类人猿一样。

主线	地区	事件	时间
人类的进化历程	非洲 亚洲 欧洲	拉玛古猿出现	1400万到800万年前
	非洲 亚洲 欧洲	南方古猿出现	550万到130万年前

时间	事件	地区	主线
550万到130万年前	南方古猿出现	非洲 亚洲 欧洲	
约55万年前	周口店遗址	亚洲	人类的用火历史

从南方古猿盆骨的构造及脊柱跟头骨的连接方式，可以知道它们是直立的、用两脚行走的。它们的脑容量为500毫升左右，比黑猩猩的脑容量大，但比人类的脑容量小得多。这说明，从猿到人的进化中，手和脚的变化在先，脑容量的增大在后。

因为直立行走，它们解放了原始的双"手"。有了这双"手"，它们可以利用自然界的物体，例如树枝和石块，来寻找食物和抵御敌害；有了这双"手"，它们开始制造工具，虽然粗糙，但这对人类进化史具有重要意义。

学会用火（大约180万年前）

到目前为止，地球上除了人类能使用火、控制火，还没有其他动物能做到这一点。因此，人类学家把火的使用当作人类与动物进化分界的标志之一。

人类学会使用火以后，不仅吃到了熟的食物，增强了体质，延长了寿命，驱赶了寒冷和野兽，还增加了人与人之间的相互协作，促进了工具的制造和使用。

人类的祖先从什么时候开始使用火的呢？关于这个问题，每一次的考古发现都把用火时间向前推移。1927—1957年，在北京周口店猿人文化遗址中发现的木炭、灰烬、燃烧过的土块、石块、骨头和朴树籽，以及在比"北京猿人"稍早的猿人遗址中发现的灰层和烧骨，把人类用火的历史推到了距今约55万年以前。

1960年，在法国东南部马赛城郊，人们在一个叫埃斯卡的山洞里发现了用火的遗迹——木炭、烧石、灰烬。地面上还有五处直径达90厘米的红烧土遗迹，该遗址距今约100万年。

1961年和1962年，在山西芮城县的西侯度遗址，出土了一批带切痕的鹿角和被火烧过的动物骨头，这个发现又把人类用火的历史推到了距今约180万年前，这是目前中国最早的人类用火记录，也是世界上人类用火的最早记录之一。

西侯度遗址动物化石

现代考古学还没有解决原始人类是怎么得到火的这个问题。不过普遍认为最开始的火应该是从自然界里取得的，也就是火山爆发、雷电引起的天然火。知道火的好处后，人类祖先通过漫长岁月的摸索、实践，终于学会了保留火种，掌握了持续用火的方法，但是天然火有限，还不好保存，该怎样自助取火呢？于是人类祖先又慢慢地摸索出了钻木取火的方法。只是在现在发掘的遗址中，已经无法辨别出当时的火种到底是取自自然火还是人工火。

主线	地区	事件	时间
人类的用火历史	欧洲	埃斯卡山洞遗址	距今约100万年
	亚洲	西侯度遗址	距今约180万年

时间	事件	地区	主线
250万到1万年前	人类开始制作石质工具	非洲 亚洲 欧洲	石器时代人类的发展

石器时代（距今约250万到5000—2000年）

1865年，英国考古学家卢伯克首先提出了"石器时代"这个说法，他将石器时代定义为一个时间区段，也就是说使用石器是那一时代的典型特征，但并不代表那个时代的人类只会使用石器。考古学家把从出现人类开始到出现青铜器为止的那段时间称为石器时代，并将其分为旧石器时代、中石器时代和新石器时代，距今250万到5000—2000年。

人们把人类以石器为主要工具的时期称为旧石器时代，也是石器时代的早期阶段，一般认为这段时期起止为距今250万到1万年。那时，在非洲，被称为现代人类祖先的"能人"，制作出了已知的最早的石制工具。这些"人"可能并不是以打猎为生，而是以食用腐肉和野生植物为生。

河南南阳的旧石器晚期工具

到了大约150万年前，进化程度更高的直立人出现了。他们学会了掌握火和制造更为复杂的石器，活动范围由非洲扩大到亚洲，例如中国的周口店人。人类在欧洲活动的最早证据就是德国的阿修尔手斧，这个时期人类主要制造简单的工具用于打猎和采集。

距今约2万年，最后的冰河时期过去了，地球处在温暖的环境下，人类把加工过的石头再研磨，精致的石器熠熠生辉，采集和渔猎活动开始活跃起来，规模也不断扩大，地球上一片生机盎然。这时出现了用燧石组合成的小型工具，出现了用细石片镶嵌在骨木柄上的箭和刀等复杂的工具，有的地方还出现了捕鱼工具、石斧以及像独木舟和桨这样的物品。这一时期，人们除了居住在自然洞穴，还新增了季节性的窝棚居址，并且埋葬死者的习俗也比旧石器时代复杂很多，从这可以看出人类对自然的探索已经进一步深入。

中石器时代，人类出现了"刀耕火种"的生活方式，以猎取中小型野兽为主，狗已经被驯化成为家畜。在欧洲和西亚的一些地方，人类已经开始驯养猪或山羊。随着采集

新石器时代工具

经验的不断增加，在西亚一些地区人们开始逐渐集体采集大麦、小麦和野生禾稼，后来发展成为原始的农业。

从1万到5000—2000年前，人类迎来了新石器时代，也是"磨制石器"时代。新石器时代通常有三个基本特征：制造和使用磨制石器、制作使用陶器、食物的来源由原来的狩猎和采集变为种植植物和驯养家畜。

世界上各个地方在这一时代的发展路径很不相同，西

主线	地区	事件	时间
石器时代人类的发展	非洲 亚洲 欧洲	人类进入新石器时代	1万到5000—2000年前

时间	事件	地区	主线
1万到5000—2000年前	人类进入新石器时代	非洲 亚洲 欧洲	石器时代人类的发展
	原始宗教的表现形式	地球	人类原始宗教的产生

亚、北非和欧洲的新石器时代发展得较早，农业也最早从这些地方出现，后来又最早出现了金属器具，最早进入了文明时代；中美洲，在西元纪年后仍然停在新石器时代，但是出现了高度的文明——玛雅文明。

随着种植和饲养技术的发展，食物的来源也变得稳定起来。人们定居下来，人类的生活得到了前所未有的改善，于是文明开始出现。

原始宗教

据考证，人们发现早在石器时代就有了原始宗教。其实，人类一开始并没有任何宗教可言，但是到了石器时代的中晚期，产生氏族公社后，人类社会形成了一个个稳定的小团体。这时，人类的体质与思维能力也有了进一步的发展，小团体内部因为需要沟通，所以慢慢产生了语言。于是就形成了某些禁忌和规范，这就是最初的原始宗教萌芽。

人类在跟大自然的斗争中，一方面认识到了生活活动与某些自然现象的联系，另一方面又遭受到了自然界的威胁和危害。人们对于自然界的反复无常、千变万化，无法正确地去理解、掌握，心中既害怕又充满了无限期待，就对许多自然现象产生曲解，把自然现象神化，于是原始宗教便产生了。

通常原始宗教的表现形式多为对植物崇拜、动物崇拜、天体崇拜等的自然崇拜，还有跟原始氏族社会有密切关系的生殖崇拜、图腾崇拜和祖先崇拜。这些可以从发掘、研究石器时代以来各种原始文化的遗址中看到，如一些原始村落、洞穴的岩画、墓葬遗物、祭坛雕像等。

岩画

对大自然的崇拜，被认为是原始宗教最早的一种崇拜形式，也是持续时间最久的。人们对大自然的崇拜，反映的是人与自然界的矛盾。人们根据自我的意识将自然崇拜的神灵分为喜怒两种性格。从人们对神灵的平等态度中可以知道，那时人们的经济地位和社会地位都是平等的。

图腾崇拜产生于母系氏族社会时期，那时人们认为自己氏族的祖先是由某一种动物、植物或者其他微生物转化而来的，它们对本族有保护作用，于是便将该物当作自己氏族的族徽，带着目的去崇拜。

人类进入对偶家庭后，能够确认自己的祖先，于是希望自己祖先的灵魂还能像生前那样庇护本氏族的成员，就开始产生了祖先崇拜，并且出现了专门的祭司。这些祭司能"通神""驱鬼"，一般由患了"罕见"疾病而莫名痊愈的人担任。因为早先的人们觉

原始祭祀坑

主线	地区	事件	时间
人类原始宗教的产生	地球	原始宗教的表现形式	石器时代

时间	事件	地区	主线
石器时代	原始宗教的表现形式	地球	人类原始宗教的产生

得这种人之所以能活下来,是因为有神灵在暗中帮助,其他人通过他祈求神灵,神灵就会帮助自己。随着祭司的出现,神由人格化变成人形化,祭拜的仪式也越来越复杂。

虽然对于原始宗教的褒贬不一,但是在当时的环境下,原始宗教使得人们形成了一个强大的群体,在一定程度上增加和鼓舞了那时人与自然做斗争的勇气和力量,并且对各族的文字、文化、艺术等的形成和发展起到了积极的作用。

附录：第一章参考文献

[1]乔治·威尔斯.极简世界史[M].北京：现代出版社,2017.

[2]赫伯特·乔治·韦尔斯.世界史纲：生物和人类的简明史.[M].南京：译林出版社,2015.

[3]杨建华.苏美尔文明探源——欧贝德文化研究[J].吉林大学社会科学学报,1991(6).

[4]彭裕商.古文字与古代文明[J].大理民族文化研究论丛,2012(1).

[5]肖东发,张学亮.原始文化：新石器时代文化遗址[M].北京：现代出版社,2015.

[6]乔治·贝尔加米诺,盖亚·吉乌弗莱迪文.史前历史[M].北京：北京时代华文书局,2017.

[7]陈鹏.旧石器时代人类的用火[J].珞珈史苑,2017(1).

世界上古史

(公元前4000年—公元476年)

第二章　古代文明的曙光

- 世界上最古老的文明：苏美尔文明
- 人类最早的文字：楔形文字
- 尼罗河的馈赠：古埃及文明
- 扑朔迷离的古埃及宗教
- 长江下游的良渚文明
- 克里特岛上的米诺斯文明
- 千年之谜金字塔
- 印度河文明
- 阿卡德帝国
- 黄河文明
- 古巴比伦王国
- 《汉谟拉比法典》
- 影响深远的腓尼基字母
- 叛逆的法老——阿蒙霍特普四世
- 法老的诅咒

人类从野蛮无知走向了文明，在洪古蛮荒的暗暗长夜中，人类用血与肉、智慧与力量、劳动与创造开拓着自己的历史进程，谱写着伟大而不朽的历史篇章。

公元前35世纪以后，在西亚，苏美尔人率先创造了一个高度发达的城邦文明；在非洲，埃及人在尼罗河畔创造出一个法老世界的高度文明；在亚洲，长江流域、黄河流域、印度河流域，人们创造了中华文明和印度河文明。

时间	事件	地区	主线
公元前4300年到公元前3500年	苏美尔人出现	西亚	苏美尔人在美索不达米亚开创了苏美尔文明

世界上最古老的文明：苏美尔文明（公元前3500年—公元前2400年）

发源于小亚细亚东北部亚美尼亚山区的底格里斯河与幼发拉底河，向南注入波斯湾。每年春天，亚美尼亚山上的积雪开始融化，雪水带着各种杂质沿着这两条河流奔涌而出，在两河之间形成了肥沃的美索不达米亚平原。这里阳光普照，气候温暖，水源充足，适合谷物的生长，也是非常适合人类居住的地方，西亚中东一带最早的文明就在这里孕育。

大约在公元前4300年到公元前3500年时，突然出现的苏美尔人，开始在美索不达米亚南部进行原始的农业尝试。他们依靠自己的智慧开始挖渠，修建了复杂的灌溉网，把底格里斯河与幼发拉底河湍急的河水成功地引入田地，发展起来的农业让苏美尔人变得富足，进而开创了一个文明的时代，直到公元前2400年左右才被阿卡德王国消灭。

当时，苏美尔人在平原上建立了不少城市，如欧贝德、埃利都、乌尔等。城市的建立，标志着原始氏族制度的解体、苏美尔人开始向文明时代过渡。大约公元前3500年，苏美尔人已经发明了世界上最古老的文字——楔形文字。这种文字开始主要在西亚和西南

苏美尔文明

亚传播，后来随着词汇的扩大和完备，被广泛地传播出去，两河流域的其他各族也开始使用这种文字。

关于苏美尔人的社会生活情况，我们可以从两河流域出土的文物中窥探一二。在1922—1934年的两河流域的考古发掘中，发现了十几座乌尔国王和王后的陵墓。这些陵墓的建造时间不一，最早的大约在公元前3500年。在其中一座国王和王后的陵墓中，发现了八九十具殉葬者的骸骨，还发现了大批的泥板文字、金银器皿、精致的项链和其他的首饰、铜制的矛和头盔、竖琴以及四轮车。

苏美尔人通过观察月亮的圆缺，制定了太阴历。他们把两个新月之间的那段时间作为一个月，把一年分为12个月，其中6个月每月30天，另外6个月每月29天，全年一共有354天。不过这样计算出的一年比地球公转的时间少了大约11

苏美尔人的太阴历

主线	地区	事件	时间
苏美尔人在美索不达米亚开创了苏美尔文明	西亚	苏美尔人出现	公元前4300年到公元前3500年
	西亚	苏美尔人创造出文明	公元前3500年到公元前2400年

时间	事件	地区	主线
公元前3500年到公元前2400年	苏美尔人创造出文明	西亚	苏美尔人在美索不达米亚开创了苏美尔文明

天，于是他们又设置了闰月，就是太阴历。

苏美尔人在数学方面的造诣，也达到了让同时代人望尘莫及的程度。在一块泥板上记录的一道算术题，如果把结果换算为阿拉伯数字的话，竟然是195 955 200 000 000，一个15位的数字。他们计数的方法是以60为单位，也有10进制。他们将每小时分为60分钟，每分钟分为60秒，将圆周分为360度。

苏美尔人的建筑成就也很惊人。他们用砖块建造的神庙，规模相当宏大。依靠这种建筑工艺建造了可以拾级而上的多层塔形高坛，顶端供奉着神龛，用作祭祀和观测天象。这种高坛叫作金字形神塔，后来成为两河流域古建筑的一大特色。

早期的苏美尔人喜欢小型的雕塑，现在出土的苏美尔人早期雕塑有公牛头、面具等，艺术品有苏美尔人后期庞大的纳拉姆辛石碑等，这表明苏美尔人后期开始转向喜爱较大型的雕像和浮雕了。

虽然那时苏美尔人的宗教水平不高，但宗教地位却很高，所以在当时祭司的地位也很高。为了让

苏美尔祈愿者雕像

祭司和管理人员学习楔形文字，他们还在神庙内设置学校，教授楔形文字和祭司所需要的知识，这也是已知人类文明史

中最早的学校了。

苏美尔宗教认为不存在极乐和永恒的后世，所以他们更在乎现世的生存。他们崇拜很多自然神灵，如天神（安努）、地神（恩利尔）、水神（奴恩）、太阳神（沙马什）、月神（辛）等。

但是，对于苏美尔人的来源人们至今仍然困惑不已。这主要是因为考古发现，直到大约公元前4300年哈雷夫文化结束时，两河流域南部的苏美尔地区才逐渐开发出来，并且两河流域最早的居民是"欧贝德人"而不是苏美尔人，苏美尔人是在公元前4500年左右才定居于美索不达米亚南部的。苏美尔人究竟来自哪里？目前还没有定论。不过苏美尔人在自己带来的石碑中，自称"黑头"，从这里可以推测出，他们最早可能来自遥远东方的黑发种族。

人类最早的文字：楔形文字（约公元前3500年）

你能想象捧着一公斤的泥板看书是什么感觉吗？古老的苏美尔人就是这样看书的，并且还依靠这样的泥板把苏美尔文化传承下来，为后人提供了大量上古两河流域的信息。我们现在对两河流域早期文化能够了解得如此全面，主要归功于这些刻在泥板上的楔形文字。

大约公元前3500年，苏美尔人就已经发明了文字，并且把文字刻在泥板上，保留到现在。那时的苏美尔人首先把黏

主线	地区	事件	时间
苏美尔人在美索不达米亚开创了苏美尔文明	西亚	苏美尔人创造出文明	公元前3500年到公元前2400年
楔形文字的发明过程	两河流域	出现刻在泥板上的楔形文字	约公元前3500年

时间	事件	地区	主线
约公元前3500年	出现刻在泥板上的楔形文字	两河流域	楔形文字的发明过程

土做成方方正正的泥板，然后把泥板的一面磨平，再用芦苇秆和其他工具把楔形文字刻画在平滑的泥板上。接着把刻完字的泥板放在日光下或者火上烘烤，等烘干后，这样的泥"书"就变得非常坚固了。如果一本书的内容很多，需要很多块的泥板，

楔形文字

那么他们还会将所刻的内容排成一个系列，编上号码以备检索。为了检索的方便，他们会在后一页的开始，重复前一页结尾部分的几个字。

因为这种文字是刻在泥板上的，落笔处比较粗重，收笔处比较纤细，看起来像木楔，所以被称为楔形文字。

楔形文字是在象形原则的基础上产生的。最初，苏美尔人通过泥板图画的形式来记录账目，一个符号代表一个意思，例如用一棵树表示一栋房屋，一个碗表示食物，一个人头加一个碗表示"吃"。后来，为了表达比较复杂、抽象的概念，就把几个字符结合起来，例如把上升的太阳和眼睛结合起来，意思就是"光明"；把眼睛和水结合起来，表达"哭"的意思；把代表天空的星星和水结合起来，就是"雨"；把山和牛结合起来，表示"野牛"。于是渐渐地这

些字符就变成了表意的符号。

随着苏美尔人交往的增多，其思想越来越丰富多彩。有的事物和概念很难用象形符号表达出来，于是苏美尔人开始对楔形文字进行改造。一

苏美尔艺术品

是他们简化了图形，开始用图形的一部分去代替整体，例如用"牛头"的符号代表"牛"；二是他们开始用同一个图形表示几个相互有关联的意思，例如用"脚"的符号，表示"行走""站立"等跟脚有关的意思。这种不再用图形来表达，而是用由符号引申出来的文字来表达的文字叫表意文字；三是对于同声的字，则合用一个字符来表达。例如，在苏美尔语中"箭"和"生命"是一个声音，于是就用箭的符号来表示"生命"，这种字符叫作谐音文字。后来又增加了一些限定性的部首符号，例如在人名前加一个"倒三角"，表示这是一个男人的名字。这样一来，这种文字体系就基本完备了。

自从苏美尔人创造出楔形文字后，楔形文字也在不断地演变。表意文字和谐音文字出现后，楔形文字也由原来使用

主线	地区	事件	时间
楔形文字的发明过程	两河流域	出现刻在泥板上的楔形文字	约公元前3500年

时间	事件	地区	主线
公元前2000年左右	楔形文字成为国际通用文字	两河流域	楔形文字的发明过程

的2000多个减少到了500多个。书写的形式,最初是从右到左直行书写的,但是因为写起来不方便,后来就改成了从左到右横行书写,就跟现在的横排书本一样。楔形文字还流传到了亚洲西南部,到了公元前2000年前后,楔形文字成了当时在"国际外交"中通用的文字。

到了公元元年前后,楔形文字被更为先进的字母文字所取代,成了死文字。直到公元1472年,意大利的巴布洛在古波斯游历,才在设拉子附近的一些古老寺庙的墙壁上发现了这种文字,但当时人们并没意识到这就是曾经流行过3000年的楔形文字。一百多年后,设拉子又迎来一位叫瓦莱的意大利人,他对这种奇怪的字体很好奇,就抄了下来,带回了欧洲。但楔形文字非常难解,直到公元19世纪中期,才被人读懂。

雕刻与楔形文字

尼罗河的馈赠：古埃及文明

在尼罗河的下游，有一块盆地，盆地的两侧是坚硬的峡壁，峡壁之外是广阔无垠的沙漠，埃及就在其中。埃及北邻地中海，东濒红海和阿拉伯大沙漠，南接非洲内陆的原始森林，并且还有几个大险滩，西接撒哈拉大沙漠，可谓四周都是天然的屏障。

当原始的人类在陆地上寻找适合居住的地方时，发现了这块富饶而且隐蔽的盆地，于是就在这里定居了。

古埃及的气候干燥且炎热，常常是晴空万里，雨量非常少，但是尼罗河贯穿埃及全境。尼罗河是由发源于非洲中部的白尼罗河和发源于苏丹的青尼

尼罗河

罗河汇聚而成。每年7月到11月，尼罗河就开始定期泛滥，把沿岸的盆地和三角洲都泛滥成水乡，灌溉着两岸干旱的土地。河水把上游含有大量矿物质和腐殖质的泥沙带到下游，在两岸逐渐沉积下来，成为肥沃的黑色土壤，非常适合谷物的栽培，所以尼罗河两岸的居民很早就有了农业。

在公元前4000年左右，埃及人已经从石器时代进入了铜器时代，金属被用于制造刀剑和耕犁，社会生产力得到了极大的提高。尼罗河虽然造福于埃及，但是有时也会泛

主线	地区	事件	时间
古埃及的文明	非洲尼罗河下游	埃及人创造了古埃及文明	公元前4000年左右

时间	事件	地区	主线
公元前4000年左右	埃及人创造了古埃及文明	非洲尼罗河下游	古埃及的文明
大约公元前3100年	美尼斯统一上、下埃及	非洲尼罗河下游	

滥成灾。埃及人为了保障正常的生活，不得不把兴修水利当成一项首要和经常的工作。很早的时候，埃及人就在他们居住的村落四周建造防洪的堤坝，还修建沟渠和蓄水池来灌溉田地。

为了争夺水源和土地，埃及的各个部落之间经常会发生战争，强大的部落会兼并弱小的部落。在公元前4000年至公元前3500年，埃及已经出现了私有制和阶级关系萌芽。随后，私有制进一步确立，阶级也慢慢形成。从一些出土的墓葬情况中可以看出，这时古埃及一些地方的阶级分化已十分严重。

后来埃及开始出现了若干个小国家，这些国家的人口不多。在每一个小国家中，都有一个以政府机关、王宫和神庙为中心的城市。经过多次战争，埃及分化成为两个对立的王国，一个是占据尼罗河盆地南部地区的上埃及，另一个是占据尼罗河盆地北部和三角洲的下埃及。相传在公元前3100年左右，上埃及的国王美尼斯征服了下埃及，这是埃及历史上第一次统一。

统一埃及后，美尼斯决定在两国交界处修建一座新的都城——白城，就是著名的古埃

美尼斯

及孟菲斯城。美尼斯并没有给自己加冕全埃及之王的称号，而是先在下埃及封自己为下埃及的国王，然后又回到故土举行了一次上埃及国王的加冕仪式。正是因为这样贴心的做法，让下埃及人民也很快接受了美尼斯，使得古埃及人把美尼斯国王统治时期作为他们历史的正式开端。

随着美尼斯统一了上、下埃及，法老开始推行各自出生地的神，并把它们奉为主神，让全埃及人共同崇拜。古埃及人非常重视宗教信仰，他们建造巨大的神庙来崇拜天神。古王国时期的主神是鹰神荷鲁斯，不过后来改成了太阳神拉。到了中王国时期主要崇拜阿蒙，新王国时期拉和阿蒙结合在一起，形成主神阿蒙拉。

大约在公元前3500年，古代埃及人发明了文字。这些文字是一种被称为圣书体的象形文字，也是人类最古老的文字之一，与楔形文字产生的年代差不多，这些文字被刻在古埃及人的墓穴中、纪念碑上、庙宇的墙壁上或者石块上。文字的出现，对商业的发展起到了很大的推动作用。人们可以用文字来记账，官员可以呈交报告给国王，国王可以下达命令。到了公元前2600年左右，古埃及人开始把文字书写在由纸莎草制成

埃及象形文字

主线	地区	事件	时间
古埃及的文明	非洲尼罗河下游	美尼斯统一上、下埃及	大约公元前3100年
	非洲尼罗河下游	埃及人创造出象形文字	大约公元前3500年

时间	事件	地区	主线
大约公元前3500年	埃及人创造出象形文字	非洲尼罗河下游	古埃及的文明

的纸上,他们还用纸莎草的茎来造写字的笔和用水混合黑烟灰及胶浆来制成墨水。

古代埃及人发明了一种数字,他们用一种符号代表固定的数值,例如写111时,他们会用一个代表100的符号,一个代表10的符号以及一个代表1的符号来书写。埃及从有历史记载开始就有了相当完备的算术和几何,他们已经能够算出等腰三角形、长方形、梯形和圆形的面积。在金字塔的设计和建造中,用到了很多深奥的数学方法。埃及人算出圆周的长度约为该圆直径的3.16倍,比较接近于后代人算出的圆周率。

在天文学方面,古埃及人的知识已经具备相当的水准。他们制作出了太阳历,把一年分为3个季节,每个季节4个月,每个月30天,另有5天作为节日,每年365天,这非常接近地球围绕太阳公转一周的时间。他们发明了水钟和日晷两种计时器,把每天分为24小时。他们还喜欢观察天上的星星,并把这些星座绘在墓穴中,这点可以在森穆特、塞提一世、拉美西斯九世等人的陵墓中看到。

埃及人还是伟大的建筑家,他们最伟大的建筑物是庙宇、宫殿和坟墓,其中以举世闻名的金字塔为代表。因为埃及人相信有来生,认为人就像植物那样在冬天死去、来年春天再生,所以他们不仅给死者提供饮料、食物,还设法保存遗体,制成木乃伊。

金字塔是古代埃及国王的坟墓,其建造开始于第三王朝第一个国王乔赛尔,止于第二中间期。现存的约80座,其中最著名的是至今保存相对完好的胡夫、哈夫拉、孟卡拉三大金字塔和狮身人面像。金字塔是古埃及文明的象征,对于为什么早在5000多年前,人类就有能力建造如此现代化的古墓,至今仍然是个谜。

扑朔迷离的古埃及宗教

宗教起源于人类知识的匮乏。在原始社会,人类对很多自然现象无法解释,于是把日夜的变更、月亮的盈缺、潮汐的涨落、寒暑的交替、水旱的灾害、谷物的丰歉、疾病的侵袭等,都归于神的意志和主宰。

埃及太阳神拉

古埃及是人类最先产生宗教崇拜的地区之一,宗教是古代埃及文化的重要组成部分。埃及人开始的宗教是拜物教,他们给自然界的每一项事物都臆造出一个神。埃及的天空常常是万里无云,太阳高高悬挂在天空上,所以太阳神拉(Ra)被认为是万物的创造者,具有至高无上的权力。根据古埃及的神话,宇宙原是一片混沌,初开之时是一块凝固的土壤,这块土壤成为创造神的立足之地。后来又创造了尼罗

主线	地区	事件	时间
古埃及的文明	非洲尼罗河下游	埃及人创造出象形文字	大约公元前3500年
古埃及宗教的发展	非洲埃及	拜物教	

时间	事件	地区	主线
	拜物教	非洲埃及	古埃及宗教的发展

河神奥西里斯（Osiris）和被认为是奥西里斯妻子的伊西斯（Isis），太阳神拉后来又转称阿蒙（Amom）。

因为尼罗河保证了埃及人农业的丰收，使得他们衣食无忧，所以尼罗河神奥西里斯被认为是仁慈的，是生命的赐予者。奥西里斯的妻子伊西斯被认为是青春和母爱的化身，埃及人认为她主宰着土地的丰瘠和谷物的丰歉。

古埃及人认为诸神告诫人们该做什么、不该做什么。世界出现罪恶的原因是人们违背了神的意愿，最终那些作恶的人会遭到报应，那些行善的人会获得奖赏。

埃及木乃伊

古埃及人相信世界是有始无终的，世界开始于一片混沌，经过创世神的创造和整顿，世界才开始；他们相信万事万物都是循环往复，世界是永恒不变的，也相信人会有来生，有无尽的世界等着他们去享受。

古埃及人认为，人以两种形式存在于世：看得见的躯体和看不见的灵魂。灵魂"巴"的形状是长着人头人手的鸟，人死后，"巴"可以自由飞离尸体，但尸体仍是"巴"依存的基础。所以，他们要为亡者举行一系列复杂的仪式，好使他的各个器官重新发挥作用，让亡者复活，继续在来世生活。亡者在来世生活，需要有坚固的居住地，于是就给他们建造一个坚固的坟墓。

因为埃及人深信死后的永生，所以不惜花费大量的人力和物力给死者建造坟墓。坟墓里面摆放着死者生前的各种生活必需品，可能幻想着死者来生再享用吧。为了保存死者的遗体，古埃及人用防腐剂和香料把尸体制成木乃伊。

古埃及人为了使死者的灵魂能够顺利通过奥西里斯的审判，会在死者的陵墓中放置一卷祝词和符咒——《死者之书》。

长江下游的良渚文明（公元前3300年—公元前2000年）

发源于青藏高原的唐古拉山脉西南侧的长江，其长度仅次于非洲的尼罗河和南美洲的亚马孙河，居世界第三位。不过长江可不像尼罗河与亚马孙河那样流经好几个国家，而是只归中国独有。公元前3300年至公元前2000年，在这条大河的下游也孕育了一个璀璨的文明——良渚文明。

主线	地区	事件	时间
古埃及宗教的发展	非洲埃及	拜物教	
良渚文明的介绍	亚洲长江下游	良渚文明	公元前3300年到公元前2000年

时间	事件	地区	主线
公元前3300年到公元前2000年	良渚文明	亚洲长江下游	良渚文明的介绍

1936年施昕更先生开始对良渚一带进行考古发掘,获得了大量的石器、陶器等实物资料,并写了《良渚——杭县第二区黑陶文化遗址初步报告》。1959年年底,考古学家夏鼐命名这一文化为"良渚文化"。

良渚遗址

良渚文化是中国长江下游太湖流域一支重要的古文明,也是铜石并用时代的文化。多达500余处文化遗址,散布在长江下游环太湖地区36000平方公里的范围内,有村落、墓地、祭坛等各种遗存。

在良渚文化遗址中,发现最多的就是玉器,其中玉琮是最典型的代表,还有玉璧、玉钺。无论是玉璧、玉琮,还是玉钺,上面都雕有一个神秘的图案。考古学家猜测这个神秘的图案是一个神徽,良渚人用这些刻有神徽的精美玉器在那个神秘的祭坛中进行神圣的祭祀活动。

良渚文化时期的陶器以黑陶为特色,制作得非常精美,种类繁多,还有精细的雕刻花纹和镂空,有的甚至使用彩绘;良渚文化时期已经采用轮制的方式来制作陶器,黑陶豆盘的形状有圆形和椭圆形两种;良渚文化时期的炊器大多是鼎,取代了之前的釜;在农具方面,种类增加,分工明确,有扁薄的长方形穿孔石斧,有石锛、石镰等,有磨制精细的三角形石犁和破土器，还有一种类似现在的耘田工具和千篰被称为"耘田器"和"千篰"。

良渚文化的玉器非常发达，种类有珠、管、璧、璜、琮、蝉，其中玉琮的个体大，一般高18—23厘米。上面雕刻着圆目兽面纹，工艺精湛，是中国古代玉器中的珍品，被誉为"玉琮王"。玉器上刻有像神又像兽的神人图案和神人兽合一的图案，它们可能是当时人们的崇拜对象。玉器上的纹饰除神人兽面图案外，出现最多的图案是鸟。

良渚文物

良渚文化时期，人们以农业生产为主，主要种植的农作物是水稻。在钱山漾发现的稻谷有粳稻和籼稻两种。此外在钱山漾、水田畈等遗址中还发现了花生、芝麻、蚕豆、甜瓜等植物种子。手工业也很发达，有的可能已形成专业性的生产部门，这从玉器制作上可以判断出来。手工纺织业也发展得很好，钱山漾遗址发现的丝麻织物残绢片，经鉴定是家蚕丝织成的，采用平纹织法，每平方厘米有经纬线各47根，丝带为30根单纱分3股编织而成的圆形带子。

良渚文化时期的居民过着较稳固的定居生活。在钱山漾遗址中发现一座东西长约2.5米，南北宽约1.9米的建

主线	地区	事件	时间
良渚文明的介绍	亚洲长江下游	良渚文明	公元前3300年到公元前2000年

时间	事件	地区	主线
公元前3300年到公元前2000年	良渚文明	亚洲长江下游	良渚文明的介绍

筑,该建筑按东西向排列,正中有一根长木,其作用应该相当于现代的"檩脊",上面盖有几层竹席。另一座只在东边保存一排密集而整齐的木桩,上面盖有大面积的芦席和竹席。

在良渚遗址区内发现了一座面积为290万平方米的古城。这座古城基本以莫角山遗址为中心,东西1500—1700米宽,南北1800—1900米长,呈长方形的形状,略带圆角,正南北方向。城墙部分地段残高4米多,并且建法很考究,在底部先垫上石块,宽达40—60米,上面用纯净的黄土夯实,并且还有灌溉范围超过100平方公里的水利系统。

人们根据在城墙中出土的陶瓷碎片判断,这座古城的年代应该是在良渚文化晚期,也就是说,距今约4000年。城墙是区分氏族社会和文明社会的一个重要标志,"巨型都邑、大型宫殿基址、大型墓葬的发现表明,早在夏王朝建立之前,一些文化和社会发展较快的区域,已经出现了早期国家,进入了古国文明的阶段"。

良渚古城是迄今为止发现的中国境内最早进入国家形态的地点,是中华五千年文明的实证。世界各地早期文明的出现,都与治水活动有关,良渚古城外围的水利系统,对研究良渚古国的出现、发展乃至中国文明的起源都具有极其重要的意义,在世界文明史研究上也占有重要一席。

2019年7月6日,在阿塞拜疆首都巴库召开的第43届世界遗产大会上,良渚古城遗迹被列入《世界遗产名录》,国家文物局如此定位良渚遗址:"是实证中华五千年文明史最具规模和水平的地区之一。"

中国是四大文明古国之一,但是中国有记载的文明史却没有像其他三个文明古国那样早和详细。跟其他文明相比,中华文明的考古工作开始得比较晚,我们期待中国的考古学家,早日把中国的历史完整地勾勒出来。

克里特岛上的米诺斯文明(公元前2850年—公元前1450年)

在爱琴海之南,地中海东部的中间,是古希腊地区的第一大岛——克里特岛。大约在公元前2850年—公元前1450年,在克里特岛上孕育出了米诺斯文明。克里特岛的四周是被陆地环绕的地中海,这里没有大西洋的狂风暴雨,岛上还有大量可以造船的木材,所以克里特岛上的商人可以轻易地航海到地中海沿岸的其他国家,这里曾是早期地中海上一处良好的贸易港口。

"米诺斯"这个名字来自古希腊神话中的克里特国王米诺斯,现代研究者对米诺斯人知道得不多,猜测他们可能属于前印欧民族,他们使用的文字是至今仍未被破解的"线形文字A",他们的经济生活主要以从事海外贸易为主。

因为米诺斯王一直存在于传说当中,所以人们一度认为有关他的故事纯属虚构,直到20世纪初,英国考古学家

主线	地区	事件	时间
良渚文明的介绍	亚洲长江下游	良渚文明	公元前3300年到公元前2000年
米诺斯文明的发展及毁灭	欧洲克里特岛	米诺斯文明	公元前2850年到公元前1450年

时间	事件	地区	主线
公元前2850年到公元前1450年	米诺斯文明	欧洲克里特岛	米诺斯文明的发展及毁灭

阿瑟·爱文斯在希腊诺索斯挖掘出传说中的米诺斯迷宫。当研究者面对封存了几千年的王宫废墟、大量精美绝伦的壁画和细致独特的器具时，才相信一切真的存在，并且确认克里特是希腊文明的发源地。

米诺斯迷宫遗址

根据考古学家的发现，米诺斯时期的克里特岛可能被分为四个政治区域：北面的受诺索斯管理，南面的受法伊斯托斯管理，中东部的属于马里亚，最东端由下扎克罗斯管理。很奇怪的是，米诺斯所有的城市都没有城墙，出土的武器也很少，但考古显示，他们拥有一支强大的军队。

米诺斯壁画

米诺斯人崇拜女神，在米诺斯宗教中对女神的描写远远超过男神，例如掌管生育的母神和女性的动物主宰，以及城市、家庭、收获、冥界的女性保护者等。考古发现，在米诺斯，妇女有着较男性更高的地位，女性可以拥有并继承财产，而且可以和配偶解除婚姻关系。在这方面，米诺斯文明是所有欧亚古代文明中的一个例外。

在原始崇拜方面，米诺斯将神圣的含义赋予公牛和献祭的角、双面斧、立柱、蛇、太阳圆盘和树。也许出于宗教的原因，米诺斯一个常见的仪式是由男女表演杂技，轮流从冲过来的公牛的角上跳过去。仪式结束后，他们把公牛宰杀，然后把血洒在大地上祭神。

米诺斯人饲养牛、羊、猪，他们种植小麦、大麦、野豌豆、鹰嘴豆，还培育了葡萄、无花果、橄榄。聪明的米诺斯人还学会了驯养蜜蜂，从近东接受了石榴和温柏。米诺斯农民用皮革包住把手的木犁，让一对驴或者阉牛来拉。

米诺斯人在制作陶器方面非常出色，他们能用陶轮制作出薄如蛋壳的壶，上面还装饰着精美的图案，并且还能制作出装油、酒和谷物的大储藏罐。

米诺斯人在建造建筑时更多考虑的是舒适度，他们的建筑通常为平的瓦片顶，灰泥、木质或是大石板地面，建筑物有两三层楼高。米诺斯的城市是由石子铺成的路来连接，石子是用铜锯切成。道路有排水和供水系统，上层社会的人能享受到黏土制成的下水道设施。

建在克诺索斯的米诺斯主皇宫非常宏大，共有五层，里面有1300多个房间，房间的墙壁上装饰着表现米诺斯人生活的彩色绘画。宫内设有宗教神

米诺斯陶罐

主线	地区	事件	时间
米诺斯文明的发展及毁灭	欧洲克里特岛	米诺斯文明	公元前2850年到公元前1450年

时间	事件	地区	主线
公元前2850年到公元前1450年	米诺斯文明	欧洲克里特岛	米诺斯文明的发展及毁灭
公元前2750年	乔赛尔金字塔的修建	非洲埃及	埃及金字塔的由来

殿、工匠的工作室、储存室和起居室等。

不过曾经辉煌的米诺斯文明,在公元前1450年左右,突然消失得无影无踪。为什么会这样呢?这一直是历史的一个谜团。有人认为是饥荒导致的,也有人认为是火山喷发导致的。

1976年,美国考古学家在克诺索斯以北约130千米的一座桑托林火山岛上,挖掘了60多米厚的火山灰后,挖出了一座古代的商业城市,这让火山说得到了证实。

经过研究发现,这是人类历史上一次猛烈的火山爆发。这次爆发形成了一个直径大约60米的火山口,炙热的岩浆喷薄而出,岛上的城市瞬间被掩埋,火山灰散落最远达到700千米。火山爆发又引起海啸,让辉煌的米诺斯文明毁于一旦。少数生还的人,渡海来到希腊伯罗奔尼撒半岛东北部的迈锡尼。他们把米诺斯的文字、艺术和先进的技术带到这里,逐渐发展成灿烂的迈锡尼文明。

千年之谜金字塔(公元前2750年)

古埃及的一国之主叫作法老,他们被古埃及人认为是太阳神拉的孩子,拥有至高无上的权力。因为古埃及人对神有着虔诚的信仰,很早就形成了来世的观点。他们认为"人生只不过是在世间的一个短暂的存在,死后的生活才是永久的享受",所以他们在生前就精心地为死后做各种准备。那些社会地位较高的法老或贵族，会花费大量的时间和金钱去修建坟墓，他们的坟墓就是金字塔。

上、下埃及统一后，经过几百年的发展，到了第三王朝时，已经开始显示出大国的气派。各种物质，如木材、黄金、铜、香料、象牙等，源源不断地从四周各个国家运入孟菲斯。随着国力的增强，埃及开始掠夺其他部族，不仅抢来各种资源，还俘虏外族人充当苦力。丰富的人力和物力，让埃及第三王朝的法老——乔赛尔觉得自己死后的陵墓要与众不同，这样才能更加顺利地进入下一个美好的世界。乔赛尔决定抛弃原来的"马斯塔巴"——埃及人为死者修建的平台式沙埋陵墓，改为修建一座新的陵墓，并且任命伊姆荷泰为总设计师。

伊姆荷泰没有辱没法老的使命，他为乔赛尔修建了沙卡拉阶梯金字塔，这是埃及历史上第一座金字塔。他先用石块砌成高约8米、边长63米的坟堆，然后阶梯向上逐层缩小，通体用石头架构，一共6层，呈角锥形。然后他又用白色的石灰把整个建筑包起来，竣工时就成了高达62米、底部东西长约121米、南北宽约109米的金字塔。在乔赛尔之后的埃及法老纷纷效仿，开始在尼罗河畔修建自己的坟墓，以致陆陆续续矗立起近百座金字塔。

埃及金字塔

主线	地区	事件	时间
埃及金字塔的由来	非洲埃及	乔赛尔金字塔的修建	公元前2750年

时间	事件	地区	主线
公元前2690年	胡夫金字塔的修建	非洲埃及	埃及金字塔的由来

在这些金字塔中，有一座世界上最大的金字塔，那就是修建于公元前2690年的胡夫金字塔，它是第四王朝第二个法老胡夫的陵墓。胡夫金字塔现高136.5米，底座的每个边长为230米左右，三角面斜度为52度，塔底面积约为52900平方米。整个塔身由约230万块石头砌成，每块石头平均重2.5吨，其中最大的重达160吨。

胡夫金字塔

在没有先进工具的古代，人们是如何将那些巨型的石块运来并层层堆砌起来？这是一个至今都无法解释的谜团。石块与石块之间，没有任何类似现代水泥的黏合物，直接是一块石头叠着一块石头，石头之间非常紧密，哪怕用一把锋利的刀也无法插入石块之间的缝隙。此外，在胡夫金字塔塔身北侧离地高13米的地方，有一个用4块巨石砌成的三角形出入口，为什么不是四边形或者其他形状呢？因为换成其他形状，金字塔巨大的压力会把这个出入口压塌。

古代法老们为什么要把坟墓修建成"金"字形呢？《金字塔铭文》中这样说道："天空把自己的光芒伸向你，以便你可以去到天上，犹如拉的眼睛一样。""为他（法老）建造起上天的天梯，以便他可由此上到天上。"在古埃及人看来，金字塔就是可以登上天的天梯。当你站在金字塔下，从金字塔棱线的角度向西看，感觉金字塔就像是太阳洒向大地的光芒，而古埃及太阳神"拉"的标志就是太阳的光芒，所以古埃及人用金字塔表示对太阳神的崇拜。

印度河文明（公元前2600年—公元前1500年）

公元前2600年左右，印度河文明开始形成了，它比两河流域文明和尼罗河流域文明稍晚，但是分布得更广。

1856年，英国人在英属印度（今巴基斯坦）境内修铁路时，在一个名为哈拉巴的小村子发现了古代文明的遗迹。1921年，考古学家在遗迹上发掘出了一座古城，进而将其命名为哈拉巴古城。一年之后，考古学家又在印度河畔发现了摩亨佐·达罗古城。

经考证，哈拉巴和摩亨佐·达罗文明的年代为公元前2600年—公元前1500年，这表明在那个时候，印度曾经存在

主线	地区	事件	时间
埃及金字塔的由来	非洲埃及	胡夫金字塔的修建	公元前2690年
印度河文明的介绍	亚洲印度河中下游	哈拉巴和摩亨佐·达罗文明	公元前2600年到公元前1500年

时间	事件	地区	主线
公元前2600年到公元前1500年	哈拉巴和摩亨佐·达罗文明	亚洲印度河中下游	印度河文明的介绍

摩亨佐·达罗古城遗址

一个繁荣的古代文明。哈拉巴和摩亨佐·达罗两个大城市的面积都超过5平方公里，考古估算居住人口都在4万以上，两个城市的中心都有一个人工堆砌的土墩作为卫城，这个土墩上建有大谷仓。古城里有大量的石器、青铜器和农作物的遗迹，还出土了大量印章。

印度河文明跟其他古文明一样，也是农业文明。古印度人的主要农作物有小麦和大麦，除此之外，可能还有棉花、豌豆、甜瓜、芝麻、椰枣。在所有文明中，古印度文明也是最早用棉花织布的。他们驯养的动物有狗、猫、牦牛、水牛，可能还有猪、骆驼、马和驴。他们还驯养大象和水牛在田里干活。

此外，古印度与外界也有着紧密的联系。他们出口珍珠、棉织品、孔雀、象牙和梳子，现在印度人使用的梳子还跟那时的造型一样。紧密联系的地方包括美索不达米亚，

印度河文明的陶牛

在那里的废墟中，考古人员发现了公元前2300年的印度河流域的印章。此外在波斯湾的巴林岛上还发现了一些别的印度河流域的产品，此发现说明巴林岛是美索不达米亚与印度河流域之间进行海运贸易的一个中转站。

在印度河流域有许多技艺高超的制陶人，他们用陶轮制作陶器，还建立了发达的污水处理系统，例如有盖板的排水系统和倒垃圾的倾槽等。

印度河流域的城市是独特的，城市里面的房子不是随意建造，而是按照统一规划精心建造的，布局呈格子形，街区长约400米、宽约200米，在长方形的大街区外面环绕着宽阔的街道。这些城市是由窑内烧的砖建造的，并且整个印度河流域只有两种尺寸的砖。让人奇怪的是，整个印度河文明区域都是这样整齐划一的布局，并且在此后的1000年中基本都没发生改变。

印度河文明的图章非常出名，这些图章通常用一块滑石制成，有不同的类别并且各有各的特点。图章上面的图案包括各式各样的动物，既有象、虎、犀牛和羚羊这类真实的动物，也有一些幻想或拼合而成的动物，有时也雕刻人形。

对于创造了印度河文明的民族，他们的来源、种族构成、消失的原因等问题至今仍是个谜。对于他们的文字，直到现在也没人能看懂。对于印度河文明消失的原因，众说纷纭，有说河水泛滥，有说瘟疫，有说贸易、经济或国内秩序崩溃，有说被雅利安人所取代等。不过有一点可以肯定，神

主线	地区	事件	时间
印度河文明的介绍	亚洲印度河中下游	哈拉巴和摩亨佐·达罗文明	公元前2600年到公元前1500年

时间	事件	地区	主线
公元前3000年	闪米特人来到两河流域定居	西亚两河流域	阿卡德帝国的兴起、扩张和衰落

奇而特殊的印度河文明是人类文明史的重要组成部分。

阿卡德帝国（公元前2371年—公元前2230年）

当苏美尔人和埃及人已经有了相当高的文明程度时，大部分闪米特人还处在蒙昧阶段，他们过着游牧生活，居无定所。他们没有文字，没有手工艺，没有政治组织，但是有弓和箭，他们依靠武力抢占其他部落的土地。

公元前3000年左右，闪米特人中的阿卡德人，陆续来到两河流域的北部定居，居住在苏美尔人北边的平原上，放弃了游牧开始从事农耕。这些阿卡德人一边抢掠苏美尔人，一边又跟他们做贸易。阿卡德人吸收苏美尔人的种种先进知识，他们学会了使用车轮，开始组建自己的战车方队，进而从愚昧时期进入到了文明时期。

在肥沃的两河流域，阿卡德人和苏美尔人毗邻而居，他们之间你争我夺，对峙了好几百年。最初的时候，苏美尔人由于文明程度比阿卡德人高，所以常常能取得战争的胜利。但是，随着苏美尔人的内部矛盾逐渐加深，实力逐渐减弱，而且阿卡德人的文明也逐渐发展，所以后来的战争反倒是阿卡德人取得了优势。

大约在公元前24世纪，阿卡德人中出现了一位杰出的将领——萨尔贡。传说萨尔贡是个私生子，从小被人放在一个芦苇筐里丢进幼发拉底河任其漂流，后来芦苇筐漂到基什

萨尔贡一世青铜头像

国,被王宫中一个园丁收养。年少的萨尔贡跟随养父从事园丁工作,因而可以常常进出基什王宫。

公元前2371年,温马人入侵基什国,基什国国王在抵抗中失利,引起了全国人民的不满。于是萨尔贡乘机取得了人民的支持,发动政变,夺取了政权,以阿卡德城为首都建立了阿卡德王国。

为了巩固自己的政权,萨尔贡开始招兵买马。好战的阿卡德人纷纷加入萨尔贡的阵营,他没几天就招募到四五千强兵悍将,于是他开始在城里实行严格的"武器管制"。萨尔贡的军队是世界军事史上第一支常备军,这些人平时负责王宫的警卫工作,战争时充当作战部队的中坚力量。

在苏美尔地区各城邦混战之时,萨尔贡的统治使阿卡德王国逐渐强大起来。据记载阿卡德王萨尔贡率军出征34次,擒获国王50多个,最终靠武力征服了苏美尔的主要城邦。他统一了两河流域,建立了阿卡德帝国。萨尔贡去世后,全国暴乱不止。大约公元前2230年,阿卡德王国被库提人消灭。

主线	地区	事件	时间
阿卡德帝国的兴起、扩张和衰落	西亚两河流域	萨尔贡建立阿卡德王国	公元前2371年

时间	事件	地区	主线
公元前2230年	阿卡德帝国灭亡	西亚两河流域	阿卡德帝国的兴起、扩张和衰落

萨尔贡在征服苏美尔地区后,便把苏美尔人的农业技术、历法、数学、建筑、工艺以及宗教神话等都一起接受下来,并且利用苏美尔人的楔形文字来拼写自己的语言。

阿卡德时期的艺术

虽然阿卡德帝国的历史很短暂,但是幅员辽阔。在当时的城市里,国王是最大的富豪,还有一些私人资本家,他们从事手工业、商业和放债,但大多数人主要从事种植业、渔业和养殖业。每个城市都有石匠、铁匠、木匠、陶工和宝石匠,他们可以在自由市场上出卖自己的手工艺品,买主支付货币或以实物代替货币。

国王、祭司和一些富人占有大部分土地,这些土地占有者将土地分成小块,连同种子、农具和耕畜,分配给为他们服务的农民。农民则提供劳动,自行经营,然后将生产出来的剩余产品缴纳给寺院、宫廷或地主作为报答。那时农作物是大麦和小麦,提供乳液的牲畜是山羊和母牛,提供羊毛的是绵羊,羊毛是美索不达米亚的主要纺织材料;蔬菜有蚕豆、豌豆、大蒜、韭菜、洋葱、小萝卜、莴苣和黄瓜;水果有甜瓜、椰枣、石榴、无花果和苹果。

阿卡德帝国统一了亚洲西南部,促进了东西方各地商业的发展和文化的交流。那时阿卡德人控制着叙利亚和巴基斯坦一带，而埃及的商船经常出没于地中海东岸的港口。这让之前相互独立的两个古老文明——两河流域的古文明和古埃及的文明，开始频繁地接触起来。

黄河文明（公元前21世纪—公元前16世纪）

因地质特殊，故位于东亚的黄河多水患，时常泛滥的黄河流经黄土高原地区，携带了大量的黄土冲向下游，形成了广阔而肥沃的冲积平原。黄河频繁地改道、泛滥，形成了大片适宜农作物生长的区域。在农作物的生长期，雨季正好到来，这样的气候条件，为华夏祖先提供了独一无二的生存环境。

黄河文明的中心在东亚得天独厚的大草原上，在中国史籍中被称为中原地区，中原地区的地理位置大致是以洛阳为中心，西至潼关、华阴，东至荥阳、开封，南至汝颍，北跨黄河至晋南、济源一带。

考古发现洛河二里头遗址是夏代中晚期的都城，其出土的遗迹有宫城、墓葬、作坊及其他文物。在洛阳皂角树、二里头文化遗址中，发现粟、黍、大豆、小麦、稻等农作物籽实，这说明在距今4000年的夏代已经栽培多种农作物。二里头遗址发现的宗庙、坛，反映了当时人们对祖先的崇拜。

洛河二里头遗址中的宫城建造得方正规矩，里面有纵横

主线	地区	事件	时间
黄河文明的介绍	亚洲黄河流域	黄河文明	公元前21世纪到公元前16世纪

时间	事件	地区	主线
公元前21世纪到公元前16世纪	黄河文明	亚洲黄河流域	黄河文明的介绍

二里头遗址

交错的中心区道路网和具有中轴线规划的建筑基址群，这表明这些建筑在建设时经过了缜密的规划，各建筑物的布局也是精心设计的。这个宫城的布局开了中国古代都城规划制度的先河，许多形制为后世所沿用。

在二里头遗址中，清理出多种手工业作坊，例如铸铜、制玉、制石、制骨、制陶等作坊遗址，并且清理出大量青铜器、玉器、骨器、陶器制品。其中青铜爵、青铜斝形制古朴庄重，这些用合范法铸造的青铜器标志着中国青铜器铸造进入了新纪元。这里出土的青铜器是中国最早的一批青铜器，也是世界上最早的一批青铜器。

洛河二里头遗址的发现和发掘具有十分重要的意义。中国是世界上为数不多的有独立起源的文明古国，也是四大文明古国中历史唯一没有间断过的国家。但在中国古代文献中，有确切历史记载的年代只到公元前841年的周厉王统治时期。自二里头遗址发现后，经多学科交叉研究、新考古发现，以及史书的相互印证，专家们认为，夏朝持续时间是公元前21世纪到公元前16世纪，后来被商朝取代。

夏朝是我国第一个奴隶制国家，有王室、贵族、平民和奴隶四种不同的阶级，并且等级森严。大约公元前16世纪，商汤取代了夏朝，建立了商朝。

商朝的农业比较发达，对农田也有比较整齐的规划，当时的农作物种类有黍、粟、稻、麦，商朝人还发明了中耕；有蚕桑经营，纺织业也有所发展；商代除有六畜外，还驯养了象，畜牧业相当发达。商朝人还能够使用多种谷物酿造酒，可以铸造精美的青铜器和烧制白陶。商朝的商业很发达，与周边国家经济贸易往来很多，今天"商人"一词就是源自当时周边国家对商朝人的称谓。

二里头陶器

商朝时期，科学技术已经得到极大的发展，殷墟中出土的甲骨文有详细的天象记载，卜辞中也有关于日食、月食和星辰的记载。他们发明了完备的历法，把一年分为四季、12个月。月有大小，还知道闰月，还有天干、地支、六十甲子等。

在数学方面，商朝人已经使用十进位制，同时在计时方面采用六十进位制，这就是干支计时法，是世界上最早的日历。商朝的医生已经有了关于人体疾病和治疗药物的丰富知识，还能用针刺、火灸、按摩等多种方法来治病。商朝还有编制整齐的多声部乐队，来演奏优美的音乐。

商朝历经554年，17代31王，至公元前1046年被周武王所灭。

主线	地区	事件	时间
黄河文明的介绍	亚洲黄河流域	黄河文明	公元前21世纪到公元前16世纪

时间	事件	地区	主线
公元前2111年	苏美尔人建立乌尔第三王朝	西亚两河流域	古巴比伦文明
公元前1894年	阿摩利人建立巴比伦王国	幼发拉底河畔	

古巴比伦王国（公元前1894年—公元前1595年）

两河流域肥沃的土地不仅孕育了苏美尔璀璨的文明，也引起了不同部落在这里角逐，最后相互融合，创造出更加辉煌的文明。

库提人摧毁了萨尔贡建立的阿卡德帝国，不过库提人的统治并没有维持太久，他们很快被苏美尔人打败并驱逐。苏美尔人夺得政权后建立了乌尔第三王朝，这一事件发生在公元前2100年前后。后来埃兰人的入侵导致乌尔第三王朝的毁灭，进而也导致了苏美尔民族逐渐从历史上消失。原先居住在叙利亚一带的闪米特族的阿摩利人由西北乘虚而入，侵入了两河流域。

公元前1894年，阿摩利人以幼发拉底河畔的巴比伦城为首都，建立了巴比伦王国。刚建立城邦国家的时候，巴比伦还比较弱小，但是阿摩利人是一个强悍的民族，他们不停地发动战争，向四周扩张，进而把巴比伦从一个小城邦拓展为一个大的国家。

到了第六代国王汉谟拉比时，巴比伦周围的城邦经历混战，各方势力都被大大削弱，于是杰出的汉谟拉比抓住这个时机，重新统一了两河流域。在外交中汉谟拉比采取灵活的方式，当觉得自己的力量不够时就与对方结盟，避免战争；当觉得时机合适时，就迅速撕毁盟约，转入进攻模式。依靠这样的策略，除了北方彪悍的亚述人没有归附，汉谟拉比基本统一了两河流域南部地区。从这时开始，人们把以前的美索不达米亚称为巴比伦尼亚，把美索不达米亚居民，无论是苏美尔人、阿卡德人还是阿摩利人，统称为巴比伦人。

古巴比伦建筑

在内部统治中，汉谟拉比宣扬君权神授，在整个巴比伦建立了中央集权的体制，拥有了比较完善的官僚体系和一支常备军，他用这些手段把所有大权牢牢地掌握在自己的手中；对于一些较大的地区，他派总督去管理，对于一些小的地区和城市，他派级别低一些的官员去管理，全国大小官吏都由汉谟拉比亲自任命；他提高了士兵的地位，把土地分给士兵；他重视兴修水利，开凿了沟通基什和波斯湾的运河，使大片荒地变成良田，为了抓好农业，他还任命专门的官员管理全国的水利系统；为了支撑王室的巨大开支，他开始对地方征收各种赋税。他在位期间，巴比伦王国的繁荣昌盛超过了以往苏美尔的各个王国。

主线	地区	事件	时间
古巴比伦文明	幼发拉底河畔	苏木阿布建立巴比伦王国	公元前1894年

时间	事件	地区	主线
公元前1894年	阿摩利人建立巴比伦王国	幼发拉底河畔	古巴比伦文明
公元前1792年到公元前1750年	制定颁布《汉谟拉比法典》	西亚两河流域	《汉谟拉比法典》产生的社会背景及其内容和意义

为了维护和巩固自己的统治,汉谟拉比决定制定一部详细的成文法典。经过多年的努力,《汉谟拉比法典》在汉谟拉比在位的晚期终于制定完成。全文共计282条,被镌刻在一座黑色的玄武岩石碑上。《汉谟拉比法典》是世界历史上第一部比较详尽的成文法,它建立在两个最著名的法律原则的基础上,即"以眼还眼、以牙还牙"和"让买方小心提防"。

古巴比伦人依然使用楔形文字,他们已经能够区分恒星和五大行星,还能区分12个星座。并且已经掌握了四则运算以及求平方、立方、立方根、平方根的运算法则,能解出有3个未知数的方程。

这个时期是巴比伦文明的鼎盛时期,其铸造技术和冶金技术高度发达,并进入了铁器时代,铁犁、货车及战车被先后发明出来。

《汉谟拉比法典》(公元前1792年—公元前1750年)

在古巴比伦的农业时期,社会分化已经很严重。对于份地人们可以买卖、抵押、转让和继承。占有公社份地的人必须向国库缴纳收获量十分之一到四分之一的实物租税,还要服劳役和兵役。根据习惯法,凡三年不纳租税和不服役者,丧失份地的占有权。绝户、逃亡户或三年不纳租税者的份地，都没收另行分配。

古巴比伦时期，王室可以支配的土地很多，国王拥有规模巨大的王室经济，王室经济的基础部分主要集中在苏美尔地区。古巴比伦时代王室地产的经营方式，不同于乌尔第三王朝时代的大规模集中经营，而是将土地分成大小不等的份地，主要分配给"纳贡人"以及为王室服务的各类人，如王室商业代理人、军人、手工业者等。

汉谟拉比统一两河流域后，奴隶制经济和商品货币关系迅速发展起来，土地和奴隶的私有化越发严重，租佃雇佣关系和高利贷活动也越来越常见。为了维护皇权贵族和奴隶主的利益，汉谟拉比在前人的基础上，颁布了《汉谟拉比法典》。

《汉谟拉比法典》刻在黑色的玄武岩石碑上面，它高约2.25米，顶端周长约为1.65米，底部周长约为1.90米。石碑的上部刻着太阳神沙马什授权给汉谟拉比的浮雕，浮雕下面是用楔形文字雕刻的法典铭文，共计3500行。

《汉谟拉比法典》由序言、正文和结语三个部分组成。正文部分是法典的主体，原文并没有分出条款，后来的学者把整部法典分成三个部分共计282条，这三个部分主要涉及

汉谟拉比头像

主线	地区	事件	时间
《汉谟拉比法典》产生的社会背景及其内容和意义	西亚两河流域	制定颁布《汉谟拉比法典》	公元前1792年到公元前1750年

时间	事件	地区	主线
公元前1792年到公元前1750年	制定颁布《汉谟拉比法典》	西亚两河流域	《汉谟拉比法典》产生的社会背景及其内容和意义

神、国家和私人。关于神的部分，主要是一些比较大的不可饶恕的罪恶；关于国家的部分，主要是用来调整王室土地、征兵、杂役等方面的关系；关于私人的，主要是债权、嫁娶、离婚、财产继承等方面。

汉谟拉比法典

《汉谟拉比法典》给后人研究古巴比伦的经济、政治、法律制度提供了重要的依据。石碑的雕刻比较精细，表面是高度磨光的。太阳神形体高大，胡须编成整齐的须辫，头戴螺旋形宝冠，右肩袒露，身披长袍，正襟危坐，正在授予汉谟拉比象征权力的魔标和魔环；汉谟拉比头戴传统的王冠，神情肃穆，举手宣誓。这部制作精美的法典也成了古巴比伦文明的杰出代表。

《汉谟拉比法典》是东方文明的璀璨明珠，代表了古东方文明的伟大成就。法典中确立的有关债权、契约、家庭以及刑法等方面的一些原则，如关于偷盗他人财产必须受到惩罚、损坏他人财产必须进行赔偿、诬告与伪证反坐的刑法原则，还有法官枉法重罚的原则，都对后世的立法有着重大的影响。

"要让正义之光照耀大地，消灭一切罪与恶，使强者不能压迫弱者。"几千年前《汉谟拉比法典》中的话语，如今依然震撼着我们的心灵。

影响深远的腓尼基字母（公元前1500年）

大约公元前3500年，闪米特族中的腓尼基人辗转来到了叙利亚的西部，也就是现在的黎巴嫩共和国所在地，他们在这里定居下来，形成了许多独立的城邦，比较重要的有乌加里特、朱拜勒、赛达和泰尔。这里没有适合农业和畜牧业发展的平原，但因其濒临地中海，交通便捷，山上的林木又适合建造船舶，所以腓尼基人很早便开始从事航海经商活动。

腓尼基字母

早在公元前2000年左右，腓尼基人就与埃及、克里特岛等进行贸易，还开辟了通往地中海西部的航线。他们甚至穿过了直布罗陀海峡，远航到了大西洋，南下非洲西岸，北抵不列颠群岛，后来取得了地中海的商业霸权。

正因为腓尼基人主要从事航海经商业，古代东方的文明便通过他们逐渐传播到了地中海各地。在记账时，腓尼基人

主线	地区	事件	时间
腓尼基字母产生的经过	亚洲叙利亚西部	腓尼基人在叙利亚定居下来	约公元前3500年

时间	事件	地区	主线
约公元前3500年	腓尼基人在叙利亚定居下来	亚洲叙利亚西部	腓尼基字母产生的经过
公元前7世纪	希腊人开始用字母写字	欧洲希腊	

觉得当时流行的楔形文字太过烦琐，于是他们就在埃及字母的基础上，创造出22个更加简便的辅音字母表示文字，用来作为记载和交往的工具。

到了公元前14世纪，腓尼基人使用两种字母：北部的乌加里特城邦使用一种楔形字母，南部的朱拜勒城邦使用一种线形字母。后来更加简洁、易于书写的线形字母淘汰了楔形字母。大约公元前9世纪，腓尼基人已经完全使用这22个线形拼音字母了，不过它们都是辅音，没有元音。

腓尼基浮雕

由于贸易往来，腓尼基人把这种拼音字母传给了希腊人，希腊人把这种拼音加以改造，加上几个元音字母，便成了希腊字母。大约公元前7世纪，希腊人开始用字母来写字，然后又衍生出拉丁字母和斯拉夫字母，这就是现在欧洲各种字母的由来。在亚洲，腓尼基人的拼音字母被带到叙利亚一带，那里居住着使用阿拉米语的阿拉米人。阿拉米语的使用范围非常广泛，后来人们又从阿拉米文的字母中衍化出希伯来文、阿拉伯文、印度文及中国的维吾尔文的字母。所以世界上很多种拼音文字的字母，都可以追溯到腓尼基人的拼音字母上去。

在传播字母的同时，腓尼基人还把埃及人用纸草、笔和墨水写字的方式传播到地中海两岸。

腓尼基人创造了人类历史上的第一批字母文字，对人类文化历史的发展作出了伟大的贡献。

叛逆的法老——阿蒙霍特普四世（约公元前1379年—公元前1362年在位）

在考古发现的所有的埃及法老中，阿蒙霍特普四世是最特别的：他生前集诋毁与赞誉于一身，死后又给后人留下了许多无法解释的谜团。

阿蒙霍特普四世，是古埃及第十八王朝全盛时期的法老阿蒙霍特普三世的小儿子，童年时他一直生活在兄长的阴影下，很少在公开场合露面，就连家族的群雕上也没有他的身影。但是因为兄长英年早逝，他于公元前1379年意外即位，从此变成了众人瞩目的君王。

阿蒙霍特普三世统治时外交稳定，国家繁盛，但是国王与祭司之间已经出现不和谐的迹象。当时阿蒙祭司集团让阿蒙与拉神相结合，创造出"阿蒙·拉"，使得阿蒙神一跃成为众神之神，神庙的势力扩大不少，对王权构成了威胁。阿蒙霍特普三世为了摆脱神庙对王权的控制，决定用阿顿崇拜代替阿蒙崇拜。阿蒙霍特普四世即位后不久，就以宗教为名，强制推行对太阳神阿顿的崇拜，禁止崇拜除了阿顿神以外的任何神。这是空前绝后的宗教改革，打破了当时多神崇

主线	地区	事件	时间
阿蒙霍特普四世的宗教改革	非洲埃及	阿蒙霍特普四世即位	公元前1379年

时间	事件	地区	主线
公元前1349年	阿蒙霍特普四世建造新首都阿克塔顿	非洲埃及	阿蒙霍特普四世的宗教改革

拜的传统。

在之前的古埃及神话谱系中,太阳神被分为拉、阿图姆、哈拉凯悌和凯普利四个不同的形态,多神崇拜的传统一直保持着。阿蒙霍特普四世打破了这一传统,创造出埃及乃至世界上第一个一神宗教,并且利用自己手中的王权强制推行。他下令关闭阿蒙神庙,并铲除所有跟阿蒙神相关的建筑、艺术品等。为了表示自己与阿蒙神的决裂和对阿顿神的信仰,他把自己的名字由阿蒙霍特普(意为"阿蒙的仆人")改为埃赫那顿(意为"阿顿的仆人"或"阿顿光辉的灵魂")。

阿蒙霍特普四世

阿蒙霍特普四世在位的第五年,开始建造一座新首都,叫阿克塔顿(意为"阿顿的地平线")。后来他开始把埃及绝大多数宗教活动都集中在阿克塔顿,并且开始在埃及各地为阿顿建造许多宏大的神庙。阿顿的神庙跟以往任何神庙都不一样,它是一个露天的柱式大厅,人们可以在太阳下与它直接交流,而不再像过去那样被阻隔在庙宇外。埃赫那顿用一个崭新的、简化的崇拜仪式,代替了传统宗教的一切繁文缛节。

在埃赫那顿统治时期，阿顿被尊为唯一的神。在一些古埃及壁画中，可以看到阿顿神光芒四射的末端是举着生命符号的手，它们都指向埃赫那顿及其家人。埃赫那顿宣称自己是阿顿神的儿子，他和他的王后是阿顿神在人间的指定代言人，所以他们应跟阿顿一样受到世人的崇拜。

根据考古发现"阿克塔顿"的总面积达290平方千米，城区为带状，沿尼罗河东岸延伸。考古工作者在古城里发现了5座王宫和4座神庙，包括许多小祠堂、作坊、警局总部等公共建筑，以及专门用来接待外国使节的地方。还在接待外国使节的地方发现了用当时的国际语言阿卡德语书写在泥板上的书信，共计382块泥板。这些书信主要来自巴比伦国王、亚述国王、赫梯国王、米坦尼国王、埃及和在迦南地区属国的国王，是寄给埃赫那顿及其父亲阿蒙霍特普三世的。

主线	地区	事件	时间
阿蒙霍特普四世的宗教改革	非洲埃及	阿蒙霍特普四世建造新首都阿克塔顿	公元前1348年

阿克塔顿古城遗址

时间	事件	地区	主线
公元前1348年	阿蒙霍特普四世建造新首都阿克塔顿	非洲埃及	阿蒙霍特普四世的宗教改革
公元前1352年	图坦卡蒙暴毙	非洲埃及	图坦卡蒙墓地的介绍

通过这些书信,可以了解一些当时近东的外交关系。从其中一份亚述国王写来的信中可以看出,亚述国王像其他国王一样,贪婪地向埃及索取黄金,埃赫那顿主张直接与太阳神阿顿交流,结果导致外国使节中暑而死。

不过埃赫那顿的宗教改革最后还是以失败告终。他的继承者们很快又恢复了传统的多神信仰体系,他建造的神庙也被拆除,所有出现他的名字和形象的地方都遭到毁坏,他和他家人的木乃伊、随葬品更是不知去向。最后跟他相关的一切都逐渐被抹平,直到沙漠中"阿克塔顿"的废墟被发现,埃赫那顿才重新引起人们的注意。

法老的诅咒

当你站在一个几千年前的古墓的入口前,看到入口处写着"死亡将降临那些胆敢打扰法老睡眠的人身上",你还会再进去吗?当你壮着胆子进入,接着又看到写着"任何怀有不纯之心进这坟墓的,我要像扼一只鸟一样扼住他的脖子",你会怎么想?上面这两段就是在古埃及新王国第十八王朝的法老——图坦卡蒙的墓中发现的诅咒铭文。

图坦卡蒙(公元前1361年—公元前1352年在位),从9岁开始统治古埃及,不过在19岁暴毙,他短暂的一生给后人留下了无尽的猜想。图坦卡蒙原来的名字是图坦卡吞,意思是"阿顿的形象",后来改为"阿蒙的形象"。这说明他从原来崇拜阿顿神转到崇拜阿蒙神。虽然图坦卡蒙不是埃及历史上功绩最大的法老，但是因为他的墓葬，成为最著名的法老之一。

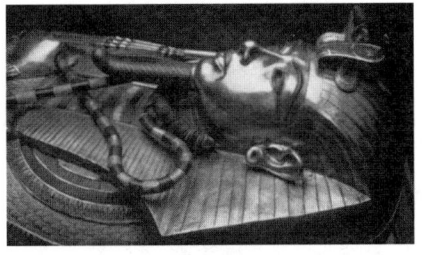
图坦卡蒙的金色棺材

图坦卡蒙墓地被英国考古学家霍华德·卡特于公元1922年发现于埋葬法老的"国王之谷"的峭壁脚下，它由前室、墓室、耳室和库室四个部分组成。除了墓室，其他的地方都放满了家具、器皿、箱匣等器物，墓中的每件器物上面都装饰有金银珠宝。

在粉红色的前室里，放置着三张四周雕着怪兽形状的金床，床边还站着两个真人般大小的黑色武士，还有镶嵌宝石的王座、金光闪闪的战车、各种乐器等。棺室由两个威风的武士雕像守护着，里面有四个金色的神龛，一具水晶石棺和三个棺套，黄金制成的内棺上写着年轻法老的名言："我看见了昨天，我知道明天。"

图坦卡蒙墓地

图坦卡蒙的木乃伊由三个人形棺与三个外椁层层保护，每一个的大小恰好卡进另一个，手工技艺相当精细。最内一层的人形棺由22K金打造，重

主线	地区	事件	时间
图坦卡蒙墓地的介绍	非洲埃及	图坦卡蒙暴毙	公元前1352年

时间	事件	地区	主线
公元前1325年	图坦卡蒙暴毙	非洲埃及	图坦卡蒙墓地的介绍

110.9公斤,最外一层的外椁大到可以当中型汽车的车库。图坦卡蒙的坟墓中有一个个小型急救箱,里面除了一些急救药品,还有绷带和类似骨折时用的吊带。

在图坦卡蒙的陵墓中,考古学者们发现了用小麦和大麦做的食物,以及加了蜂蜜和香料的牛羊肉,还有西瓜子、大罐葡萄酒和大批衣物,并且在衣物边还有根据他的体形制作的木质模特,以及图坦卡蒙洗礼时用的围巾。最让人诧异的是还有四个雪花石膏箱,箱子中的罐子里面装的竟然是法老的肝、肺、胃和肠子。

在棺椁中图坦卡蒙木乃伊浑身穿戴着项圈、护身符、戒指、金银手镯以及各种宝石,身上还配有两把短剑,一把是金的,另一把是金柄铁刃的。尤其是这把铁剑极为罕见,因为埃及人那时刚拥有了使用铁的原始技术。墓内还有一幅壁画,画的是这位年轻帅气的图坦卡蒙法老正被两位天神接往天国。

图坦卡蒙墓中众多的文物给后人留下了珍贵的研究资料。同样留下的还有他的"诅咒",因为在这位年轻法老的墓门开启后,多位参与打开陵墓的人相继死去,这是巧合,还是真的存在"法老的诅咒"呢?至今还无人得知。

附录：第二章参考文献

[1]乔治·威尔斯.极简世界史[M].北京：现代出版社，2017.

[2]玛丽奥特.你一定爱读的极简世界史[M].北京：台海出版社，2015.

[3]威尔·杜兰特.文明的故事1：东方的遗产[M].台湾幼狮文化，译.成都：天地出版社，2018.

[4]盛文林.深远影响亚洲的文明 古印度文明[M].北京：北京工业大学出版社，2014.

[5]本刊编辑部.二里头新探[J].世界遗产，2015(8).

[6]丁振宇.六大文明古国简史[M].长春：吉林出版集团有限责任公司，2018.

主线	地区	事件	时间

第三章　社会制度大变革

- 华夏的开始
- 所罗门宝藏
- 亚述帝国的兴起与衰落
- 婆罗门教的创立
- 斯巴达国家形成
- 千年古城罗马的传说
- 世界传奇帝王——居鲁士大帝
- 梭伦改革
- 众神之神——宙斯神像

经过两千多年的积累和发展，世界上的人口增加了很多，慢慢有了城市，人类进入了一个新的阶段，社会制度也发生了变革。不断爆发的战争，让统治阶级的权力不断增加，武器和宫廷奢侈品开始占据社会生产的一部分。贸易的发展，让各个国家的往来频繁起来，矛盾也多起来，战争也不断升级，政权更迭得更快。

时间	事件	地区	主线
约公元前1046年	周武王继位	亚洲中国	华夏的来历

华夏的开始（公元前1046年—公元前771年）

周是"华夏"一词的创造者和最初指代，《尚书·周书·武成》载："华夏蛮貊，罔不率俾。"《释诂》云："夏，大也。"故大国曰"夏华"。"夏"谓中国。孔颖达注曰："夏，大也。中国有礼仪之大，故称夏；有服章之美，谓之华。华、夏一也。"

周朝分为"西周"（公元前1046年—公元前771年）和"东周"（公元前770年—公元前256年）两个时期。其中东周又被称为"春秋战国"时期，以韩、赵、魏联手打败晋国执政的智氏家族为分水岭，分为"春秋"及"战国"两个部分。

周武王灭商以后，在周国内实施分封制度，大封皇族及功臣。几百年后，周国实力已经减弱很多，到了周厉王时期，连年战争，百姓苦不堪言。公元前841年，周国内部出现暴动，周厉王逃跑，朝中由召穆公、周定公两位大臣执政，号为"共和"。公元前781年，周幽王即位，朝政腐败，国人怨声四起。

公元前771年，西周覆亡，一些较大的诸侯国开始为争夺土地、人口及对其他诸侯国的支配权发

西周象首纹簋

动战争,整个华夏地区混战了几百年,这就是中国历史上的春秋战国时期,也是东周时期,直到公元前256年,东周被秦国所灭才宣告结束。

周朝时,周国内部采取的是中央制度。周王是全国的最高统治者,下面设有两大官僚系统,分别为卿事寮和太史寮。周天子对诸侯拥有较大的权威,诸侯要听命于他并且按时向他纳贡。大国诸侯可以兼任周王室的官吏,在封国内部,诸侯可以自己设置官制,制度大略与王室相同,还可以拥有各自的军队,成为一方之主。

周朝时期,周对于整个华夏采取的是分封制,古文献中之"封建"即"分封制",封建制在周朝时期是周王室把疆域土地划分给诸侯的社会制度。在封建制下,土地分别属于各封地的诸侯所有,那些诸侯只需向周王室缴纳一定的进贡即可。

西周还盛行井田制度。那时道路和渠道纵横交错,把土地分成一个个方块,就像"井"字,所以称为"井田"。这些井田归周王所有,分给庶民使用。领主强迫庶民集体耕种井田,周边为私田,中间为公田。

东周春秋时期,贵族对原始社会末期父系氏族的风俗习惯进行发展和改造,创造了"礼",用

西周青铜器窖藏

主线	地区	事件	时间
华夏的来历	亚洲中国	殷商灭亡 周王朝建立	约公元前1046年
		成康之治	公元前1042年到公元前996年

时间	事件	地区	主线
公元前781年	周幽王继位	亚洲中国	华夏的来历

来统治人民和巩固贵族内部的关系。《荀子·礼论篇》说："礼有三本：天地者，生之本也；先祖者，类（族类）之本也；君师者，治之本也。""上事天，下事地，尊先祖而隆君师，是礼之三本也。"所说"礼之三本"，天地代表神权，先祖代表族权，君师代表君权。后来统治者以天、地、君、亲、师作为礼拜的主要对象，就是根据这个理论。到了春秋后期，就出现了"礼崩乐坏"的局面。

晚周时期，工商业有了较大的发展，在不同的国家出现不同的、有固定价值的金属货币。钱币的使用，使得商业有了较大的发展，商业的发展使得城市开始成长，还出现了工业按照地点进行专业化的趋势。

这一时期的文化，出现了百家争鸣的盛况，儒家、道家、法家、墨家、兵家、阴阳家、名家、纵横家、杂家、农家等不同学派出现了很多著名人物，如孔子、孟子、荀子、老子、庄子、墨子、孙武、孙膑、鬼谷子、苏秦、吕不韦、张仪等。

这时候的文献记载很丰富，尤其是壁画。当时的雕刻作品主要是随葬的泥木俑、玉石雕刻品，制成动物形、人形的青铜器和漆器及其他工艺美术品。当时的书法在中国书

西周铸铜作坊遗址

法史上占有重要地位，青铜铭文（金文）及石鼓文代表中国书法艺术发展的第一个高潮，其风格或质朴大气，或灵动秀丽，具有特殊的美感，为后世所珍重。

周朝的音乐舞蹈受到历代统治阶级的重视和各阶层人民的喜爱。开始时，宫廷乐舞与民间乐舞是严格分开的，到了战国时代，宫廷乐舞开始吸收民间乐舞精华部分，创造了郑声、楚舞、楚音、宋音、卫音、齐音等。战国时宫廷乐舞的规模很大，这一点可以从一些文献和出土的实物中看出。从曾侯乙的墓中就出土了数十件成套的编钟、编磬，这些编钟、编磬不仅规模宏大，而且功能先进，解答了很多音乐史上的谜题。

周朝时的青铜器装饰非常精美，纹饰种类也较多，主要分为礼乐器、兵器和杂器。由于社会经济和政治的变化，各诸侯国的礼制观念也在不断变化，与之紧密相关的玉制品也随之发生变化。春秋战国时期的玉器多为礼器，少数为生活用具。

中国是世界上最早使用天然漆的国家。商周时期，中国的漆器工艺很发达，到了春秋战国时期，漆器的使用范围更广，技术也提高很多。春秋战国时期，由于铁器的使用和牛耕的推广，青铜器逐渐退出历史舞台，这标志着社会生产力的显著提高。

春秋战国时期，织绣工艺也取得了很高的成就。在湖北江陵一个东周时期的楚国墓葬中，发现了35件保存完好的衣物。出土纺织品有丝、麻两大类，丝织品包括绢、绨、纱、

主线	地区	事件	时间
华夏的来历	亚洲中国	周幽王被犬戎杀死，西周灭亡	公元前771年

时间	事件	地区	主线
公元前1028年	大卫建立犹太国	亚洲耶路撒冷	犹太国的建立、分裂及灭亡
公元前971年	所罗门继承王位		

罗、绮、锦、绦、组八大类，制作之精也是前所未有的。

所罗门宝藏（公元前971年—公元前931年）

公元前2000年左右，一批来自阿拉伯半岛的迦南人在地中海东岸的巴勒斯坦中部筑城定居下来，建立了一批古老的城镇，叫"尤罗萨利姆"，意思就是"和平之城"，现在我们将它译为"耶路撒冷"。大约在公元前1028年，犹太人在首领大卫的率领下攻占了这座城市，并将他们的首都迁到这里，进而建立了统一的犹太国。从此，耶路撒冷就由迦南王国的首都，变成了统一的以色列王国的首都。

大卫统一迦南后，就把犹太教最为珍贵的圣物"金约柜"和"西奈法典"迎到耶路撒冷，将它们暂时安放在圣城的一座祭坛上，计划日后修建一座宏伟的圣殿来供奉它们。相传"金约柜"是一个外表包着黄金的木盒子，两侧是用橄榄木雕成的金光闪闪、展翅欲飞的天使，里面放着圣徒摩西在西奈山顶上求取的神谕和法典。

所罗门的审判

大卫死后，他的儿子所罗门继承王位，当时年仅20岁的所罗门用了7年时间，动用了20万劳动力在耶路撒冷的锡安山上建造了犹太圣殿,也就是后来的"所罗门圣殿",还在四周筑了一道石墙,里面只存放着"金约柜"以及刻有摩西经文的石碑。除犹太教的最高祭司长有权每年进一次圣殿探视圣物外,任何人都不得进入。

圣殿建成后,各地的人们都纷纷带着许多的贡品来朝拜。据说,所罗门非常富有,每年可以从其附属国征收大约9.9万千克黄金的贡品,财富源源不断地向这座圣城汇聚而来。所罗门将这些金银珠宝都存放在圣殿里,具体有多少,没人知道。传说所罗门居住宫殿的门窗、墙柱、祭坛、桌椅乃至一切饮器用具,都包着一层金箔或厚厚的黄金,整座宫殿就是一个金碧辉煌的天堂。

所罗门死后,犹太王国分裂成两个国家。以耶路撒冷为中心的南方由所罗门的后代继续统治,叫犹太国,圣物"金约柜"还放在圣殿里,北方则继承以色列的国名,不过全民族的祭司们依然到耶路撒冷的"犹太圣殿"献祭,教民们也仍然到这里朝圣。在后来的几百年间,数十代君王都效仿伟大的先王所罗门,将收集来的金银财宝收藏在圣殿中,而这些奇珍异宝就是历代相传的"所罗门宝藏"。

所罗门时期陶器

主线	地区	事件	时间
犹太国的建立、分裂及灭亡	亚洲耶路撒冷	大卫建立犹太国	公元前1028年
		犹太王国灭亡	公元前586年

时间	事件	地区	主线
公元前586年	犹太王国灭亡	亚洲耶路撒冷	犹太国的建立、分裂及灭亡
公元前2500年	亚述国形成	亚洲美索不达米亚北部	亚述的历史

公元前590年,新巴比伦王尼布甲尼撒二世第二次攻打犹太国。耶路撒冷于公元前586年被攻破。王宫和圣殿全被烧毁,犹太王国灭亡,数万犹太人被押送到巴比伦囚禁起来,整个迦南地区只剩下一些贫穷老弱的犹太人,从此无价之宝"金约柜"和"所罗门宝藏"下落不明。

有传说称,刻满了天使图案的"金约柜"和刻有"十诫"的两块大石板并没有落入巴比伦人的手里,而是在耶路撒冷被攻破之前就被犹太人藏到了圣殿下面的岩洞中;也有传说称,真正的"金约柜"早就被转移出了耶路撒冷,被秘密地藏在了埃塞俄比亚古都阿克苏姆的一座古寺里;还有传说称,所罗门的一个儿子已经将耶路撒冷圣殿中的真"金约柜"偷出,里面放置的是假"金约柜"。

直到现在,"金约柜"和"所罗门宝藏"仍然是一个巨大而又充满诱惑的谜团。很多人都想解开,却没人能够找到有价值的线索。

亚述帝国的兴起与衰落(公元前935年—公元前612年)

亚述地处两河流域的北部,是一个多山的地区,那里拥有丰富的木材和矿产。大约公元前2500年,这里形成了以亚述城为中心的国家,这就是早期的亚述国。亚述最早的居民为胡里特人,后来又有阿卡德人迁入,两种居民逐渐融合,创造了古代的亚述文明,那时亚述文明的主要语言是阿卡德语的亚述方言,文字是楔形文字。在阿卡德王国和乌尔第三王朝强大时,亚述曾依附于它们,直到公元前2000年前后才获得独立。

亚述的早期,土地归公社所有,国家有贵族会议,国王称为伊沙库,权力并不大。那时亚述的商业贸易已相当发达,据记载它同小亚细亚、叙利亚、南部美索不达米亚、扎格罗斯山区、亚美尼亚等地都有商业联系,并且还在小亚细亚建立了若干商业殖民地。亚述商人还把楔形文字带到了小亚细亚。

约公元前19世纪末,亚述城的统治者沙姆希·阿达德一世对周围地区进行过多次征伐,马里就曾臣服于亚述,小亚细亚东部也曾被亚述征服。最终沙姆希·阿达德一世占领了由阿卡德北部至地中海的广大区域,世袭了阿卡德王国之王的称号,号称"天下之王"。不过在沙姆希·阿达德一世死

亚述古城遗址

主线	地区	事件	时间
亚述的历史	亚洲美索不达米亚北部	亚述国形成	约公元前2500年
		亚述开始扩张	公元前19世纪末

时间	事件	地区	主线
公元前19世纪末	亚述开始扩张	亚洲美索不达米亚北部	亚述的历史
公元前10世纪	亚述开始强大		

后，亚述就迅速败落下去，先后沦为古巴比伦王国和米坦尼王国的附庸。直到公元前15世纪末期，才又开始强大起来。

公元前14世纪中期，亚述王亚述乌巴利特一世击败了米坦尼，建立了强大的亚述帝国，也就是历史上的古亚述帝国。此后亚述统治者逐渐采用了亚述王的称号，并继续向外扩张，他们先后击败喀西特巴比伦、赫梯帝国和巴比伦，

亚述古城浮雕

最终占领整个两河流域，并把首都从阿淑尔迁往图库尔蒂-尼努尔塔镇。这时亚述的政体已经开始向君主专制过渡，中央集权加强，国家常备军也已经存在。社会的主要统治阶级是大土地所有者、商人、高利贷者和大奴隶主阶级。

公元前10世纪，亚述开始进入铁器时代。铁器的推广，不仅促进了农业生产和手工业的快速发展，还让好战的亚述人制造出更加结实锋利的武器。彪悍的亚述人拿着铁制的武器，开始横扫整个美索不达米亚。

那时，曾经强悍的邻邦埃及帝国已经衰落，赫梯帝国也被摧毁，南方的巴比伦王国也不再强大，东边的波斯和米泰还没成长起来，哪怕雄踞北方的乌拉图面对快速崛起的亚述也束手无策。

亚述君王亚述纳西拔二世（统治期间为公元前883年—

公元前859年），是历史上有名的暴君。他的碑刻铭文讲到他对美索不达米亚和叙利亚的洗劫："我用敌人的尸体堆满了山谷，直达顶峰；我砍去他们的头颅，用来装饰城墙。我把他们的房屋付之一炬，我把他们的皮剥下来，包住城门映墙；我把人活活砌在墙里，我把人用木桩钉在墙上，并且斩首。"

正是亚述纳西拔二世最先领导亚述人走上了对外征服的道路，继他之后的沙尔马纳塞三世同阿拉伯人、埃及人支持的南叙利亚同盟进行了三次战争，最终确立了对整个叙利亚地区的领导权，甚至一度征服了整个巴比伦尼亚。

亚述雕像

但是长期的战争，让亚述国内人民的负担加重，这引起了国内人民的强烈不满，据记载亚述曾经发生过多次人民起义。于是亚述停止了对外扩张，开始了长达几十年的休养。

公元前745年，提格拉·帕拉萨三世（公元前745年—公元前727年）开始领导国家。他首先对军事进行了改革，把军队分成若干兵种，如战车兵、骑兵、重装步兵、轻装步兵、攻城兵、辎重兵及工兵等，大大加强了亚述的军事力

主线	地区	事件	时间
亚述的历史	亚洲美索不达米亚北部	亚述开始强大	公元前10世纪
		亚述帝国灭亡	公元前612年

时间	事件	地区	主线
公元前612年	亚述帝国灭亡	亚洲美索不达米亚北部	亚述的历史
公元前20世纪中叶	吠陀教产生	亚洲印度河流域	婆罗门教的介绍

量。然后他开始发动对外战争,打败了乌拉尔图,征服了整个叙利亚地区,并插手巴比伦的王位继承,进而使巴比伦与亚述合并,自己成了巴比伦之王。

亚述帝国的形成和发展就是一部战争史,凶残的亚述军队所到之处城镇都被焚烧破坏、财物被掠夺、居民被屠杀或被掳走,亚述人给两河流域的各民族带来了无尽的灾难和痛苦。由于亚述人在战争中的行为异常残暴,犹太人将亚述首都尼尼微称为"血腥的狮穴"。建立在血腥上的功业是注定不会长久的,公元前612年,亚述帝国的首都尼尼微沦陷,亚述帝国随着宫廷的火焰一起消失了。

婆罗门教的创立(公元前7世纪)

在印度正式产生宗教之前,生活在印度河流域的居民主要信仰地母神、动植物(特别是牛)、性器官和祖灵。一些考古出土的那时期的文物上还绘有修行者跌坐和冥想的形象。

早在公元前20世纪中叶,雅利安人就开始从兴都库什山和帕米尔高原进入印度河流域。经过长期的战争,他们战胜了当地的土著民族——达罗毗荼人,两个民族开始逐渐融合。进入印度河流域之前的雅利安人是游牧部落,他们是父系氏族公社,主要崇拜人格化了的自然神和祖灵,与印度河流域当地土著民族融合后,逐渐开始过渡到农业社会,形成了崇拜多神的吠陀教，吠陀教就是最早的婆罗门教。

公元前10世纪中叶，雅利安人从印度河上游开始向东推进到朱木那河、恒河流域。当时，因为铁器的使用，印度次大陆农业有了重大发展，手工业和商业也逐步兴起。快速发展的经济，让社会分化开始加剧，曾经以血缘为纽带的村社变成以地域联系的、由若干村社组成的农村公社。

印度吠陀的六牙白象

婆罗门教

主线	地区	事件	时间
婆罗门教的介绍	亚洲印度河流域	吠陀教的分化	公元前10世纪中叶

时间	事件	地区	主线
公元前8世纪到公元4世纪	婆罗门教鼎盛时期	亚洲印度河流域	婆罗门教的介绍

随着阶级的分化以及奴隶制度的形成和发展，印度的社会等级制度开始形成，这就是后来种姓制度的雏形。为了适应社会的变化，吠陀宗教开始进行自我革新，于是出现了以吠陀天启、祭祀万能和婆罗门至上为三大纲领的婆罗门教。

婆罗门教崇尚祭祀，主要分为家庭祭和天启祭（或称火祭）两类。根据《梨俱吠陀》的记述，火祭祭品主要是牛乳、谷物、苏摩酒、肉类等，祭祀场面往往十分宏大。《耶柔吠陀》《阿闼婆吠陀》以及各种梵书中对火祭的意义、赞歌、咒术、仪轨、祭官等都有较系统的规定与说明。家庭祭

印度婆罗门教贝叶经手稿

主要是在家中进行，主要有十二种祭仪：受胎、成男、分发、出生、命名、出游、哺乳、结发、剃发、入法、归家、结婚，仪式则相对简单。

经过长时间的演变，婆罗门教逐渐把人分为四个等级，也就是著名的"四种姓"。四种姓分别为：婆罗门，是执掌宗教事务的祭司；刹帝利，是执掌军政事务的武士；吠舍，是从事生产活动的农民和手工业者；首陀罗，是奴隶；此外还有无种姓的贱民。前三种姓是"再生族"，婆罗门教可以使他们获得第二次生命；第四种姓称"一生族"。婆罗门教宣称四种种姓是神创造的，种姓世袭，婆罗门是世界上最高贵的。

婆罗门教的鼎盛时期是公元前8世纪到公元4世纪，之后由于佛教和耆那教的出现和发展，婆罗门教开始衰落。公元8—9世纪，婆罗门教吸收了佛教和耆那教的一些教义，并结合了印度民间的信仰，逐渐发展成了早期的印度教，并不断演变到今天。

斯巴达国家形成（公元前7世纪末—公元396年）

斯巴达城邦位于希腊半岛南端伯罗奔尼撒半岛的拉哥尼亚平原上，拉哥尼亚平原三面环山，中间有一块小平原，湍急的欧诺塔斯河流经此地，给农作物的生长提供了便利，并且附近的泰格特斯山上盛产铁矿，为农具和武器的制作提供了原料。

主线	地区	事件	时间
婆罗门教的介绍	亚洲印度河流域	婆罗门教鼎盛时期	公元前8世纪到公元4世纪
		婆罗门教开始衰落	公元8世纪到9世纪
斯巴达人的扩张	欧洲拉哥尼亚平原	斯巴达城邦形成	约公元前2000年

时间	事件	地区	主线
约公元前2000年	斯巴达城邦形成	欧洲拉哥尼亚平原	斯巴达人的扩张
公元前800年到公元前730年	斯巴达征服拉哥尼亚地区		

大约公元前2000年,阿卡亚人来到拉哥尼亚平原,形成了斯巴达城邦。在迈锡尼文明时期,斯巴达曾经被迈锡尼统治过,那时斯巴达是希腊本土重要的文明中心之一,但是在公元前1100年左右,多利安人侵入拉哥尼亚,摧毁了迈锡尼时代的城市文明。进入拉哥尼亚的多利安人分为三个部落,他们还处于原始社会末期,在公元前10世纪到公元前9世纪,他们共同建设了一个新的政治中心,就是多利安人的斯巴达城。因而居住在这一带的多利安人被称为斯巴达人。

公元前800年到公元前730年,斯巴达人向邻近的地方扩张,他们征服了拉哥尼亚地区,迫使被征服的居民向其纳贡。这些被征服者居住在斯巴达人的周围,被称作皮里阿西人。后来居住在希洛斯城的居民不堪忍受斯巴达人的压迫而发动起义,不过起义被斯巴达人镇压,斯巴达人将这些起义者变成奴隶,称之为希洛人。为了获得更多的土地,斯巴达人侵入美塞尼亚,占领整个美塞尼亚后,斯巴达人将其居民也变成了希洛人。

在对外征服的过程中,斯巴达的氏族制度开始迅速解体,国家逐渐形成,斯巴达的部落管理机构也慢慢转化为镇压被征服者的暴力机关。公元前7世纪时,斯巴达国家的基本体制已经形成。

斯巴达是多利安人在部族征服的基础上建立起来的奴隶制国家,也是奴隶主专政的国家,国家机构由国王、公

斯巴达战士

民大会、长老会议和监察官组成。统治阶级相对平等,斯巴达人的国王是由两个权力相当的家族世袭,平时两个国王都做祭司长、裁判官,发生战争时则由其中一人担任军队的统帅。

斯巴达还有一个机构叫作公民大会,公民大会由年满30岁的斯巴达男子组成,但是权力很小,只有表决权,立法权属于长老会议。长老会由两个国王和28名60岁以上的氏族长老组成,一切国家大事先由长老会讨论决定,然后再由公民大会通过。当长老会向公民宣布他的决策时,公民大会以是否有呼声来表示接受或者拒绝。为了加强统治,斯巴达人的公民大会每年要选出5位长官,负责处理国家的行政事务,并对国王和长老会加以监督。

斯巴达的贵族为了维护自己的统治地位,在本阶级内厉

主线	地区	事件	时间
斯巴达人的扩张	欧洲拉哥尼亚平原	斯巴达征服拉哥尼亚地区	公元前800年到公元前730年

时间	事件	地区	主线
公元前800年到公元前730年	斯巴达征服拉哥尼亚地区	欧洲拉哥尼亚平原	斯巴达人的扩张

斯巴达战士浮雕

行军事训练,意图将每个斯巴达人都训练成战士。所有贵族家庭出生的婴儿,都由长老检查,只有体质强壮的才能留下抚养,体质弱的就扔到荒郊野外的弃婴场去。斯巴达男孩从7岁开始便离开家,到军营接受严格的军事训练,他们要对首领绝对服从。每年的节日他们要跪在神像面前接受鞭刑,不许求饶、不许喊叫、甚至不许出声。这些经过训练的贵族青年,在20岁时,便成为战士和公民,可以参加政治活动。斯巴达的贵族青年从小就被灌输斯巴达人高贵、希洛人低贱的思想,他们唯一的目的就是如何做一个勇敢有力的统治者。

　　斯巴达虽然是城邦,其实并没有城,它不像其他的希腊城邦那样有高墙的防卫。在所有希腊城邦中,斯巴达是最落后、最保守的。斯巴达厉行军国主义,一切事务都以提高军事效率为目标,这扼杀了斯巴达人的创造性。对光辉灿烂的古希腊文化可以说斯巴达人几乎没有贡献。

千年古城罗马的传说（公元前753年—公元476年）

在希腊人攻陷特洛伊城时，一些特洛伊人坐船逃脱了，他们历经千辛万苦来到亚平宁半岛上，在半岛上的台伯河出海口附近定居下来，慢慢建立了自己的王国——亚尔巴龙咖。

亚尔巴龙咖国王努米托雷，有个野心勃勃的弟弟阿穆留斯，他用阴谋夺取了哥哥的王位，并将哥哥流放。为了防止哥哥的后代来复仇，他杀了哥哥的儿子，并强迫哥哥的女儿做了女祭司。女祭司一生都必须保持童贞，且不能结婚。他觉得这样做，自己的政权就能稳定了。

可是计划总有疏忽的时候，战神玛尔斯让他的侄女怀孕，并产下双胞胎兄弟。听到这个消息后，阿穆留斯非常生气，他下令把侄女处死，并让女奴把两个婴儿扔到台伯河里淹死。女奴把两个孩子放到篮子里，当时台伯河河水正在泛滥，她不敢靠近，于是把篮子放到河边就慌忙离开了。篮子并没有被冲走，孩子的哭声引来了前来喝水的一头母狼，它奔到孩子身边，不仅没有伤害两个孩子，还把他们带回到山洞，用自己的乳汁喂养起来。

后来这两个孩子被一个猎人发现并领回了家。猎人给他们分别取名为罗穆卢斯和勒莫斯，精心养育他们成人。两兄弟勇敢健壮，身边渐渐聚集了一群牧人、流浪者和逃亡的奴

主线	地区	事件	时间
罗马城的建城历史	欧洲罗马城	罗穆卢斯建立罗马城	公元前753年

时间	事件	地区	主线
公元前5世纪到公元前3世纪	罗马不断扩张	欧洲罗马城	罗马城的建城历史
公元前27年	罗马帝国成立		

隶。后来，两兄弟偶然遇到了被流放的外祖父，得知自己的身世后，他们杀死了阿穆留斯，迎回外祖父努米托雷，让他重登王位。

努米托雷把他们被抛弃的地方——台伯河畔的七座山丘赠送给他们，让他们建立新的都城。两兄弟为了确定新城的名字和谁来统治这座新城而争吵了起来，争吵中罗穆卢斯杀死了勒莫斯，于是罗穆卢斯就以自己的名字命名新城为罗马。据说这一天是公元前753年4月21日，后来罗马人就将这一天作为罗马的建城日，并将"母狼乳婴"图案定为罗马市徽。

罗马母狼

罗马虽然建立起来了，但是城市里面的人口却很少，很多人都不愿迁到这座新建的城市中，只有那些逃亡者、流浪汉和流氓愿意来，不过他们都是男子，并且名声不好，周围的人们不愿将自己的女儿嫁过来。为了增加城市人口，罗穆卢斯命人抢夺附近萨宾人的妇女，最后将罗马人与萨宾人融合为一个民族。

随着人口增多，罗马城逐渐繁荣起来，成为罗马帝国的首都。公元1-2世纪，罗马成为西方最大的帝国。罗马古城南北长约6200米，东西宽约3500米，城墙根据山坡和河流的曲折起伏而建，整体呈不规则状，像一只蹲伏的雄狮。

　　罗马人对于城市的功能设计和构想非常先进，有的理念甚至让今天的城市规划设计者们都自叹不如。城内有全部用青石板铺设而成的大街，呈"井"字形，有规则地纵横交错。两旁的人行道比路面高出20厘米，用来保证行人的安全通行，街道还设置有引水渠，暗置排水沟。在玛利纳城门的入口处，还设置了牲口、车辆和行人通行的两个不同的拱门，体现了当时先进的城市交通分流的理念。

　　公元476年，日耳曼人首领奥多亚克废黜西罗马帝国皇帝罗慕路斯·奥古斯都，罗马帝国的统治宣告结束。在这千年间，罗马古城一直是世界上最大的都城，繁荣时人口超过百万。

世界传奇帝王——居鲁士大帝（约公元前600年—公元前530年）

　　公元前7世纪的伊朗高原上，生活着米底和波斯两个部落，不过公元前612年米底与新巴比伦王国一起摧毁了亚述帝国，成为西亚最强大的国家之一，波斯成为米底的附庸。

　　正当米底的国王阿斯提阿格斯恣意享受这一切时，突然梦见已嫁给波斯首领的女儿的后代，将夺取自己的王位并成为亚洲的霸主。不久，他的女儿生了一个男婴，就是居鲁士。于是阿斯提阿格斯便命令自己的亲信大臣哈尔帕哥斯处

主线	地区	事件	时间
罗马城的建城历史	欧洲罗马城	罗马帝国成立	公元前27年
		罗马帝国灭亡	公元476年
居鲁士的经历	西亚伊朗高原	波斯成为米底的附庸	公元前612年

时间	事件	地区	主线
公元前612年	波斯成为米底的附庸	西亚伊朗高原	居鲁士的经历

死居鲁士,但是哈尔帕哥斯不敢自己动手,便把居鲁士交给了一个牧人,让他把孩子丢在荒野。当时牧人的妻子刚产下一个死婴,于是他们夫妇就留下了居鲁士,用自己的死婴顶替交了差。

10岁的居鲁士在跟同村的孩子玩扮演国王的游戏时,鞭打了一个"违抗命令"的贵族的孩子,事情越闹越大,最后闹到了国王阿斯提阿格斯面前,居鲁士的身份因此被曝光。不过,宫廷祭司说,这个孩子已经在游戏中成为国王,不会第二次成为国王了,于是阿斯提阿格斯消除了疑虑,把居鲁士送回了波斯。因为发现哈尔帕哥斯没有杀死居鲁士,国王非常生气,就处死了他的独生子,并烹成菜肴让哈尔帕哥斯当面吃下,这引起了哈尔帕哥斯刻骨的仇恨。

公元前559年,居鲁士统一了波斯的10个部落,成了波斯人的首领。一直想要报杀子之仇的哈尔帕哥斯,开始联络居鲁士,表示如果居鲁士攻打米底的话,自己就当内应。公元前553年,居鲁士开

居鲁士大帝

始起兵攻打米底,3年后攻克了米底的都城,正式建立了波斯帝国。

波斯西边的强邻吕底亚的国王看到波斯日益强大起来后，非常担心，想趁波斯立国未稳，出兵将它灭掉。公元前547年，吕底亚出兵攻打波斯，并焚毁了遇到的第一座波斯城市普特里亚。

居鲁士闻讯后，急忙赶到这里，与吕底亚军进行会战。双方各有优势，会战也各有伤亡，并没有分出胜负，吕底亚国王决定退兵。居鲁士为了防止吕底亚集合更多的军队进攻波斯，主动出击攻入吕底亚本土。为了应对吕底亚人配备长矛的骑兵，居鲁士让运载粮食和行李的骆驼走在前面，并配上骑手，步兵和骑兵紧随其后，最终击溃了吕底亚军队，吕底亚王国灭亡。

这时，西亚的三大强国只剩下美索不达米亚的巴比伦王国了，但是居鲁士没有贸然去进攻巴比伦王国，而是先征服了东伊朗和中亚等地，在巴比伦内乱时才伺机出兵。虽然巴比伦城异常坚固，但是由于内部的分歧，城门为居鲁士自动敞开，当他入城时，道路上铺满了象征和平的绿枝。

居鲁士对被征服的地区非常宽容，除要求他们承认波斯帝国的最高统治外，其他基本没有变动。他还允许那些被迫迁走的犹太人重返家园，并支持他们重建被毁的耶路撒冷神庙。

习惯于马背上生活的居鲁士，即使到了花甲之年也雄心依旧。为了解除中亚游牧民族的威胁，他于公元前530年，亲率大军攻打草原上的马萨格泰人部落，并杀死了马

主线	地区	事件	时间
居鲁士的经历	西亚伊朗高原	居鲁士建立波斯帝国	公元前550年

时间	事件	地区	主线
公元前550年	居鲁士建立波斯帝国	西亚伊朗高原	居鲁士的经历
公元前530年	居鲁士被杀		

居鲁士墓

萨格泰王子。双方的战斗非常残酷，最终马萨格泰人获胜，波斯军队几乎全军覆没，居鲁士也在战斗中阵亡。

居鲁士不仅是一个军事天才，还是一个宽厚的统治者。他击败了从小就想杀死自己的外祖父，并让外祖父与自己住在一起颐养天年；他打败了波斯的世仇吕底亚帝国，并把吕底亚国王仍然当作一位帝王对待；他不许军队扰民，并尊重当地人的风俗习惯、宗教信仰。

居鲁士大帝是那个时代的奇迹。

梭伦改革（公元前594年）

梭伦出生于古代雅典一个没落的贵族之家，早年的他为了复兴家业四处经商游历，去过很多地方，每到一个地方，他都要考察当地的风土人情。这些经历不仅增加了梭伦的知识和经验,还让他了解到下层平民的疾苦,对他一生的改革事业产生了深远的影响。

公元前594年的一天清晨,雅典成千上万的农民、手工业者和新兴的工商业奴隶主会聚在雅典的中心广场上,他们等待着新上任的首席执政官梭伦宣布一项重要法律。

这个重要的时刻终于到来,在众人的注视下,梭伦大步走到一个大木框前,用手轻轻一拨,架在木框上的木板立即翻转过来,人们看到了木板上的新的法律。梭伦大声宣布道:"由于欠债而卖身为奴的公民,一律释放;所有债契全部废除,被抵掉的土地归还原主;因欠债而被卖到外邦做奴隶的公民,由

主线	地区	事件	时间
梭伦改革	欧洲雅典	梭伦颁布《解负令》	公元前594年

梭伦

时间	事件	地区	主线
公元前594年	梭伦颁布《解负令》	欧洲雅典	梭伦改革

城邦拨款赎回……此法律的有效期为一百年。"顷刻间，四周欢声一片，那些无力还债的农民开心无比，整个雅典城上空笼罩着一片热烈的气氛。

在梭伦改革之前，雅典农民的生存环境已经非常恶劣。当时的法律规定如果借了他人的债没有还清，他人就在借债者的土地上竖起一块债务碑，表示债务者沦为"六一汉"，即每年的收入自己只能留下六分之一，剩余的六分之五要上缴给债主。如果收成不够缴纳利息，债主就可以把欠债的农民及其妻子、孩子变卖为奴。

梭伦的《解负令》，明令废除了这一债务关系，拔掉了农田上那些债务碑，使得那些因债务而沦为奴隶的人得以恢复自由，并且规定了人们以后不得再以自己的身体和子女作为债务抵押。那些债奴和负债逃跑的农民，都以自由之身重新回到了自己的土地上。

梭伦改革

在梭伦改革之前,雅典实行的是以严酷著称的德拉古法。那时哪怕你只是偷窃水果,或者是懒惰一下,都会被处死,梭伦改革了这一酷刑,让刑罚更加人性化。

梭伦还采取了许多措施来推动手工业和商业的发展,例如:除了自给有余的橄榄油外,禁止任何农副产品出口;所有雅典的公民在有了儿子以后,必须让儿子学会一门手艺;对于外地有技术的手工业者移居雅典的,给予其公民权;还确定了私有财产继承自由的原则等。

此外梭伦还废除了世袭贵族的权力,不再以出身来划分公民的等级,而是以财产的数量来划分公民的等级。他按一年农产品收入的总量把公民分为四个等级,分别为500斗、300斗、200斗和200斗以下。各等级的政治权利根据其财力的大小而定,第一级可以担任一切官职,第四级的公民不能担任公职,但是有权参加公民大会和民众法庭。

梭伦改革既没迁就贵族,也没偏袒平民,虽然贫富双方开始都不满意,但是慢慢就体会到了它的好处,从而使得改革没有遭到强烈的反对。最终不仅使雅典走出了困境,还奠定了雅典此后两百年的繁荣昌盛。

梭伦改革在雅典城邦历史发展的进程中,起着重要的作用,它不仅奠定了雅典的民主制度,还推动了工商业的发展。它调整了不同阶层之间的利益关系,让从事劳动的中小收入者的政治、经济及社会地位都得以提高。

主线	地区	事件	时间
梭伦改革	欧洲雅典	梭伦颁布《解负令》	公元前594年

时间	事件	地区	主线
公元前470年到公元前456年	建造宙斯神殿	欧洲希腊	宙斯神殿的介绍

众神之神——宙斯神像（公元前456年）

宙斯是古希腊神话谱系中的众神之神，是奥林匹斯的主神，他能知晓、洞悉世间所有的事物，在古希腊神话中他掌管着众神及人类的命运。因为对宙斯的敬畏、崇敬和向往，人们在奥林匹亚给他建立了一座当时世界上最大的室内雕像。

大约公元前470年，建筑师伊利斯人李班被委任监建宙斯神殿的工作，这项工作延续到公元前456年才完成，神殿中的宙斯神像由雕刻家菲迪亚斯负责雕刻。根据古代文献记载，菲迪亚斯雕塑神像的技艺达到了登峰造极的地步，能赋予神像高不可攀的庄严气概。特别是宙斯像，在普通的宗教形象外，更增添了独特的艺术效果。埃米利乌斯·保卢斯曾描述他第一次看到宙斯神像的情景："我的灵魂都受到了触动，似乎亲眼看到了真正神明的光辉！"从这描述中可以看出

奥林匹亚宙斯神殿

菲迪亚斯的艺术造诣，让人遗憾的是，菲迪亚斯宙斯神像的原作品和他的其他作品一样已全部遗失。

但是，宙斯神殿却保持了很久。据记载整个神殿由34根高约17米的科林斯式石柱支撑着，殿顶用大理石建造而成，神殿前后的石像都是用派洛斯岛的大理石雕成。殿内西边的人字形檐饰上，装饰着很多雅典风格的雕像。

旅行家沙尼亚斯巴在他的《希腊游记》一书中，对宙斯神殿和神像作了详细的描述，书中记载："宙斯神主体为木制，身体裸露在外的部分贴上象牙，衣服则覆以黄金。头顶戴着橄榄枝编织的皇冠，右手握着象牙及黄金制成的胜利女神像，左手则拿着一把镶有各种金属打造的权杖，杖顶停留着一只鹫。""神像身后挂着由耶路撒冷神庙劫掠得来的神圣布幔。菲迪亚斯精密地规划四周变化，包括由神庙大门射向雕像的光线。为了令神像的面容更为美丽光亮，他于神像前建造了一座大而浅、里面镶了黑色大理石的橄榄油池，利用橄榄油将光线反射。"

从宙斯神像被雕刻完成到被毁灭，一共历时900多年，在这900多年间，雅典的人们一直膜拜着它。公元393年，罗马皇帝都路一世颁布了禁止竞技的敕令，古代奥林匹克竞技大会也在这一年终止。公元426年，罗马皇帝又颁布了异教神庙破坏令，于是宙斯神像遭到破坏，古希腊最后的荣光也从此消失了。公元522年及公元551年发生了地震，神庙被震垮，随后奥林匹亚地区经常洪水泛滥，整座城市

主线	地区	事件	时间
宙斯神殿的介绍	欧洲希腊	古代奥林匹克竞技终止	公元393年

时间	事件	地区	主线
公元522年和公元551年	地震让宙斯神庙被埋	欧洲希腊	宙斯神殿的介绍

被掩埋在淤泥之下。不过,宙斯神像在这之前已经被路易西运往君士坦丁堡,并藏在他的宫殿内60多年,最后在城市暴动中毁灭了。

附录:第三章参考文献

[1]刘欣如. 印度古代社会史[M]. 北京:商务印书馆,2017.

[2]曹秉镐. 消失的帝国[M]. 北京:团结出版社,2014.

[3]吕思勉. 中国史[M]. 北京:中国社会科学出版社,2008.

[4]陈超. 地图上的古希腊史[M]. 上海:东方出版中心,2016.

[5]斯塔夫里阿诺斯. 全球通史[M]. 北京:北京大学出版社,2006.

[6]艾婉乔,杨月光.克里特岛的米诺斯文明[J]. 中国文化遗产,2015 (3).

[7]黄仁宇. 中国大历史[M]. 北京:生活·读书·新知三联书店,2014.

第四章 奴隶社会的产生

- 圣人孔子
- 古罗马共和国
- 苏格拉底的信仰
- 亚里士多德的伟大贡献
- 罗德岛太阳神巨像之谜
- 希望之光——亚历山大灯塔
- 黑白两面阿育王
- 千古一帝秦始皇

人的聪明才智，让人类社会的劳动生产率有了很大的提高，于是出现了大量的剩余产品。剩余产品的出现，导致私有制的形成，于是出现不同的阶级，人类进入奴隶制社会。在奴隶社会，奴隶主是管理阶层，他们拥有奴隶，占有奴隶的劳动成果。奴隶没有财产，没有人身自由，奴隶的后代也世代为奴。这个制度存在了几千年，直到公元476年西罗马帝国灭亡，西欧的奴隶制社会才结束。

时间	事件	地区	主线
公元前551年	孔子出生	亚洲中国	孔子的成就

圣人孔子（公元前551年—公元前479年）

公元前551年，在鲁国陬邑（今山东曲阜）的尼山诞生了一个男婴，因为他出生时头顶凹陷，于是家人将他取名为"丘"，又因为他母亲曾祷于尼丘山，故字"仲尼"，这个男婴就是大圣人孔子。

在孔子3岁时，父亲病死了，他的母亲和他被父亲的正妻赶出了家门。母子二人迁居到曲阜阙里，过着清贫的生活。在这种环境下孔子渐渐长大，他在15岁时便立下了做学问的志向。孔子十分好学，并且天资聪慧，在年少时就已经博古通今。

公元前535年，孔子17岁时，他的母亲去世了。这一年，鲁国的季氏设宴款待鲁国的文士，孔子也被邀前往。要进大门时，季氏的家臣阳虎见孔子贫穷年少，就拦住了他，说道："季氏飨士，非敢飨子也。"（季氏招待名士，没有请你啊。）阳虎语言中的轻蔑让孔子退了回去。

大概是从这时开始，孔子产生了入仕为官的想法，他因此非常关注天下大事，常常思考和发表治

孔子讲学图

理国家的看法。开始时，孔子被委任过管理仓库的小官，后来又被改作乘田，管理畜牧。他听闻郯国的国君郯子学识渊博，就去拜见郯子，向他询问郯国古代的官制。

因为经常进行公开活动和讲演，孔子在30岁时已经有了些名气，公元前522年，齐景公与晏婴出访鲁国时还专门跟孔子讨论秦穆公称霸的问题。公元前517年，鲁国发生内乱，鲁昭公被迫逃往齐国，孔子也来到了齐国，受到齐景公的赏识。不过这也招来了齐国大夫的嫉妒，他们想要加害孔子。没有办法，孔子又逃回了鲁国。

公元前499年，孔子被委任鲁国大司寇，摄相事。为了改善鲁国的现状，孔子多次向鲁定公提出建议。但是鲁定公迷恋歌舞，早已不理朝政，这让孔子深感绝望，认为自己的抱负在鲁国无法施展。于是在55岁时，孔子带着自己的弟子们离开鲁国，开始周游列国，为实现自己的抱负寻找新的出路。

孔子带着弟子首先来到卫国，受到卫灵公的尊重，但是后因小人的谗言，卫灵公对孔子起了疑心，开始监视孔子的行动，不得已孔子带领弟子又回到了鲁国。后来孔子带着弟子又先后去过曹国、宋国、郑国、陈国，一路上有被故意围困过，有被讨厌过，有不被接见过，也有被加害过。出于种种原因，没有一个国君接受孔子的政治主张和见解。

直到孔子68岁（公元前484年）时，在其弟子冉求的努力下，季康子派人以币迎孔子回到鲁国。孔子周游列国14年，至此结束。虽然此时孔子仍有心从政，但仍不被重用。

主线	地区	事件	时间
孔子的成就	亚洲中国	与齐景公讨论秦穆公称霸的问题	公元前522年
		孔子开始周游列国	公元前497年

时间	事件	地区	主线
公元前479年	孔子患病去世	亚洲中国	孔子的成就

孔子求学

公元前479年，孔子患病不愈而卒，享年73岁，葬于鲁城北泗水岸边。

政治上的不得意，使孔子将很大一部分精力用在了教育事业上。对于教育，他构建了完整的道德思想体系：用性善论开始坚持礼的行为规范和仁的行事理念。

孔子的政治思想核心是"礼"与"仁"，在治国的方略上，他主张"为政以德"，用道德和礼教来治理国家是最高尚的治国之道。孔子的最高政治理想是建立"天下为公"的大同社会，"小康"社会是孔子主张的较低的政治目标。孔子的这种"大同"和"小康"社会理想对中国后世影响深远。

孔子在中国历史上第一个提出了"人的天赋素质相近，个性差异主要是因为后天教育与社会环境影响"。他认为每个人都可以受教育，每个人都应该受教育。他还提倡"有教无类"，创办私学，广招学生，打破了贵族对学校教育的垄断，把受教育的范围扩大到平民。

孔子治史思想的一个重要主张就是"直"，即研究历史要实事求是，不但要重视根据，而且要"知之为知之，不知为不知"。

孔子一生四处游历。他从漫长的游历生涯中悟出精辟的人生哲理，并形成对游历的独特见解。孔子的"游"主要有三种形式：游览、游学、游仕。也就是说，孔子在游中问学教学、游中求仕入仕、游中生情怡情、游中悟道传道。

孔子周游列国

孔子是中国古代著名思想家、教育家，他开创了私人讲学的风气，倡导仁、义、礼、智、信，是儒家学派创始人。孔子曾受业于老子，晚年修订六经，即《诗》《书》《礼》

主线	地区	事件	时间
孔子的成就	亚洲中国	孔子患病去世	公元前479年

时间	事件	地区	主线
公元前479年	孔子患病去世	亚洲中国	孔子的成就
公元前509年	建立罗马共和国	欧洲地中海西部	罗马共和国建立

《乐》《易》《春秋》。孔子去世后，其弟子及再传弟子把孔子及其弟子的言行语录和思想记录下来，整理编成儒家经典《论语》。

孔子在他那个年代被尊奉为"天纵之圣""天之木铎"，是当时社会上的最博学者之一，被后世统治者尊为孔圣人、至圣、至圣先师、大成至圣文宣王先师、万世师表，其儒家思想对中国和世界都有深远的影响。

古罗马共和国（公元前509年—公元前27年）

公元前510年，罗马人赶走了暴君，结束了罗马王政时代，并于第二年建立了罗马共和国。国家由元老院、执政官和部族会议三权分立。掌握国家实权的元老院由贵族组成；执政官由百人议会从贵族中选举产生，行使最高行政权力；部族大会由男性平民和男性贵族构成。这种共和制延续了数百年，直到公元前27年，屋大维建立元首制，罗马共和国才被罗马帝国取代。

罗马刚建立时，只是一个小国家。从公元前5世纪开始，先后打败了拉丁同盟中的一些城市和近邻伊特拉斯坎人，接着又征服了意大利半岛南部的土著人和希腊人的城邦，成为地中海西部的大国。

在罗马不断扩张的过程中，社会矛盾也在不断激化。从公元前2世纪30年代到公元前1世纪30年代，先后爆发了西西里奴隶起义和斯巴达克起义。公元前90年，意大利人为了争取罗马公民权，也发动了起义，被称为"同盟者战争"。恺撒死后，屋大维在公元前27年被元老院授予"奥古斯都"的尊号，建立了元首制。于是古罗马共和国结束，古罗马进入罗马帝国时代。

古罗马共和制实行三权分立。由百人议会中选出两名执政官，他们权力平等，掌管国内事务，指挥军队作战，并且一年一任，不得连任。由300人终身制的元老院，掌管着国库的运作和一切对外事务。这种结合了君主、议会、共和三种政体基本特点的体制为其称霸一方提供了保障。

罗马还设立了三元奴隶制等级制度。一元公民，拥有选举权和被选举权；二元平民，没有选举权和被选举权，但拥有人身自由；三元奴隶，没有人身自由。

罗马对军人实行严厉的军法，罗马人在军队中逃跑、偷窃、丢掉武器和盔甲等都要被判死刑。其中最为恐怖的是"十一抽杀律"，如果一个团队集体逃跑，这个团队所有人抽签，十签中必有一死签，对抽中死签的人，长官仅仅拿起武器示意一下，其他所有的士兵就随意对这个人施行任何凌虐及屠杀，死状惨不忍睹。因为有严酷的军法，所以罗马军队战无不胜，攻无不克。

公元前107年到公元前103年，首席执政官马略推行军事改革。他将原有的征集公民兵改成了募兵制，开始招收穷苦

主线	地区	事件	时间
罗马共和国建立	欧洲地中海西部	建立罗马共和国	公元前509年

时间	事件	地区	主线
公元前107年到公元前103年	马略进行军事改革	欧洲地中海西部	罗马共和国建立
公元前399年	苏格拉底被处死	欧洲希腊	苏格拉底的坚持

马略改革

的公民服役。公民最多服役16年,服役期满后国家会分配土地给他们,服役期间的装备、给养都由国家供应,并且还支付军饷。

马略的军事改革,扩大了兵源,增强了军队的战斗力,军队的性质也逐渐发生变化,成为社会、政治斗争的重要因素。

苏格拉底的信仰(公元前469年—公元前399年)

公元前399年的一天,古希腊大哲学家苏格拉底走完了自己的一生。当时,政府宣布苏格拉底的罪状:第一,不敬雅典正神,自创邪教迷惑众生;第二,散布邪说腐化青年。

面对这莫须有的罪状,苏格拉底选择了坦然接受法庭的审判。在法庭上,他依靠自己雄辩的口才,还有原本就是无辜者的身份,让绝大多数的陪审人员倾向于将他释放。后来,法庭宣布只要他交出罚金,这案子就算了结了,但是苏格拉底认为自己没有错,如果交了罚金就代表自己认错了,所以坚决不交。

后来法庭又作了让步,只要苏格拉底承认自己错了,并且保证以后不再"妖言惑众",就一样可以得到豁免。但是苏格拉底仍然表示自己绝对不会认错,他表示只要他的良心还在让他继续前行,他就会继续拉住每一个遇到的人,把自己的想法告诉他们,不管产生怎样的后果都在所不惜。

这样,苏格拉底就只有死路一条了。法庭宣判他死刑

苏格拉底之死

主线	地区	事件	时间
苏格拉底的坚持	欧洲希腊	苏格拉底被处死	公元前399年

时间	事件	地区	主线
公元前399年	苏格拉底被处死	欧洲希腊	苏格拉底的坚持

时,本来他仍有机会逃亡,但是苏格拉底依然选择饮下毒酒,他从容地说道:"我将服从真理,而不是你们。"

苏格拉底出生于希腊雅典一个普通公民的家庭,那时的雅典群星璀璨,智者从全希腊各地云聚到此,给雅典带来了新的知识和自由的新风尚,苏格拉底就是沐浴着这样的文化成长起来的。他曾说:"我的母亲是个助产婆,我要追随她的脚步。我是个精神上的助产士,帮助别人产生他们自己的思想。"

为了专心做学问,苏格拉底一生都过着艰苦的生活。他一年四季都只穿着一件普通的衣服,并且经常不穿鞋子,对吃饭也从不讲究。

苏格拉底整天到处找人谈话,讨论问题,探求对人最有用的真理和智慧。他的一生中的大部分时间都是在室外度过的,他喜欢在市场、运动场、街头等公众场合与各种类型的

苏格拉底之光

人探讨各种各样的问题，例如虔诚是什么？美德是什么？勇气是什么？真理是什么？你的工作是什么？你有什么知识和技能？你是不是政治家？你是不是教师？在教育无知的人之前你怎样征服自己的无知？等等。

有一次，苏格拉底来到市场上，一把拉住一个过路人说道："大家都说要做一个有道德的人，但道德究竟是什么？"

那人回答说："有道德的人忠诚老实，不欺骗别人。"

苏格拉底又问："但与敌人作战时，我军将领却要想方设法地去欺骗敌人啊？"

"欺骗敌人是符合道德的，但欺骗自己人就不道德了。"

苏格拉底反驳道："但是当我军被敌军包围时，将领却欺骗士兵说，我们的援军已经到了，于是大家士气高涨，奋力突围成功。这种欺骗也是不道德的吗？"

那人回答道："那是在特殊情况下无奈的选择，平常生活中这样做还是不道德的。"

苏格拉底继续追问道："如果你儿子生病了，怕药苦不肯吃，于是你欺骗他说，这是糖，甜的，很好吃，这也不道德吗？"

那人无奈地答道："这种欺骗也是符合道德的。"

苏格拉底并没有就此放过他，又问道："不骗人是道德的，骗人也可以说是道德的，可见道德不能用骗不骗人来说明，那究竟要用什么来说明它呢？"

主线	地区	事件	时间
苏格拉底的坚持	欧洲希腊	苏格拉底被处死	公元前399年

时间	事件	地区	主线
公元前399年	苏格拉底被处死	欧洲希腊	苏格拉底的坚持

那人想了想回答道:"不知道道德就不能做到道德,知道了道德才能做到道德。"

古希腊的哲学在苏格拉底之前仍然停留在用主观意识决定想法的感性阶段,是苏格拉底改变了这种状况,把哲学从研究自然转向研究自我。苏格拉底关于灵魂的学说,进一步使精神和物质的分化明朗起来,明确地将灵魂看成是与物质有本质不同的精神实体。

苏格拉底和他的学生柏拉图及柏拉图的学生亚里士多德被并称为"希腊三贤",他被后人广泛认为是西方哲学的奠基者。

苏格拉底

亚里士多德的伟大贡献（公元前384年—公元前322年）

在雅典曾经有过那么一所学校，老师一边讲课，一边漫步于走廊和花园，同学和老师都习惯在花园中边漫步边讨论问题，因此被称为"逍遥派"。这就是亚里士多德在阿波罗吕克昂神庙附近创办的吕克昂学院。

在这个学院的花园中，亚里士多德经常和学生们一起探讨人生的哲学。有一次，一位学生问亚里士多德："老师，为什么喜欢嫉妒的人总是情绪低落且沮丧呢？"亚里士多德想了想答道："因为喜欢嫉妒的人不但要承受自己的失败和挫折，还承担着别人的成功，所以他总是情绪低落。"

公元前384年，亚里士多德出生于希腊色雷斯。17岁时，亚里士多德赴雅典的柏拉图学院读书，直到20年后柏拉图去世后才离开。因为亚里士多德天资聪颖，并且在学习上勤奋刻苦，所以深受老师柏拉图的重视，柏拉图称他是"学院之灵"。亚里士多德对老师柏拉图也非常敬重，但是在学术问题上，亚里士多德从不只崇拜权威，他有自己的思考和见解，他的一句名言就是："我爱我的老师，但是我更爱真理。"

离开柏拉图学院后的亚里士多德，开始四处游历。公元前343年，亚里士多德受马其顿的国王腓力二世聘请，成为皇储亚历山大的老师。亚里士多德运用自己的知识和影

主线	地区	事件	时间
亚里士多德的独特讲学	欧洲希腊	亚里士多德出生	公元前384年
		亚里士多德成为亚历山大的老师	公元前343年

时间	事件	地区	主线
公元前343年	亚里士多德成为亚历山大的老师	欧洲希腊	亚里士多德的独特讲学
公元前322年	亚里士多德去世		

响力，给亚历山大这个未来世界的霸主灌输了道德、政治、哲学的教育，对亚历山大的思想形成起到了重要的作用。

公元前335年，腓力二世去世，于是亚里士多德又回到了雅典，在那里建立了自己的学校，并创立了自己的学派。这期间，亚里士多德边授课边撰写了多部关于自然学和物理学方面的自然科学和哲学著作。

亚里士多德

公元前322年，亚里士多德因为身染重病离开了人世。

亚里士多德虽然是柏拉图的学生，但是他最终却抛弃了老师柏拉图一生坚持的唯心主义。他认为世界是由各种本身的形式与质料和谐一致的事物所组成，并且还认为知识起源于感觉，这种思想已经包含了一些唯物主义的因素。

对于"因果"的看法，亚里士多德比柏拉图更加丰富，他认为"因"有四种：质料因、形式因、动力因和目的因，其在哲学上的最大贡献就是创立了形式逻辑这一重要分支学科。在研究方法上，亚里士多德习惯于对过去和同时代的理论持批判态度，提出并探讨理论上的盲点，使用演绎法推理，用三段论的形式论证。他认为地球是球形的，是宇宙的中心，地球上的物质是由水、气、火、土四种元素组成。

在教学方法上，亚里士多德重视练习与实践的作用。他主张学生应该在德、智、体、美等方面全面发展，而且处在不同时期有不同的侧重点，例如：幼儿期以身体发展（体育）为主；少年期以音乐教育为核心，以德、智、美为主要内容；高年级要学习文法、修辞、诗歌、文学、哲学、伦理学、政治学，以及算术、几何、天文、音乐等学科。他强调教学的重心，应放在发展学生的智力上，并且特别强调音乐在培养儿童一般修养上的作用。

亚里士多德是一位百科全书式的科学家，对世界的贡献很大。他也是一位哲学家，对哲学也作出了伟大的贡献。

罗德岛太阳神巨像之谜（公元前282年）

在希腊爱琴海的东部，有一个美丽的岛屿叫罗德岛，岛上有三个城邦联合组成的国家，其首都就是罗德。

罗德岛经济发达，很快成了地中海东部的中心城市，其繁荣的经济及具有战略价值的位置引来周围邻邦的觊觎。公元前305年，强大的马其顿国王安提柯一世率领200多艘战舰、170艘船只包围了罗德岛。罗德岛的人民并没有屈服，而是奋勇杀敌，坚决保卫自己的国家，迫使马其顿国王在公元前304年与其达成合约，安提柯一世撤除对罗德岛的包

主线	地区	事件	时间
亚里士多德的独特讲学	欧洲希腊	亚里士多德去世	公元前322年
太阳神雕像的神秘之处	欧洲希腊	马其顿攻打罗德岛失败	公元前305年

时间	事件	地区	主线
公元前305年	马其顿攻打罗德岛失败	欧洲希腊	太阳神雕像的神秘之处

围,并且舍弃了大量的军事装备。

为了庆祝来之不易的胜利,纪念在战争中顽强奋战的罗德勇士,颂扬罗德人团结一致的精神,罗德人决定用敌人遗弃的青铜兵器修建一座雕像。他们请来了著名的雕刻家卡勒斯做总设计师,经过近12年的修建,于公元前282年终于打造了一个举世无双的太阳神赫利俄斯的青铜雕像,这就是太阳神巨像。

这尊高达33米的巨大神像,高高耸立在罗德岛上,守护着罗德岛上的居民,同时也向罗德人民的朋友以及敌人表达着罗德人坚强勇敢、保家卫国的决心。传说,太阳神巨像一

古希腊罗德岛

个脚指头都需要两个人合抱。他两腿分开站在港口上，船只从两腿中间过去，上面举着火炬，火炬作为灯塔为过往的船只指明方向。

太阳神像在罗德岛矗立了50多年，直到公元前226年，天灾降临罗德岛。一场地震不但摧毁了岛上的房屋、城墙等建筑，还将太阳神像推倒了。从此太阳神巨像在原址上躺了近千年，直到公元654年，阿拉伯人入侵罗德岛。据说，这些阿拉伯人用900头骆驼将所有太阳神像的碎片运往叙利亚，后来就下落不明了。

罗马作家冶普林尼在游记中，这样记述了太阳神巨像："它高达33米，人只有它一根手指那么高。倒塌下来的大腿可以用来做居住的窑洞，即使巨像已经横躺下来，一个人用双臂都搂抱不住它的一个大拇指。"

长久以来，对于罗德岛的太阳神巨像的模样众说纷纭，大多数人认为它是两脚分开、手持火把，站立于罗德岛的入口处，船只由其胯下经过。但是根据港口的宽度和巨像的高度，这种说法不合常理。因为巨像想要跨立在港口入口处，必须要高达250米才能办到，但是无论是金属还是石块来建造这样高的巨像，都绝对无法承受巨大的张力和冬季的强风，太阳神巨像又怎样做到呢？而且如果是站立在入口处，那么太阳神巨像倾倒后会阻碍港口，但是它倒在那里近千年才运走，这说明没有阻碍港口，所以估计真实的巨像应该立于港口东面或更内陆的地方。对于巨像到底是站立？坐下？或是

主线	地区	事件	时间
太阳神雕像的神秘之处	欧洲希腊	太阳神巨像建成	公元前282年

时间	事件	地区	主线
公元前226年	地震摧毁了太阳神巨像	欧洲希腊	太阳神雕像的神秘之处

罗德岛太阳神巨像

驾着马车？至今仍无人知晓。而被运走的神像到底去了哪里也仍是一个谜。

虽然罗德岛的神像已经不复存在，但是太阳神巨像台座上雕刻的一首对自由的赞美诗却流传了下来：

我们竖起你，赫利俄斯，
直达奥林匹亚山巅。
多利斯山区的罗德人敬仰太阳神，你使小岛免遭横蛮。
世界如此瑰丽，
自由不容涂炭。

希望之光——亚历山大灯塔（公元前280年）

公元前330年，亚历山大大帝攻占埃及以后，在地中海南岸建立了一座以自己名字命名的城市。后来，这座城市成为埃及的首都，一跃成为世界上最繁华的城市之一，也成为最大、最重要的一个国际转运港。

公元前280年秋天的一个夜晚，天非常黑，没有任何星光。一艘埃及的皇家喜船，从欧洲接来新娘后，缓缓驶入亚历山大港。可能因为快到家了，船员放松了警惕，也可能是天太黑了，船最后触礁了，船上的所有人都葬身鱼腹。

为了不让悲剧重演，埃及国王托勒密二世下令在最大港口的入口处修建一座导航灯塔。40年过去了，一座雄伟壮观的灯塔终于矗立在法罗斯岛的东端，这就是古代世界七大奇迹之一的亚历山大灯塔，这个灯塔的设计者是希腊的建筑师索斯查图斯。

亚历山大灯塔矗立在距岛岸7米处的石礁上，整座灯塔

亚历山大大帝铜像

主线	地区	事件	时间
亚历山大灯塔的介绍	非洲埃及	建立亚历山大城	公元前330年

时间	事件	地区	主线
公元前280年到公元前240年	修建亚历山大灯塔	非洲埃及	亚历山大灯塔的介绍

高120米，加上塔基，整个高度约135米。它由白色大理石建造而成，共分为三层：最低的一层为四角柱，高60米，里面有300多个大小不等的房间和洞孔，用来作燃料库、机房和工作人员的寝室。第二层为八角柱，高30米。最高一层为圆柱，上面用8根8米高的石柱支撑着圆顶灯楼，灯楼上面矗立着7米高的海神波塞冬的青铜雕像。

亚历山大灯塔遗址

灯塔内部安装了螺旋状阶梯，正中间有一个相当于现代电梯的人工升降装置，用来运送火炬燃料和其他物品。晚上，工人们点燃塔顶的火炬，利用反光原理，让凹面金属镜把火炬的火光反射出去，给那些远航的船只指明方向，给他们带去希望；白天则直接反射阳光，给那些迷失方向的船只以指引。据说灯光能照射到60公里外的海面，当然这个灯塔还具有防卫和侦察敌情的功能。与其他六大奇迹不同，这个灯塔不带任何宗教色彩，主要是为了人们实际的生活而建。

后来，埃及新的统治者迁都开罗后，灯塔就不再有人修缮了。在公元956年的大地震中，灯塔受到严重的损毁。

后来又经历了公元1303年及公元1323年的两次大地震,整座灯塔几乎都被摧毁了。公元1480年,埃及国王卡特巴为了抵御外敌,决定用遗址上的大理石块改建碉堡。于是亚历山大灯塔成了除现存的金字塔外,最后一个消失的奇迹。

亚历山大灯塔(Pharos)也成了许多语言中"灯塔"一词的词源,例如希腊语、保加利亚语、法语、意大利语、葡萄牙语、西班牙语、罗马尼亚语等。

黑白两面阿育王(公元前273年—前232年在位)

阿育王是古代印度历史中最著名的统治者之一,他也是摩揭陀国孔雀王朝的第三位国王,在幼年的时候就接受了皇家军事训练。他的勇猛和机智小时候就表现出来了,据说他曾只用一根木棍杀死了一头狮子。因为他的冷酷无情,18岁时,被任命为阿丹提省的总督去制止阿丹提省的骚乱。

公元前273年,印度孔雀王朝的第二位国王宾头娑罗身染重病,阿育王积极参加夺权大战,最后取得成功。公元前269年,阿育王正式登基成为孔雀王朝的第三位国王。孔雀王朝是一个君主专制的国家,阿育王在行政、军事、司法等方面有绝对的权威。

阿育王在位的时期,是古印度史上最辉煌的时期,那时整个恒河流域、印度河流域、印度的中南部、克什米尔和阿富汗高原都在他的统治之下。当时印度的农业、矿冶业、手

主线	地区	事件	时间
亚历山大灯塔的介绍	非洲埃及	灯塔被地震毁灭	公元956年
阿育王的一生	亚洲印度	阿育王成为孔雀王朝第三位国王	公元前269年

时间	事件	地区	主线
公元前269年	阿育王成为孔雀王朝第三位国王	亚洲印度	阿育王的一生

工业和商业都很发达,并且与地中海地区、中国等都有贸易往来。

阿育王的前半生可以说是"黑"到了极致。传说当年为了夺取王位,阿育王谋杀了99个自己的兄弟姐妹。公元前261年阿育王征服羯陵伽国时,共计有10万人被杀,15万人被俘虏。传说当时阿育王目睹了那场残酷的屠杀后,深感悔悟,于是停止武力扩张,宣布不再主动发动战争。即使迫不得已发动战争,也尽量减少伤亡。

阿育王

阿育王的后半生可以说是"白"到了极致。他结束战争以后,开始专注礼佛,把佛教定为国教;他捐赠了大量的财产和土地,广修寺庙,传说他在世界上修建了大约84000座奉祀佛骨的佛舍利塔;为了消除佛教之间不同派系的争议,他还邀请了当时著名的高僧目犍连子帝须长老召集1000比丘,在华氏城举行大集结,他驱除了外道,整理了经典,编撰了《论事》,完善和整理了许多佛经;阿育王还派出佛教使团向周边的国家和地区传播佛教,斯里兰卡、缅甸,甚至叙利亚、埃及等地都有他们的足迹。这一举动使得佛教开始走出印度,走向世界。

修佛后的阿育王变得很宽容,虽然他是佛教教徒,但是对其他的宗教他也没有限制,还捐赠财物给其他宗教。于是在印度婆罗门教、耆那教及其传统文化都得以共存下来。

阿育王狮子柱头

他的这种宗教政策,也成为以后印度君主的惯例。

在治理国家方面,阿育王基本采取遵从佛教的精神,通过和平的方式来实现国家的统一。他提倡正法,包括:

对人要仁爱慈悲,包括孝顺父母和善待亲戚朋友。

对动物也要尊重它们的生命,因为它们也是众生的一部分。

要多做有助于公众的好事。

要对其他宗教宽容,和平共处。

由于阿育王重视宗教,采取宽容和非暴力的治国理念,所以深受印度民众的喜爱。他统治印度长达41年,公元前232年,他带着"护法名王"的尊号离开了人世。他死后不久,孔雀王朝便土崩瓦解,但是佛教开始遍布印度各地。

主线	地区	事件	时间
阿育王的一生	亚洲印度	阿育王离开人世	公元前232年

时间	事件	地区	主线
公元前247年	嬴政即位	亚洲中国	秦始皇的功绩

千古一帝秦始皇（公元前259年—公元前210年）

公元前259年，在印度的阿育王开始礼佛后，邻近的中国诞生了一位旷世奇才——嬴政。他是秦国秦庄襄王的儿子，中国历史上著名的政治家、战略家、改革家，是他完成了华夏大地的统一，建立了中国历史上第一个大一统的中央集权的国家——秦朝。

公元前247年，秦庄襄王去世，13岁的嬴政被立为秦王，当时吕不韦作为秦国的丞相独揽大权，国政皆由吕不韦把持。在嬴政21岁时，秦国朝廷发生了一场激烈的政治斗争。最后，在这场斗争中吕不韦自杀，嬴政亲政并逐渐掌握大权。

执政之前，秦国就已经是列国中的强国，掌握政权后

秦始皇

的嬴政在此基础上更进一步，在李斯和尉缭等人的协助下制定了"灭诸侯，成帝业，为天下一统"的战略，并积极推行这一战略，具体的做法就是：笼络燕齐，稳住魏楚，消灭韩赵；远交近攻，将列国逐个击破。在嬴政的领导下秦国先后消灭了韩、赵、魏、楚、燕、齐六国，最终在公元前221年结束了长达500多年诸侯割据的局面，统一了中国，建立了中国历史上第一个君主中央集权国家——秦帝国。

秦始皇觉得自己的功劳超过了三皇五帝，于是采用三皇中的"皇"和五帝中的"帝"，构成"皇帝"的称号。他是中国历史上第一个使用"皇帝"称号的君主，所以自称"始皇帝"。

秦始皇在帝国中央实行"三公九卿制"来管理国家大事。三公就是丞相、御史大夫和太尉，他们是中央政府最高的官僚。在地方上废除了分封制，开始使用郡县制。地方郡的长官为守，县的长官为令。秦国把咸阳定为首都，初分全国为36郡，后来扩大到46郡。

秦始皇统一了货币和度量衡，统一了文字，修筑驰道和直道。对外北击匈奴，南征百越，修筑万里长城，修筑灵渠，沟通水系。

任何改革都会令有些人的利益受到侵害，秦始皇大推法家思想，在全国范围内的大力改革引起了激烈的反对。文人们非常厌恶法家的思想，因为法家所提倡的思想违背了他们的道德观念。面对激烈的反对，秦始皇直接下令"焚书"，只留下一

主线	地区	事件	时间
秦始皇的功绩	亚洲中国	嬴政即位	公元前247年

时间	事件	地区	主线
公元前247年	嬴政即位	亚洲中国	秦始皇的功绩
公元前210年	秦始皇巡游时病逝沙丘		

些有实用价值的书。不过那些经典虽然被烧毁了，却印在了文人的脑海中，秦朝灭亡后，有的又被文人重新书写出来，有的还是彻底消失了，这是中华文明的重大损失。

秦始皇东巡

到了统治后期，秦始皇开始迷恋长生不老之术，他笃行命数，苛政虐民，这动摇了秦朝统治的根基。秦始皇还喜欢巡游，他先后五次巡视全国，北到今天的秦皇岛，南到江浙、湖北、湖南地区，东到山东沿海。公元前210年，秦始皇最后一次巡游，南下云梦（今湖北），西返咸阳途中在沙丘（今河北邢台附近）病逝。

秦始皇取消了谥法，他认为"子议父，臣议君"是一种僭越，更没意义。于是宣布废除谥法，不准当代臣子评价自己,把功过留给后人评定。

传说秦始皇还让人用"和氏璧"雕刻了传国玉玺。玉玺方圆四寸,上纽交五龙,正面刻有"受命于天,既寿永昌"八个篆字,作为"皇权天授、正统合法"的信物。后来历代帝王相传的印玺就是秦始皇的,到了公元936年,后唐末帝李从珂,因遭外族入侵,他在寝宫放了一把大火,抱着传国玉玺与嫔妃们一起自焚身亡。此后玉玺不知所终,成为历史之谜。

在秦帝国统一之前,文字已经在列国中逐渐普及,作为官方文字的金文,形制比较一致,但是陶文、帛书、简书等民间文字,则存在很大的差异。这严重妨碍了各地经济、文化的交流,也让中央政府的政策、法令无法有效推行。为了改变这一状况,秦始皇让李斯等人进行文字的整理、统一工

主线	地区	事件	时间
秦始皇的功绩	亚洲中国	秦始皇巡游时病逝沙丘	公元前210年

秦始皇兵马俑

时间	事件	地区	主线
公元前210年	秦始皇巡游时病逝沙丘	亚洲中国	秦始皇的功绩

作。后来李斯等人以秦人通用的大篆为基础，吸收其他地方文字的优点，创造出了"秦篆"，又称"小篆"。

西方人喜欢把秦始皇与罗马帝国的恺撒大帝相提并论，总体说来，虽然罗马帝国与秦朝统治时期人口、面积差不多，秦朝的统治比罗马帝国统治的时间短，但是有一点不同，那就是恺撒大帝死后，帝国分崩离析，而秦朝则不然。虽然秦朝仅仅延续了14年，但是秦始皇确定的中央集权的封建帝制却延续了2000多年。他的影响之深广，是其他任何帝王都无法比拟的。

附录：第四章参考文献

[1]斯塔夫里阿诺斯.全球通史[M].北京：北京大学出版社，2006.

[2]冯友兰.中国哲学简史[M].武汉：长江文艺出版社，2015.

[3]爱德华·吉本.罗马帝国衰亡史[M].北京：商务印书馆，2018.

[4]王鲲.孔雀帝国与阿育王[J].飞碟探索，2010(6).

[5]钱穆.先秦诸子系年[M].北京：商务印书馆，2017.

[6]周淇，卢诗洁.四大文明古国与河流流域关系浅谈[J].成功，2018 (3).

第五章

帝国的战争

- 布匿战争
- 安息帝国
- 马其顿战争
- 贵霜帝国
- 丝绸之路的开创——张骞出使西域
- 恺撒大帝
- 西罗马帝国的灭亡
- 庞贝的末日
- 萨珊王朝

　　一些统治阶级为了自身的利益，开始了一次又一次的战争。一个帝国毁灭了，一个新的帝国就会出现。世界在战争中不断蹒跚前行，东西方文化在战争中不断融会。

时间	事件	地区	主线
公元前3世纪	罗马开始扩张	地中海西部	布匿战争的简介

布匿战争（公元前264年—公元前146年）

公元前264年到公元前146年，古罗马与古迦太基两国，为争夺地中海西部的统治权发动了三次战争，最终迦太基城变成废墟，迦太基灭亡，罗马赢得了最后的胜利。因为当时罗马对迦太基的称呼是Punici（布匿库斯），所以这场战争就被称为"布匿战争"。

诞生于意大利半岛的罗马，在公元前3世纪早期，统一了意大利半岛，成为地中海上的一大强国，于是便把扩张的矛头指向了西地中海的迦太基。由腓尼基人移民建成的迦太基，在公元前3世纪时已经发展成了一个富足强大的海洋国家，控制着大多海洋贸易要道，成为罗马向海外扩张的劲敌。

公元前288年，在玛尔美提的率领下，一群雇佣兵占领了西西里岛东北角的墨西拿，并宣布脱离叙拉古而独立。公元前264年，叙拉古希洛二世即位，他不想国家被分裂，于是围攻墨西拿准备铲除以玛索美提为首的雇佣兵。看到大兵压境，玛尔美提担心自己无法抵挡，于是分别向罗马和迦太基发出了求救信号。开始时罗马并没有理会玛尔美提，迦太基却同意了，并派兵增援墨西拿，逼得叙拉古军队不得不后退。罗马当然不能容忍来自南方的威胁，罗马就和玛尔美提联盟，派兵到西西里岛，试图让叙拉古投靠罗马。三方联盟稳定后，罗马和迦太基开始了争夺西西里岛之战。

公元前241年,迦太基和罗马在埃加特斯群岛进行了一场海战,拥有200艘战船的罗马取得了胜利,当时罗马人击沉迦太基战船50艘,缴获战船70艘。兵败后的迦太基国内爆发了一场雇佣兵起义。内忧外患下的迦太基,不得已签订了和约,第一次布匿战争结束。此后,罗马取代迦太基成为地中海中最强大的国家。

第一次布匿战争

迦太基不甘心自己的失败,汉尼拔·巴卡开始制订新的战略计划,他想征服伊比利亚,建立一支强大的军队,让这支劲旅偷偷翻过阿尔卑斯山,从北面突袭罗马。但是汉尼拔的战略实施得并不顺利,当他刚向伊比利亚半岛发展时,罗马就警告汉尼拔不可越过埃布罗河。汉尼拔无视警告,继续进军,于是罗马让迦太基交出汉尼拔,但被拒绝,第二次布匿战争就爆发了。

第二次布匿战争是三次战争中最有名的,从公元前218年打到公元前202年,历时16年,最后以迦太基战败求和、签订苛刻的和约而结束。这次战争,迦太基损失了一切海外

主线	地区	事件	时间
布匿战争的简介	地中海西部	迦太基和罗马开战	公元前241年
		第二次布匿战争	公元前218年到公元前202年

时间	事件	地区	主线
公元前218年到公元前202年	第二次布匿战争	地中海西部	布匿战争的简介
公元前149年到公元前146年	第三次布匿战争		

属地，并完全解除了武装，战舰只剩下10艘，其余全部被摧毁。在这场权力的角逐中，迦太基完败，罗马一跃成为西地中海的新霸主。

经历两次惨败的迦太基，在军事上再也无力与罗马抗衡，于是开始大力发展贸易，其物质财富迅速增加，这引来了罗马的嫉恨。虽然这段时间罗马一边忙着征服希腊，一边还要平息伊比利亚的内乱，但是罗马人一直没有忘记迦太基人差点攻入罗马城的事情，害怕迦太基再次发展壮大起来，于是决定消灭迦太基。

迦太基遗址

公元前149年，罗马以迦太基破坏和约为借口，向迦太基宣战，第三次布匿战争开始。公元前146年，迦太基发生饥荒，瘟疫横行，罗马趁机攻入迦太基，20万迦太基人战死，只有5万人幸存，幸存的迦太基人全部沦为奴隶，迦太基就此毁灭，后来罗马在这

第三次布匿战争

里建立了阿非利加行省，从此迦太基成为了历史。

在布匿战争这一百多年间，罗马占领了欧、亚、非的广大地区，掠夺了大量的奴隶和财富，同时还引起了罗马经济结构、阶级关系和道德风尚等领域的重大变化。在罗马征服地中海的过程中，布匿战争极为重要，罗马的胜利标志着罗马已成为新一代的海上霸主。

安息帝国（公元前247年—公元224年）

司马迁的《史记》中记载的安息国，也叫帕提亚帝国、阿萨息斯王朝，是亚洲西部古典时期的奴隶制帝国。它位于米底以东、里海东南。公元前247年，安息建国，公元前2世纪时变得强大起来，不仅占领了伊朗部分地区，还占领了中亚细亚部分地区。

公元前1世纪，罗马向东扩张时，曾与安息发生过激烈的冲突。为了与罗马抗衡，安息把首都都迁走了。安息的抵抗阻止了罗马向东的扩张，不过也削弱了自己的国力，再加上内部斗争，公元224年，安息王朝被新兴的萨珊波斯王朝所代替。

公元前2世纪到公

安息帝国雕刻

主线	地区	事件	时间
安息帝国的兴起	亚洲伊朗	安息帝国建立	公元前247年
		安息王朝被萨珊王朝代替	公元224年

时间	事件	地区	主线
公元前247年	安息帝国建立	亚洲伊朗	安息帝国的兴起

元前1世纪是安息帝国的兴盛时期。从公元前176年到公元前141年，安息帝国先后占领"里海门"和附近的拉格斯、爱克巴坦那、米底，以及两河流域的重要城市塞琉西亚、巴比伦尼亚、马尔吉安那的安条克城（木鹿），建立了一个东起中亚西南部、西至两河流域的帝国。

密特里达提二世（公元前123年—公元前88年在位）是安息伟大的政治家，他对军队进行了全面改革，建立了安息铁军，把安息军队由较原始的以重装步兵为主的民兵，变成了以重装骑兵为主的军队，号称"铁骑兵"。公元前94年，安息占领亚美尼亚，并扩张到南高加索和小亚细亚一部分，领土达200万平方公里。

安息实行的是君主制，规定王权属于阿尔萨息家族。王位父子相承，不过没有定制，也可以传给兄弟或侄子。国王通过两个贵族会议（氏族贵族会议和祭司会议）来共同选举，王权也受两个贵族会议的约束，贵族控制着军事、政治、经济大权。

安息的城市商业和对外贸易都很繁荣。其商业中心东是木鹿，西有泰西封。公元前2世纪末，安息控制了丝绸之路，财富大增。《史记·大宛列传》中这样记载安息："城邑如大宛，其属小大数百城，地方数千里，最为大国""有市，民商贾用车及船，行旁国或数千里""其人皆深眼，多须髯，善市贾，争分铢"。

安息的货币以银币为主，此外还辅以各种大小铜币。安息的钱币是没有孔的圆形，正面中央是王像，上面的字是希腊文或钵罗婆文，周边还有联珠纹图案。每逢新王登基或喜庆时，按王像铸造新币。

安息帝国钱币

公元1世纪后期，两河流域的商人通过买卖、放贷，兼并了许多自由农民的土地，变成了地主阶级。土地的集中，使得需要的奴隶减少，于是大地主开始大批释放奴隶，让他们变成了贫困的"自由农"、雇工、小佃农。奴隶制逐渐瓦解，封建制的萌芽开始出现。

公元前2世纪，欧亚大陆并存着四个强大国家：汉朝、罗马、安息和贵霜。当时中国汉朝势力达到中亚，与安息在政治、经济和文化方面都有联系。公元前119年，张骞第二次出使西域时，其副使就到达过安息。当时接待的安息王是密特里达提二世，这位伊朗君主首次与汉朝建交。安息与罗马一直是世仇，在这两个帝国不断发动战争时，贵霜帝国崛起了。公元2世纪初，由于贵霜的不断扩张，安息边界已退缩至马尔吉安那一带。

安息各地区的艺术各有特色。其陶器以釉陶为主，特别是绿釉陶器的制作最为盛行；建筑以当地原来形式为主，大型建筑物则吸取希腊风格，但按安息形式加以改造；建筑的

主线	地区	事件	时间
安息帝国的兴起	亚洲伊朗	安息王朝被萨珊王朝代替	公元224年

时间	事件	地区	主线
公元前215年到公元前205年	第一次马其顿战争	欧洲希腊	马其顿战争的介绍

材料东部多用土坯,西部则用砖、石;绘画有大型的神庙壁画,这是宗教性质的作品,有的城市盛行装饰壁画,这可从现存的杜拉欧罗波斯的壁画残片中看出。

安息帝国有多种宗教,其中最有名的是希腊教派和伊朗教派。在安息帝国统治时期,其文学就是口承文学,指诗人在音乐的伴奏下朗诵诗词,所以现在没有任何安息语的文学原作存在。

安息帝国商人

马其顿战争(公元前215年—公元前168年)

第一次布匿战争以后,罗马把侵略的重点放在了巴尔干半岛,并以清剿海盗为借口,出兵攻占了伊利里亚,罗马人的侵略威胁到了巴尔干半岛上的军事强国——马其顿王国。马其顿国王腓力五世本来就想扩张自己的领土,只是没有好的时机。当第二次布匿战争爆发后,他觉得时机已到,于是果断跟迦太基的汉尼拔结盟,并于公元前215年对罗马宣战,这就是著名的"马其顿战争"。

战争先后共有三次。第一次战争(公元前215年—公元前205年),马其顿的腓力五世取得胜利;第二次战争(公元前200年—公元前197年），罗马获胜，并一举消灭了马其顿的海军；但罗马并没有止步，又发动了第三次战争（公元前171年—公元前168年），马其顿战败后被分割为四个自治共和国。

公元前215年，马其顿对罗马宣战以后，在东部不断取得胜利，并准备发兵意大利。面对马其顿的威胁，罗马决定从其内部进行瓦解，积极利用外交手腕，在马其顿周围形成了反腓力五世的希腊同盟，这成功阻挡了腓力五世远征意大利的脚步。公元前206年，腓力五世与希腊城邦达成了和解，又对罗马构成了严重的威胁，此时的罗马也被长期的战争拖得筋疲力尽，已经没有精力应对马其顿大军了，只能在公元前205年签定了对其不利的和约。

公元前203年，希腊城邦联合起来反对腓力五世。公元前201年，马其顿的战舰被罗德岛和帕加马联合舰队打败。

马其顿骑兵

此时罗马已经战胜迦太基，并想继续向东拓展自己的领土，于是在公元前200年，罗马以保护希腊为借口向马其顿宣战，这就是第二次马其顿战争。

这次罗马又充分发挥自己的外交能力，先是联合希腊

主线	地区	事件	时间
马其顿战争的介绍	欧洲希腊	第一次马其顿战争	公元前215年到公元前205年
		第二次马其顿战争	公元前200年到公元前197年

时间	事件	地区	主线
公元前200年至公元前197年	第二次马其顿战争	欧洲希腊	马其顿战争的介绍
公元前171年至公元前168年	第三次马其顿战争		
公元前151年至公元前146年	马其顿人反抗失败		

城邦一起反对马其顿，然后又说服叙利亚国王，让其保持中立。公元前197年，马其顿大军与罗马大军在库诺斯克法莱决战。因为突遇大雾，马其顿方阵的优势根本无法发挥出来，最终被罗马军团打败，马其顿只能向罗马割地赔款，并从希腊黯然撤出。

马其顿国王腓力五世去世后，他的儿子佩尔修斯继承王位。为了完成父亲的遗愿，佩尔修斯于公元前172年组成了强大的反罗马同盟，发动了第三次马其顿

马其顿方阵

战争。战争刚开始时，罗马人节节败退，后来慢慢扭转了局面。公元前168年，罗马军队撤退到一个山地时，佩尔修斯率领大军进行追击，山路崎岖不平，这让马其顿大军难以维持方阵的优势。罗马大军看到这个大好时机，马上决定反击。最后，马其顿战败，主力被消灭，佩尔修斯被处死，马其顿灭亡。马其顿被分为四个自治共和国，沦为罗马的属地。

后来，罗马人的血腥统治引起了马其顿人的强烈反抗。公元前152年，一个自称是佩尔修斯之子的人自立为王，公开反叛罗马。其被剿灭后，又陆续有自称是佩尔修斯之子的人接连举兵反抗罗马的统治，公元前146年，所有叛乱都被平息了，马其顿的四个共和国也在平叛中被兼并了，变成了罗马帝国的一个行省。

至此，罗马完成了对东地中海和西地中海的兼并。到了公元前2世纪40年代，除了西班牙，整个地中海地区都处于罗马势力的控制下。

贵霜帝国（公元前170年—公元425年）

公元前170年左右，大月氏与匈奴大战，不幸战败，为了生存，大月氏只能向西迁到中亚阿姆河流域。公元前125年，大月氏征服了巴克特利亚（由古希腊人在中亚建立的国家），把整个阿姆河、锡尔河流域纳入版图。不过，大月氏部族开始一分为五，设五部翕侯统治，贵霜是其中一部。公元1世纪中期，贵霜部翕侯丘就却统一五部，建立了贵霜帝国。

公元1世纪60年代，贵霜帝国已统治了索格狄亚那、巴克特里亚、喀布尔、坦叉始罗、犍陀罗、罽宾等地。后来还向西扩展至赫拉特，控制了整个河间地区，并羁縻了康居和大宛。

据《后汉书》记载，汉朝军队在攻打车师的时候，曾经得到过贵霜国的帮助。公元87年，贵霜王向汉朝提出请求，想娶汉朝的公主，但被班超拒绝，并把使节打发回去了。这让贵霜王很生气，于是集结7万大军向西域进发，想要直接把西域吞并。当时汉朝在西域的驻兵不多，不过班超依靠自己巧妙的安排最后打败了贵霜大军，迫使贵霜王纳礼求和。以后贵霜没敢再侵犯汉朝，一直与汉朝保持着

主线	地区	事件	时间
贵霜帝国的建立	亚洲	贵霜帝国建立	公元1世纪中期

时间	事件	地区	主线
公元3世纪	贵霜帝国分裂	亚洲	贵霜帝国的建立

较好的关系。

公元2世纪初阎膏珍即位，他征服印度西北部后，又将势力范围扩展到花剌子模，吞并了锡斯坦，贵霜成为中亚的一个庞大帝国。公元183—公元199年，胡毗色伽二世在位期间贵霜帝国开始衰败，康居、大宛摆脱羁縻，呼罗珊、花剌子模也摆脱了贵霜的控制。

贵霜帝国钱币

公元233年，萨珊王阿尔达希尔一世先后攻入锡斯坦，花剌子模，接着又攻入索格狄亚那、巴克特里亚、喀布尔、坦叉始罗，这对已经衰败的贵霜来说简直是雪上加霜。公元3世纪，贵霜帝国分裂成了若干个小国家。

公元4世纪，东印度的笈多帝国兴起，统一了北印度，并将贵霜帝国残存的势力收入囊中。北方的嚈哒也对大月氏贵霜残部进行攻击，贵霜从此一蹶不振。一般认为在公元

425年，大月氏在大夏境内的残余小国为嚈哒所灭。

贵霜帝国的贸易非常发达。当时丝绸之路跨越贵霜国内，一些贵霜商人把东方的丝绸、香料和各种奢侈品运到印度和罗马，再把罗马的武器，中亚的葡萄、蚕豆、石榴、番红花和核桃等运到东方。贵霜国内因为既有农耕地区，又有游牧地区，所以各区之间的贸易也很活跃。贵霜商人将农耕地区产的谷物、水果、手工艺品和武器等运往游牧地区，又将游牧地区盛产的毛皮、牲畜、纺织原料、肉类和乳品等带回农耕地区。

贵霜是当时贸易的中转站，手工业很发达，主要有制陶、金属加工、纺织和珠宝加工。钱币的铸造方法和风格既有希腊人的遗风，又有印度和中亚的特色。

因为贵霜帝国的国君信奉佛教，所以佛教在其国内迅速传播。两汉三国时期，中国的外国僧人多半都是来自贵霜。相传东汉时期（公元67年），印度的高僧迦叶摩腾和竺法兰恰好

石质宴饮调色板

也在大月氏，并受汉使的邀请，一起到洛阳传授佛法。当时他们居住在白马寺，在那里编译出了《四十二章经》，这是最早的汉译佛经。南北朝时期，佛教在中国盛行起来，人们

主线	地区	事件	时间
贵霜帝国的建立	亚洲	贵霜残余被消灭	公元425年

时间	事件	地区	主线
公元前138年	张骞出发前往西域	亚洲中国	张骞出使西域的经过

开始建造佛教石窟，敦煌、云岗和龙门石窟就是那时修建的。

贵霜帝国的建立，为东西方之间的经济往来和文化交流创造了有利条件。

丝绸之路的开创——张骞出使西域（公元前138年—公元前114年）

秦朝末年，天下大乱，刘邦起义推翻了秦朝统治后被封为汉王。公元前202年，刘邦在楚汉之争中获得胜利，定都长安，开始了中国历史上的西汉时期。西汉初期，东西方连接的通道被匈奴阻断。一个偶然的机会，汉武帝从一个匈奴俘虏口中听说西域有个大月氏，他们的王族被匈奴单于杀死了，汉武帝就想联合大月氏东西夹击匈奴，打通东西方的通道。

公元前138年，张骞应诏由匈奴人堂邑父做向导，率领100多人的队伍，从陇西（今甘肃一带）出发，开始出使西域。一路上张骞非常小心，随时提防匈奴的袭击，不幸的是他们一行人刚出甘肃临洮就遇到了匈奴马队。除张骞和堂邑父被俘外，其他人全部被杀。

匈奴单于已经知晓了张骞西行的目的，他让张骞和堂邑父分开去放羊、牧马，并且有匈奴人严格监视。他还逼迫张骞娶了匈奴女子，方便监视和诱惑张骞投降。但是张骞一直隐忍，打算寻找合适的时机逃跑，以完成自己肩负的使命。

10年过去了，张骞终于得到一个机会。他在一个月黑风高之夜，带上匈奴妻子和向导堂邑父，趁匈奴不备逃跑了，继续出使西域。由

张骞出使西域

于他们逃跑得太过仓促，根本就没有准备干粮和水，一路上忍饥挨饿，只得射猎飞禽走兽，食肉充饥，饮血止渴。他们沿天山南麓，经过焉耆、龟兹、疏勒，越过沙漠戈壁，翻过冰冻雪封的葱岭（今帕米尔高原），来到了大宛国（今费尔干纳盆地）。

大宛国是中亚的一个富裕之邦，人口数十万，有70多个城镇，盛产"天马"。大宛王有通汉的想法，于是派人护送张骞去大月氏国。只是，时过境迁，如今的大月氏在大夏建立了新的王朝，改称"小月氏"，主要从事农耕，国富民强，已经不想再找匈奴报仇了。

张骞在大夏等地逗留了一年多，仔细考察了西域诸国的山川地理、民风民俗。通过观察发现，大夏国都蓝氏城那里，人们大多从商，并且兵弱怯战，这些张骞都仔细地记在心上。掌握大量关于西域的第一手资料，为日后汉武帝击败匈奴，取得河西走廊，最终打通西汉与西域之间的通道，起

主线	地区	事件	时间
张骞出使西域的经过	亚洲中国	张骞出发前往西域	公元前138年

时间	事件	地区	主线
公元前126年	张骞回归	亚洲中国	张骞出使西域的经过
公元前119年到公元前115年	张骞第二次出使西域		

到了重要作用。

张骞出使大夏国

在归途中，为避开匈奴的控制地区，张骞特意改道向南。他们翻过葱岭，沿昆仑山北麓而行，经莎车（今新疆莎车）、于阗（今新疆和田）、鄯善（今新疆若羌）等地，进入羌人居住地区。不过非常不幸，张骞又被匈奴的骑兵俘获。直到一年多后——公元前126年，匈奴内乱，张骞他们才找到机会逃回汉朝。张骞的归来让汉武帝非常高兴，他仔细听了张骞的汇报，并封张骞为博望侯。

公元前119年，张骞再次出使西域，这次携带了大量金币丝帛等财物，牛羊万头。这次出使的目的有两个，一是为了让与匈奴有矛盾的乌孙回到原来的地方，

张骞雕像

对匈奴造成威胁；二是宣示汉朝国威，劝说西域诸国与汉联合，最好能成为汉王朝的外臣。不过张骞到达乌孙时，正值他们内乱，第一个目的没能达到。在张骞展开行动时，他的副使也在积极行动，访问了中亚的大宛、康居、大月氏、大夏等国，扩大了西汉王朝的影响力，增加了各国间的相互了解。公元前115年，张骞回汉。

公元前114年，张骞在长安病逝，司马迁以"张骞凿空"四字概括了他出使西域的贡献和传奇的一生。

张骞两次出使西域，促进了中西方经济文化交流。从那以后，汉朝和西域各国开始交往起来，大大促进了双方的贸易，形成了"商胡贩客，日款于塞下"的盛况。张骞出使西域后15年，汉朝军队在西域大败匈奴，疏通了西域交通线。大约公元前105年，汉朝派出了一个丝绸商队到达安息，实现了中国与西域间的物产大交流，这就是著名的"丝绸之路"。

恺撒大帝（公元前102年—公元前44年）

公元前102年，恺撒在罗马出生了。他出生于一个贵族世家，其父担任过财政官、大法官、小亚细亚的总督等职务，其母来自奥莱利·科塔家族。恺撒从小就被送进专门培养贵族子弟的学校。他天赋异禀，且酷爱古希腊文化，喜欢体育运动。

恺撒从公元前78年开始从事政治活动，先被选为军事

主线	地区	事件	时间
张骞出使西域的经过	亚洲中国	张骞第二次出使西域	公元前119年到公元前115年
		张骞在长安病逝	公元前114年
恺撒的成长历程	欧洲罗马	恺撒出生	公元前102年

时间	事件	地区	主线
公元前78年	恺撒开始从政	欧洲罗马	恺撒的成长历程
公元前59年	恺撒成为执政官		

护民官,后来又任度支官、市政官、大法官、罗马远征西班牙行省总督等职务。为了能成功当选罗马共和国的执政官,恺撒开始拉拢庞培和克拉苏。此时,庞培在争取安置他的退休老兵的土地上遭到失败,克拉苏也在为获得对抗帕提亚所需的军队犯难,而恺撒正好需要庞培的声望和克拉苏的金钱。于是庞培、克拉苏、恺撒这三位有着巨大影响的政治家达成了相互支持的秘密协议,历史上称之为"前三头同盟"。

为了让这个政治同盟更加稳固,恺撒还把自己年仅14岁的女儿嫁给了已近50岁的庞培。在庞培和克拉苏的合力支持下,公元前59年恺撒当选为执政官。又经过一系列的政治活动,恺撒获得了广大平民和骑士阶层的支持,其名望逐渐上升,最后与庞培、克拉苏不相上下。

完成执政官的任期后,恺撒出任高卢总督。公元前58年,恺撒发动了高卢战争。在9年的时间

恺撒大帝雕像

里，恺撒夺取了整个高卢地区，成为第一个跨过莱茵河进攻日耳曼人的罗马人。

随着恺撒势力的增强，再加上克拉苏已战败身亡，三大巨头的政治平衡被打破，变成了两大巨头的对立局面。这时恺撒女儿因难产去世了，恺撒与庞培最后的联姻关系也中断了，两人的权力之争已在所难免。

公元前50年，以庞培为首的贵族元老院担心恺撒建立独裁统治，为了阻止恺撒，他们否决了恺撒提出的继续担任高卢总督的请求，并让他马上遣散军队，马上撤回罗马。恺撒没有执行这一决定，带领军队分驻在北山高卢。经过周密的策划，恺撒带领军团渡过卢比孔河，开启了罗马内战。庞培和元老院共和派议员匆匆逃离了罗马，躲到希腊。后来庞培又逃到埃及，被埃及国王派人杀死。公元前44年，恺撒宣布成为终身独裁官。

不过很遗憾，恺撒还没来得及享受多少独裁官的权力，在元老院，就被以盖乌斯·卡西乌斯和马库斯·布鲁图斯等人为首的反对派团团围住并攻击，最后身中23刀而亡。恺撒死时58岁，死后被按照法令列入众神行列，被尊为"神圣的尤利乌斯"。

恺撒在当政期间，以秋风扫落叶之势破坏

恺撒遇刺

主线	地区	事件	时间
恺撒的成长历程	欧洲罗马	恺撒成为执政官	公元前59年
		恺撒成为终身独裁官	公元前44年

时间	事件	地区	主线
公元前44年	恺撒成为终身独裁官	欧洲罗马	恺撒的成长历程
公元前27年	罗马进入帝国时代	欧洲罗马	西罗马帝国的灭亡过程

了当时盛行的旧的贵族共和体制，使罗马过渡到君主独裁制。他独揽军政大权，逐步废除了以往旧罗马城邦的种种特权，把公民权陆续下放给罗马的各个行省，巩固了罗马帝国的统治，为他的子嗣屋大维奠定了基础，使得屋大维能彻底把奴隶制的罗马共和国改建成帝国。

此外，他还让更多的人获得了罗马公民权。对于退役的老兵，他专门建立了殖民地让他们居住。他改订历法，推行"儒略历"。他重视骑兵的作用，强调步骑兵协同作战；在兵力部署上建立了预备队，增大了战斗队形的纵深和稳定性。

恺撒征战一生，每次都善于抓住战机，哪怕处于不利的时候，也能以顽强的意志，坚持自己的战略意图，从而扭转战局。他以不同凡响的高超军事艺术，在罗马乃至世界历史上都留下了赫赫英名。

西罗马帝国的灭亡（公元前27年—公元476年）

随着罗马共和国的不断扩张，罗马已经从一个城邦成为一个环地中海的多民族、多宗教、多语言、多文化大国。公元前27年，元老院授予盖维斯·屋大维"奥古斯都"（即神圣和至尊者的意思）的尊号，罗马共和国由此进入帝国时代。

帝国前期经过五贤帝时代，罗马达到全盛时期。公元98年—公元117年，皇帝图拉真在位时，罗马帝国达到辉煌的顶点，经济极其繁荣。全盛时期国土面积约为500万平方公里，是世界古代史上国土面积最大的君主制国家之一。

公元235年—公元284年，由于皇帝亚历山大·塞维鲁被暗杀，罗马陷入长达50年的内战，这段时期被称为"三世纪危机"。这时骁勇善战的萨珊王朝取代了安息帝国，成为罗马东部最大的隐患。后来又经过了四帝共治制时期，最终在公元395年，罗马帝国被一分为二，实行永久的分治，罗马帝国从此分裂成东西两个部分。

公元423年西罗马帝国的皇帝霍诺留逝世，他努力维持的疆域也随之分崩离析。霍诺留逝世后，西罗马帝国已经无力维持军队的规模。因为西罗马帝国的资源有限，缺少足够的武装力量，只能招募蛮族的部队来保护自己的国土，但政府又没钱付给他们薪水，于是蛮族就开始侵占西罗马的领土。

随着中央权力的衰弱，帝国逐渐丧失对边疆的控制，西罗马帝国只能加强控制沿海的地区。不过在西罗马帝国试图维护领海权时，汪达尔人却征服了北非地区，占领迦太基，并于公元439年建立独立的国家，还控制了地中海西部绝大多数的岛屿及海岸。这让西罗马帝国深陷蛮族的包围，变成了一座孤岛，最终经济崩溃。

公元476年，罗马雇佣兵领袖日耳曼人奥多亚克废黜西罗马最后一个皇帝，西罗马遂告灭亡。

西罗马帝国的灭亡，终结了西欧、北非等地的奴隶社会，后来由外族瓜分的西罗马帝国，也成为今天一些欧洲国家的前

主线	地区	事件	时间
西罗马帝国的灭亡过程	欧洲罗马	罗马进入帝国时代	公元前27年

时间	事件	地区	主线
公元476年	西罗马灭亡	欧洲罗马	西罗马帝国的灭亡过程
公元前8世纪	庞贝古城的形成	欧洲意大利	庞贝古城的介绍

西罗马灭亡

身，之后欧洲不再有统一的的政权。

因为罗马帝国的重大影响，所以一般把公元476年西罗马帝国的灭亡，视为古代欧洲的结束，欧洲自此进入了中古时代。

庞贝的末日（公元79年）

在意大利南部的那不勒斯附近，有一座世界闻名的古城——庞贝古城。庞贝古城位于维苏威火山南麓，距离罗马约240千米。公元79年维苏威火山大爆发，庞贝被火山灰掩埋，从此消失在人类的视野中。直到公元1748年，人们才在偶然间接触到这座已经沉睡1000多年的神秘古城。

早在公元前8世纪，一个叫作庞贝的小渔村，开始逐渐发展起来。这个小渔村先后经历了希腊人和萨莫奈人的统治,直到公元前89年罗马人占领了这里。庞贝在罗马帝国统治下休养生息,平稳发展了近160年,迅速成为帝国内繁荣程度仅次于罗马的第二大城市。

考古发现,庞贝古城呈长方形,四周由石头砌成的城墙环绕,并设有7个城门,14座塔楼,城内的街道纵横交错,全城被分为9个区,呈"井"字形。每个区之间街巷交织,大街上铺着10米宽的石板,石板路面上还残留着千年之前车辆碾出的车辙。城中最宽阔的大街叫丰裕街,街道两旁是人行道,两边分布着酒馆、商店和住宅。

丰裕街直接通向城中心长方形的广场,广场三面都是围墙,四周建有许多宏伟的建筑,如朱庇特神庙、阿波罗神庙、大会堂、浴场、商场等,还有剧场、体育馆、斗兽场等。

庞贝古城

广场的东南边是一座大会堂,那是庞贝最高的建筑,里面设有法院和市政厅。此外还有一座两层楼的商业大厦,在这里可以自由交换当地的葡萄酒、玻璃制品、东方香料和中国的丝绸等商品。

广场的东北方是商场,有人在墙上写着"赚钱即快乐"。在一间酒吧里,出售各种饮料。一间小酒吧的墙壁

主线	地区	事件	时间
庞贝古城的介绍	欧洲意大利	庞贝古城的形成	公元前8世纪

时间	事件	地区	主线
公元前8世纪	庞贝古城的形成	欧洲意大利	庞贝古城的介绍

上,还残存着价格表及客人的欠款数目。一间面包房的烤炉上,残留着一块烤熟的面包,上面还盖着面包商的印鉴。

庞贝古城的东南角,有两座露天的剧场,用来演出戏剧和音乐。还有一座可以容纳两万人的竞技场,人们可以在这里观看人与人、人与兽之间的角斗,也可以在这里举行体育运动,竞技场的墙壁上刻着许多狩猎、竞技的画面,还残留着角斗士明星的名字。

人们还在庞贝古城中发现了比较先进的浴场,里面配备了更衣室、微温浴室、游泳池等。浴室长廊两侧是成列的圆柱,室内墙上布满了非常精细的雕刻,地板是双层设计的,蒸汽在下层流动,这样可以保持浴场内的温度。

庞贝古城遗址

这繁华的一切,都在公元79年8月24日(也有说是10

月24日）终结了。那一天维苏威火山爆发，积蓄千年的能量，从下午1点一直喷涌到第二天早上7点才停止。在这18个小时内，庞贝古城在经历了4次熔岩流和3次灰尘暴袭击后，被彻底湮没。

火山爆发时，岩浆喷射几千米高，蒸汽云升到了万米高空遮住了阳光，天空变得一片漆黑，火山灰、浮石、碎岩一同砸向地面，炽热的硫黄气体简直让人窒息。大约4个小时后，屋顶再也承受不住火山灰的重量，房屋纷纷倒塌。滚烫的岩浆以60千米/小时的速度喷涌而来，火光四起。25日凌晨，整座庞贝古城被火山灰直接埋掉，厚度甚至超过了20米。

这场巨大的灾难直接夺去了2000多人的生命，也将人类文明的结晶深埋地下。

萨珊王朝（公元224年—公元651年）

当西方罗马帝国的奴隶制出现"三世纪危机"时，安息的统治者阿尔达班五世也战死了，这时阿尔达希尔一世趁机入侵了安息帝国的西部，并于公元224年在泰西封加冕为波斯的唯一统治者，开始了萨珊王朝的统治。

接下来的数年，阿尔达希尔一世继续扩张他的势力范围，先后征服了锡斯坦（Sistan）、戈尔甘、呼罗珊、马尔吉亚那（今土库曼斯坦境内）、巴尔赫和克兰斯米亚，占领了

主线	地区	事件	时间
庞贝古城的介绍	欧洲意大利	庞贝古城的消失	公元79年
阿尔达希尔一世建立萨珊王朝	亚洲	萨珊不断扩张领土	公元224年到公元298年

时间	事件	地区	主线
公元224年到公元298年	萨珊不断扩张领土	亚洲	阿尔达希尔一世建立萨珊王朝

巴林和摩苏尔。后来阿尔达希尔一世的儿子沙普尔一世继续对外扩张，降服了贵霜帝国、图兰及莫克兰，他还多次出兵攻打罗

阿尔达希尔一世登基仪式

马。公元298年，在与罗马的战争中失败后，萨珊被迫与罗马签订和约：萨珊割让两河流域北部5省给罗马；承认底格里斯河为两国边界；割让米底部分地区给亚美尼亚；罗马对伊比利亚拥有宗主权；尼比西斯为两国唯一通商城市。这个条约使两国间维持了40年的和平。

除了在公元421年到公元422年及公元440年与罗马发生过冲突外，从公元379年到公元531年这段时期里，萨珊王朝与罗马相处基本和平。在霍尔密兹德四世（公元579年—公元590年在位）期间，萨珊王朝与拜占庭帝国（东罗马帝国）之间的战争很激烈，不过因为巴赫拉姆·楚宾的叛乱，霍尔密兹德政权被推翻，继位者库思老二世逃亡到拜占庭帝国，并以割让土地的方式，寻求拜占庭帝国帮助。公元602年，拜占庭帝国也发生内乱，库思老二世对拜占庭帝国展开反击。公元621年，整个埃及落入萨珊王朝手中，此时萨珊王朝的领土约为560万平方公里，人口约为1970万，达到极盛状态。

但是库思老二世的连年征战也耗尽了萨珊王朝的国库和军力。为了充实国库，库思老二世向人民征收重税，这引起了各地人民的不满，拜占庭帝国皇帝希拉克略乘机调动军队进行反击，导致萨珊王朝开始衰落。公元651年，伊嗣埃三世被杀，萨珊王朝终结。

萨珊帝国是一个中央集权的帝国，其国教是琐罗亚斯德教（即祆教），全体人民分为教士、军人、文人和平民四等。皇帝之下设有一个权力机构，负责管理政府的各种事务。该机构的首长称为副监，祆教祭司在这个机构里的权力非常大。

魏晋南北朝时期（公元220年—公元581年），中国和波斯的来往比较频繁，据《魏书》记载，波斯使臣往来中国达数十次，还给北魏皇帝带来了各种礼品。波斯与印度也往来频繁，波斯的象棋就是从印度引进的。

萨珊王朝时期铸造的钱币又宽又薄，一般正面是皇帝的半身像，背面是一个火祭坛，祭坛边上还有两位牧师。萨珊王朝时期的波斯艺术融合了古代东方和西方的风格，非常独特。其生产的丝织品非常绚烂多彩，上面绘着鸟兽、狩猎和各种植物纹样，对拜占庭、埃及和中国都

萨珊王朝建筑遗址

主线	地区	事件	时间
阿尔达希尔一世建立萨珊王朝	亚洲	萨珊王朝终结	公元651年

时间	事件	地区	主线
公元651年	萨珊王朝终结	亚洲	阿尔达希尔一世建立萨珊王朝

有相当影响。萨珊王朝流行拱顶结构的房屋，半球形的穹顶以内角拱或突角拱作为支撑盖在方形的房屋上。

萨珊王朝时期的文化成就非常高，在很多方面都达到了古代波斯文明的顶峰。其文化既保持了两河流域和古代波斯的文化传统，又融合了罗马、拜占庭文化。创造这一卓越文化的不仅有波斯人，还有西亚和中亚的各族人民。

附录：第五章参考文献

[1]勒内·格鲁塞. 东方的文明[M].常任侠，袁音，译.北京：商务印书馆，2017.

[2]斯塔夫里阿诺斯. 全球通史[M]. 北京：北京大学出版社，2006.

[3]保罗·布特尔. 大西洋史[M]. 上海：东方出版中心，2011.

[4]爱德华·吉本. 罗马帝国衰亡史[M]. 北京：商务印书馆，2018.

[5]斯图亚特·戈登. 极简亚洲千年史[M]. 长沙：湖南文艺出版社，2017.

[6]约翰·赫斯特. 你一定爱读的极简欧洲史[M]. 桂林：广西师范大学出版社，2018.

[7]黄仁宇. 中国大历史[M]. 北京：生活·读书·新知三联书店，2014.

世界中古史

（公元476年—公元1640年）

第六章

中世纪的开端

- 匈奴王阿提拉
- 消失的玛雅文明
- 《查士丁尼法典》
- 拜占庭的奇迹：圣索菲亚大教堂
- 阿拉伯帝国
- 日本大化改新
- 开元盛世
- 丕平献土
- 查理大帝
- 凡尔登条约：天下三分
- 阿拉伯医学王子——阿维森纳

西罗马帝国的灭亡，标志着上古时代的终结、古典文明的毁灭以及中世纪历史的开始。日耳曼人开始进入欧洲腹地，开始了他们的统治，自此，欧洲进入了中世纪的千年文明发展历程。

时间	事件	地区	主线
公元436年	阿提拉登上王位	欧亚大陆	阿提拉的成长经历
公元440年	阿提拉发动战争扩张领土		

匈奴王阿提拉（公元406年—公元453年）

阿提拉家族所在的部落，主要定居在现在的匈牙利和罗马尼亚一带，是当时最强大的胡人部落。阿提拉的祖父交好西罗马帝国，而与东罗马帝国长期交恶。公元418年，12岁的阿提拉作为人质被交换到罗马王庭。在这里他接受了良好的罗马教育，了解了很多罗马人的传统习俗。在罗马人眼中，阿提拉是向匈奴传播罗马文化的使者。而在匈奴人眼中，阿提拉则是刺探罗马内部情报的间谍。

阿提拉在西罗马时，专注研究罗马的内部结构和外交政

阿提拉金币

策，偷偷观察外交官们举行的会议，这对他后来统治匈奴、征服罗马有很大的帮助。通过对罗马史的学习，他认识到了国家和民族分裂的坏处。

公元434年，统一匈奴的鲁嘉死了，他的两个侄子阿提拉和布莱达用暴力手段夺取了王位，并杀死了所有对此持有异议的国民，其中也包括他们自己的伯父、叔父和堂兄弟。公元443年，阿提拉无情地杀害了他的兄长布莱达，成为匈奴帝国的皇帝。之后，阿提拉带领匈奴人迅速地扩张自己的势力。

公元440年，阿提拉指责拜占庭没有履行和约，以此发动战争。阿提拉带领匈奴人横渡多瑙河，冲过伊利里亚地区（今巴尔干半岛西部地区）和色雷斯地区，一直打到马古斯，接着匈奴铁骑又踏平了马古斯、费米拉孔、辛吉度努姆（今贝尔格莱德）及塞尔曼等城市。

阿提拉与奥利教皇会面

主线	地区	事件	时间
阿提拉的成长经历	欧亚大陆	阿提拉发动战争扩张领土	公元440年

时间	事件	地区	主线
公元440年	阿提拉发动战争扩张领土	欧亚大陆	阿提拉的成长经历
公元453年	阿提拉逝世	欧亚大陆	阿提拉的成长经历

公元443年,阿提拉又沿多瑙河两岸发动了大规模的战争,一举拿下许多军事重镇,并围攻了纳伊苏斯(今塞尔维亚城市尼什)。在这两场战役中,匈奴人首次使用了攻城槌及攻城车等重型装备。之后阿提拉横扫巴尔干半岛,一直打到拜占庭的首都君士坦丁堡。因为没有合适的攻城工具,所以只能采取围困的方式。

最后,拜占庭皇帝狄奥多西二世被迫投降,签订了非常苛刻的和约:拜占庭赔偿6000罗马磅(约1963千克)黄金,作为对之前毁约的惩罚,以后每年的纳贡要增加3倍,每个被俘虏的罗马人的赎金也增加到12个金币。这个不平等和约给拜占庭帝国带来了沉重的负担。

公元453年,阿提拉逝世。阿提拉死后,匈奴帝国四分五裂,最后被格庇德的国王艾达里克王所灭。至此匈奴帝国瓦解,淡出欧洲的历史。

阿提拉的名字是残暴和野蛮的象征,但现实中,阿提拉并不像传说中的那么恐怖。据历史记载,他生活得很规律,没有太多不良嗜好。他残酷对敌,却慷慨待民。他有野心,有抱负,惯用政治手腕,四处攻城略地。冷酷残暴的他又忠于朋友、忠于人民。

战马与弓箭是阿提拉的克敌利器,他的军队是历史上最强大的军队之一,罗马帝国和整个欧洲都险些被这支军队征服。"上帝之鞭"阿提拉,史学家再也找不出更好的词汇来形容他了。多变的性格、惊险的生平、神秘的死亡,他就是一个传奇。

消失的玛雅文明（公元4世纪—公元9世纪）

玛雅文明得名于古老而充满智慧的印第安玛雅人，它是唯一诞生于热带丛林而不是大河流域的古代文明。聪明的玛雅人是在与亚、非、欧都隔绝的条件下，独立创造出来的伟大文明。

人们把玛雅文明划分为前古典时期、古典时期和后古典时期三个阶段。由于玛雅文明不是在一个地区连续发展下来的，有的史学家又把它分为南部玛雅时期和北部玛雅时期。南部玛雅人居住在今天的危地马拉、恰帕斯和洪都拉斯一带，从公元前1500年到公元9世纪创造了前古典和古典文明。从公元9世纪到公元15世纪中叶为北部玛雅文明时期，又称为后古典时期。北部玛雅文化的传承者阿兹特克帝国最后被西班牙帝国消灭。

因为西班牙帝国的侵略，导致最后一批懂玛雅文字的人离开人世，至此，玛雅文化变成谜一样的存在。人们无从得知玛雅文明是怎么奇迹般地崛起的，也不明白玛雅人为什么会在公元9世纪时放弃了高度发达的文明，大举迁移。

公元4世纪到公元9世纪，玛雅人进入了早期奴隶制社会，创造出了典型的玛雅文明，这是玛雅历史中的古典时期。我们通常说的玛雅文化，主要就是指古典时期的玛雅

主线	地区	事件	时间
玛雅文明的介绍	美洲	玛雅前古典文明	公元前1500年到公元4世纪

时间	事件	地区	主线
公元4世纪到公元9世纪	玛雅古典文明	美洲	玛雅文明的介绍

人所发展的文化，因为玛雅文化的主要成果是在这个时期发展起来的。

玛雅文化遗址

尽管当时玛雅人在经济、文化上已发展到比较高的水平，但是还是属于石器时代。玛雅人没有发明和使用青铜器，也不会使用铜铁、轮子；他们主要以玉米为食，没有猪羊牛马，没有畜牧业的痕迹，他们采用极其原始的耕作方法；他们采用二十进制，发现并且使用了"零"的概念，掌握了高度的数学和天文历法；他们的玛雅文字是象形文字，比现在的文字更加复杂，而且是三维的，不仅有上下左右之分，还有远近之分。

"地球并非人类所有，人类却属于地球所有。"根据玛雅预言，我们的地球已经处在"第五太阳纪"。迄今为止，地球已经过4个太阳纪，并且每一纪结束时，都伴随毁灭的发生。玛雅预言宣告在"第五太阳纪"结束时，地球将走向新纪元，根据玛雅预言"第五太阳纪"结束的日期是公元2012年12月21日，不过这已经成为过去，人类依然幸存。

玛雅图腾

玛雅人笃信宗教，他们崇拜太阳神、雨神、五谷神、死神、战神、风神、玉米神等，其中太阳神的地位最高。此外，他们还相信灵魂不灭。

玛雅人使用的象形文字有800多个，现在只翻译出了四分之一。这些文字主要用来标示一周各天和月份的名称，也可以用来表示颜色、方位、神祇的名称。记录这些文字的纸张是用植物纤维浸泡石灰水后晒干而成，所以大多纸张上会留下一层石灰。

玛雅的历法相对繁多，有以260日为周期的卓金历，也有以6个月为周期的太阴历，还有以29日及30日为周期的太阴月历，以及以365日为周期的太阳历。现代天文观测一年是365.2422天，而玛雅人已测出一年是365.2420天，与现代

主线	地区	事件	时间
玛雅文明的介绍	美洲	玛雅古典文明	公元4世纪到公元9世纪
		后古典时期	公元9世纪到公元15世纪中叶

时间	事件	地区	主线
公元9世纪到公元15世纪中叶	后古典时期	美洲	玛雅文明的介绍
公元1839年	约翰·史蒂芬斯在热带雨林中发现玛雅遗迹		

只相差0.0002天（大约18秒）。玛雅人测算的金星年为584天，与现代测算50年内误差仅7秒。几千年前的玛雅人，是怎么做到这样精确的？特殊的宗教纪年法"卓金年"从何而来？这些都让现代人无法理解。

公元1839年，探险家约翰·史蒂芬斯发现了古玛雅人遗迹。这座遗迹中不仅有金字塔和宫殿，同时还存放有用象形文字刻成的高精度历法。玛雅人的文明足迹北起墨西哥的尤卡坦半岛，南至危地马拉、洪都拉斯，直达安第斯山脉。公元8世纪，墨西哥南部和中美洲的部分地区由1000万玛雅人统治着。这些玛雅人散居在几十座城市里，大约有9万人居住在危地马拉蒂卡尔。

在一个洞穴里，人们发现了一堆人骨，他们被人砍了头，是活人祭祀的受害者。他们的死亡年代可以追溯到公元8世纪至公元10世纪，他们的死说明那时的玛雅社会可能陷入了一种极端的状态。在一块玛雅国王的石碑上，考古学家看到只刻了一个象形文字符号，其余的部分全是空白，应该是一个未完成的作品。为什么国王或者王后会允许这样的事情发生呢？这也暗示着当时的社会可能承受着巨大的压力。

发现的最后一座石碑建于公元820年，可能没过多久这座城市就被遗弃了。到了公元910年，这个地方的所有建设活动全部停止，城市被完全放弃。什么原因造成了这样的状况？内乱？瘟疫？外来入侵？还是别的原因？

可能有很多的原因共同导致了玛雅古典文明的消失，不过有一种假说获得了越来越多的支持，那就是"天气是导致玛雅古典文明崩溃的关键因素"。

玛雅地处热带地区，这一区域有一条天气变化带，它是热空气在大气层中上升形成的。温暖潮湿的热空气上升，温度下降后产生云，云气为热带地区带来了充足的降雨。但是这里的气候是季节性沙漠气候，一年中地球表面最热的地区会发生变化，引起天气带位置出现偏移，进而导致降水量的变化。这意味着，可能会出现一年都不会下一滴雨的情况，这样不稳定的气候让玛雅人在漫长的干旱季节中遇到挑战。

在蒂卡尔，玛雅人修建了复杂的蓄水系统，他们通过蓄水设施可以全年储存雨水，并且采用液压技术来控制水流动

玛雅历法

主线	地区	事件	时间
玛雅文明的介绍	美洲	约翰·史蒂芬斯在热带雨林中发现玛雅遗迹	公元1839年

时间	事件	地区	主线
公元1839年	约翰·史蒂芬斯在热带雨林中发现玛雅遗迹	美洲	玛雅文明的介绍
公元527年	查士丁尼当上皇帝	欧洲东罗马帝国	查士丁尼的功绩

的方向，想让水流向哪里，水就会流向哪里。虽然蓄水坑可能帮助这些城市挨过漫长的干旱季节，但如果雨季也没有下雨，那会发生什么情况呢？

2018年8月5日，英美研究人员对玛雅文明核心地带的一个湖泊的沉积物进行了分析，发现在玛雅古典文明衰落阶段，年降水量减少了一半左右。这个发现为可能是干旱导致玛雅古典文明衰落的理论提供了新证据。

玛雅雕刻

《查士丁尼法典》（公元534年）

查士丁一世是个大字不识的农民，不过他依靠军队登上了罗马君主的宝座。查士丁一世对自幼跟随自己的侄儿查士丁尼（公元483年—公元565年）充满期待，让他接受了良好的教育。从公元518年开始，查士丁尼就担任帝国行政指导，帮助查士丁一世管理政务。叔叔查士丁一世去世后，查士丁尼于公元527年正式成为拜占庭的皇帝。

查士丁尼即位后，迅速投入振兴罗马帝国往昔辉煌的事业之中。为了更好地完成这一事业，他开展了诸多行动。他打败了波斯帝国,击溃了汪达尔族,收复了意大利、北非和西班牙的一部分,把地中海变成了罗马的内湖;他大力发展商业、工业;他还大兴土木,建筑城堡、修道院和教堂,其中就有著名的圣索菲亚大教堂。

为了巩固自己的统治,雄心勃勃的查士丁尼审视了现存的法律,认为之前的法律只会照搬前朝的旧律,内容太过简陋,很多都已经不符合现在的需求,根本不适应新时代的新变化,于是他决定编定帝国的新法律。

公元528年年初,也就是查士丁尼当上皇帝的第二年,查士丁尼便委托一个专门委员会负责整理、编纂帝国法律大全。公元530年,查士丁尼任命特里布尼厄斯为主席,又挑选了其他一些有名望的法学家和教授,共同进行法典编写工作。他们将历代罗马法学家的著作,进行了整理汇编,用3年时间编

查士丁尼一世

主线	地区	事件	时间
查士丁尼的功绩	欧洲东罗马帝国	查士丁尼当上皇帝	公元527年
		开始编制法典	公元528年

时间	事件	地区	主线
公元533年	《查士丁尼学说汇纂》颁布施行	欧洲东罗马帝国	查士丁尼的功绩

成《学说汇纂》,即《查士丁尼学说汇纂》。这部法典在公元533年施行,并在第二年完成校正再版,正式成为一部基本法律全集。

《查士丁尼法典》共12卷,包括《查士丁尼法典》《查士丁尼学说汇纂》《查士丁尼法学总论》和《查士丁尼新律》四个部分。

《查士丁尼法典》保留了奴隶法,但取消了父母可以把子女卖为奴隶补偿自己对他人的冒犯这一部分。法典还承认了妇女继承遗产的权利,强调了基督教的思想统治,确立了君权神授的原则,对于基督教生活的各个方面也做出了详细规定。法典还严格规定了奴隶与隶农必须无条件地服从他的主人,不服从者将受到重罚乃至死刑,为了防止奴隶反抗,法典还加入了一些释放奴隶的条文。

查士丁尼移交法典

《查士丁尼法典》明确宣布了皇权无限,维护了教会的利益,对巩固奴隶主的统治具有重要意义。《查士丁尼法

查士丁尼与随从

典》是世界上第一部完备的奴隶制成文法，它内容丰富，包罗了从罗马共和时期至查士丁尼为止所有的法律和法学著作。它标志着罗马法已经发展到了完备的阶段，后来欧洲各国的法学和法律的发展也多受到该法典的影响。

拜占庭的奇迹：圣索菲亚大教堂（公元532年）

公元324年，罗马皇帝把古希腊一座靠海的城市——拜占庭，改为君士坦丁堡，选为皇家驻地。公元395年，罗马皇帝把帝国一分为二后，君士坦丁堡成为东罗马帝国的首都。从公元17世纪开始，西欧的历史学家为了区分古代罗马帝国和中世纪神圣罗马帝国，便把建立在君士坦丁堡的东罗马帝国称为"拜占庭帝国"。

主线	地区	事件	时间
查士丁尼的功绩	欧洲东罗马帝国	《查士丁尼学说汇纂》颁布施行	公元533年
圣索菲亚教堂的修建过程	欧洲土耳其	修建第一所教堂	公元325年

时间	事件	地区	主线
公元325年	修建第一座教堂	欧洲土耳其	圣索菲亚教堂的修建过程
公元360年	大教堂被毁		
公元532年到公元537年	修建圣索菲亚大教堂		

开始时,拜占庭帝国的疆域包括巴尔干半岛、小亚细亚、叙利亚、巴勒斯坦、埃及、美索不达米亚及外高加索的一部分。查士丁尼在位时,拜占庭帝国扩展到北非以西、意大利和西班牙的东南部。公元7世纪时,拜占庭帝国国力达到顶峰,与唐帝国、阿拉伯帝国并称为世界三大帝国。

公元325年,君士坦丁大帝为了供奉智慧女神索菲亚,开始建立一座拉丁柱廊式的大教堂,并附有长廊及木制屋顶和一个天井,这就是第一座教堂。公元360年,君士坦提乌斯

圣索菲亚大教堂

二世在位时开始启用这座教堂,后来因为暴乱大教堂被毁。

第一座教堂被毁后,皇帝狄奥多西二世命令建筑师鲁弗留斯修建第二座教堂。公元415年,这座有着木制屋顶的教堂建成了,教堂的大理石块上雕刻着十二羔羊、十二使徒等形象。很不幸,这座教堂因为尼卡暴动被一把火烧成了灰烬。

公元532年,在第二座教堂被烧毁后的几天,皇帝查士丁尼一世下令建一座更加雄伟壮观的教堂,这就是著名的圣索菲亚大教堂。为了保证教堂的顺利修建,查士丁尼一世聘请当时著名的物理学家伊西多尔和数学家安提莫斯为建筑师。查士丁尼一世将全国各地的物料都收集来用以修建第三

座大教堂，像以弗所阿耳忒弥斯神庙的古希腊圆柱，以及各地不同的石料：色萨利的大理石、埃及的斑岩、博斯普鲁斯的黑石及叙利亚的黄石等。

建筑师们采用了希罗的理论，在广阔的空间上建造巨大的圆顶，超过1万人参与了这项工程。这座大教堂东西长77米，南北宽71米，中央穹隆突出，四面体量相仿但有侧重。前面有一个大院子，正南入口有二道门庭，末端有半圆神龛。中央大穹隆的穹顶高度达54.8米，直径达32.6米，它通过帆拱支承在四个大柱墩上，边缘还悬挂着40具吊灯。

整个教堂里面装饰着金底的彩色玻璃镶嵌画，柱头、拱门、飞檐等处用雕花装饰，各种颜色的大理石装饰着地板、墙壁、廊柱。教坛上镶有象牙、银和玉石等，大主教的宝座用纯银制成，祭坛上还悬挂着金丝银线窗帘，上面描绘着皇帝和皇后接受基督和玛利亚的祝福。

公元537年，圣索菲亚教堂建成，皇帝和牧首梅纳斯一起参与了盛大的落成仪式。据说，查士丁尼大帝投入1万名工人，花费6年的时间来装饰

圣索菲亚教堂内部

圣索菲亚大教堂。即便如此，教堂的镶嵌画还是在查士丁二世在位时才完工。

主线	地区	事件	时间
圣索菲亚教堂的修建过程	欧洲 土耳其	修建圣索菲亚大教堂	公元532年到公元537年

时间	事件	地区	主线
公元532年到公元537年	修建圣索菲亚大教堂	欧洲土耳其	圣索菲亚教堂的修建过程
公元630年	穆罕默德创建阿拉伯帝国	亚洲阿拉伯半岛	阿拉伯的文明

圣索菲亚大教堂最奇特的地方是，它在平面上采用了希腊式十字架的造型，在空间上创造了不用柱子支撑的巨型圆顶。那些数学工程师发明了用拱门、扶壁、小圆顶等来支撑和分担穹隆的建筑方式。

圣索菲亚大教堂是拜占庭建筑的代表作，也是世界上唯一由神庙改建为教堂，并由教堂改为清真寺的建筑，更创造了以帆拱上的穹顶为中心的复杂拱券结构平衡体系。

阿拉伯帝国（公元632年—公元1258年）

公元610年开始，伊斯兰教先知穆罕默德在麦加传播伊斯兰教。当时不仅贫民加入，一些贵族家庭成员也加入进来，这让麦加统治集团担心起来，他们开始对穆罕默德进行迫害。公元622年，为了躲避迫害，穆罕默德被迫离开麦加前往雅特里布城。为了欢迎穆罕默德的到来，人们将雅特里布改名为麦地那·纳比，意思为"先知之城"，简称"麦地那"。

来到麦地那的穆罕默德化解了该城原有部落间的各种争端，从而树立了很高的威望。公元627年，穆罕默德以坚守之策，击溃麦加万人大军对麦地那城的围攻。此后，麦地那军队屡战屡胜，逐渐扩大了伊斯兰教的影响，使麦地那成为阿拉伯半岛上最强大的政治、军事和宗教力量。

公元630年年初，在阿拉伯半岛上的伊斯兰教势力巩固后,穆罕默德率领大军将麦加围住,麦加城主动求和,双方签订了《侯德比耶和约》,居民自发地接受伊斯兰教。随后,阿拉伯半岛上的各个部落纷纷归顺。自此,阿拉伯半岛的民众开始建立一个阿拉伯伊斯兰国家。

伊斯兰风格建筑

穆罕默德逝世后,他的继承者们为了巩固自己的统治,尽力满足阿拉伯人的需求。为了扩大贸易和领土,他们开始了征服世界的进程。公元634年—公元712年,阿拉伯帝国达到顶峰,其帝国结构发生了根本改变,帝国的最高统治者由部落联盟的酋长变成了东方神权君主,还建立了一套官僚体系,并有了自己的常备军。

在阿拉伯帝国的统治下,各个不同民族的古典文明开始融合,最终形成了全新的阿拉伯文明。著名的新月沃地是阿拉伯文明的肇兴地,也是伊斯兰世界的中心。8世纪中叶,阿拉伯帝国的人口达到了3400万。

阿拉伯帝国在拜占庭和波斯的南部迅速崛起,极盛时,

主线	地区	事件	时间
阿拉伯的文明	亚洲阿拉伯半岛	穆罕默德创建阿拉伯帝国	公元630年

时间	事件	地区	主线
公元630年	穆罕默德创建阿拉伯帝国	亚洲阿拉伯半岛	阿拉伯的文明
公元1258年	阿拉伯帝国灭亡		

疆域东起印度河及葱岭，北达高加索山脉，西抵大西洋沿岸、里海以及法国南部，南至阿拉伯海与撒哈拉沙漠，国土面积达1340万平方公里。阿拉伯帝国是世界古代历史上东西方跨度最长的帝国之一，也是继波斯阿契美尼德王朝、亚历山大帝国、罗马帝国、拜占庭帝国之后地跨亚欧非三洲的大国。

但是，庞大的阿拉伯帝国只是一个多民族、多宗教、多信仰的结合体，它没有凝聚力，这些不同民族和不同信仰都存在着一定的隔阂和不可调和的矛盾。9世纪中叶，帝国已经开始分崩离析，走向灭亡。10世纪以后，帝国实际已经名存实亡。

公元1258年，成吉思汗之孙旭烈兀率领蒙古军队摧毁了阿拉伯帝国的首都巴格达，为了不让皇族的鲜血受到玷污，巴格达哈里发宁愿裹在地毯里被战马踩死，也不愿被战刀所杀。自此，阿拉伯帝国灭亡。

阿拉伯帝国的政治形态是比较统一的封建政治形态，经济形态是农奴制形态。除保持伊斯兰教教权统治原则外，阿拉伯帝国还吸收其他文明国度的制度，形

阿拉伯古迹

成了伊斯兰独一无二的、政教合一的君主专制政体。阿拉伯帝国的官员一般分为军政官员、税收官员、宗教官员三类。

据《旧唐书·西域传》记载，唐高宗永徽二年（公元651年），阿拉伯帝国第三任正统哈里发派遣使节到达长安与唐朝交好，唐高宗为此专门为穆斯林使节修建了清真寺。此后双方来往频繁，在中国史书的记载中，阿拉伯帝国使节来访次数多达37次。

阿拉伯帝国的首都巴格达不仅是阿拉伯帝国的政治中心，还是商业码头。中国的丝绸、瓷器，印度和马来群岛的染料、蔗糖、香料、矿物，中亚的宝石，东非的象牙、金砂，北欧和罗斯的蜂蜜、黄蜡、毛皮和木材等，都是阿拉伯商人经营的商品。

阿拉伯的文学作品以诗歌为主，其文字优美，音韵或铿锵激昂，或婉转柔美。其中《天方夜谭》（也译为《一千零一夜》）汲取了印度、希伯来、波斯、埃及、中国和阿拉伯民间文学的精粹并被不断完善，经过数百年沉淀，它成了阿拉伯乃至世界文学中的明珠。

伊斯兰的建筑别具一格，包括清真寺、伊斯兰学府、哈里发宫殿、陵墓以及各种公共设施、居民住宅等，都是世界建筑艺术和伊斯兰文化的组成部分。它同印度建筑、中国建筑并称"东方三大建筑体系"。

阿拉伯天文学家

阿拉伯金字塔群

主线	地区	事件	时间
阿拉伯的文明	亚洲阿拉伯半岛	阿拉伯帝国灭亡	公元1258年

时间	事件	地区	主线
公元1258年	阿拉伯帝国灭亡	亚洲阿拉伯半岛	阿拉伯的文明
公元593年	圣德太子推行推古改革	亚洲日本	大化改新的内容

批判地球中心说，预测了地球自转并绕太阳转，他们还精确地测出了子午线的长度，阿拉伯天文学家阿尔·巴塔尼在其著作《萨比天文表》中，对托勒密的一些错误进行了纠正。后来，这部书传到欧洲，成为欧洲天文学发展的基础。阿拉伯天文学家使用的仪器也很先进，他们于9世纪左右已经使用了象限仪、星盘、日晷、地动仪等。

阿拉伯人对印度数字与零符号体系的改造与推广，不仅方便了阿拉伯人的日常生活，还引发了人类计算领域的一场革命。需要说明的是，我们21世纪所称的阿拉伯数字，实际上产生于印度，由阿拉伯人传入欧洲而得名。

日本大化改新（公元646年）

日本跟其他国家不同，它由几个大岛和若干小岛组成。在古代，日本人因为大海的阻隔，国家内部矛盾全由自己解决，外部势力很难加以干涉。

公元593年，圣德太子推行的推古改革，虽然削弱了氏姓贵族奴隶主的保守势力，并初步确立了中央集权制和皇权中心思想，但氏姓贵族的势力还是很强大。

圣德太子死后，外戚苏我氏趁机掌握了政权。为了防止改革势力的抬头，他们杀死圣德太子的儿子山背大兄皇子而另立天皇。

公元640年，被圣德太子派到中国留学的高向玄理和留学僧南渊回国。他们带回了日本改革所需要的思想——唐朝的封建统治制度和思想文化。

公元645年6月12日，皇极天皇在日本飞鸟板盖宫太极殿举行"受贡"仪式，接见来自高句丽、百济、新罗的使节，中大兄皇子、中臣镰足等人也陪同在侧。当宫门关闭后，中大兄皇子突然拔剑将苏我入鹿杀死，他父亲也于第二天自杀了，这就是"乙巳之变"。

政变后，皇极天皇退位，孝德被革新派立为天皇，中大兄立为皇太子，中臣镰足为内臣，僧旻和高向玄理为国博士（意为顾问），年号大化，并将都城迁到难波（今大阪），建立了像中国唐朝那样的封建国家。

公元646年，新政权以诏书的形式颁布了《改新之诏》，向全国推行改革，这就是大化改新，其主要内容包括以下四个方面：

（1）将皇室和贵族的私有土地和部民一律收归国家，并实行公地公民制，这样全国的土地都属于天皇和国家，国家赐大夫以上的高官以食封。

（2）改革统治机构，确定中央、地方的行政区划和组织，建立京师和地方行政机构（国、郡、里），设置关塞、防人（戍边军）及驿站，废除以前的世袭制，各地官吏由国家统一任免。

（3）编制户籍、记账（赋税簿账），施行班田收授法。凡田长30步、广20步为段，10段为町。

主线	地区	事件	时间
大化改新的内容	亚洲日本	发生"乙巳之变"	公元645年
		推行大化改新	公元646年

时间	事件	地区	主线
公元646年	推行大化改新	亚洲日本	大化改新的内容

（4）改革税收制度，施行租庸调新税法。

为了保证改革的顺利进行，全国各地开始统计人口和登记田产。公元701年，为了让改革依法进行，新政权又颁布了《大宝律令》。大化改新推行了大约50年，在实践过程中不断加以完善，取得了很好的效果

在政治上，通过大化改新日本废除了贵族世袭制，建立了中央集权天皇制的封建制国家，并且确立了以才选官的人才选拔机制。公元647年制定七色十三阶冠位，后来又制定十九阶冠位。大夫以上的贵族赐予食封，以下的用布帛作为俸禄。

在经济上，通过大化改新废除了部民制，建立了班田收授法与租庸调制。每隔6年，政府就给6岁以上的男子口分田2段，女子为男子的三分之二，私奴婢为公民的三分之一，公奴婢与公民的相等。受田人死后，国家收回口分田。

圣德太子

日本大化改新

班田农民担负租庸调。租，就是实物地租，受田每段交纳租稻2束2把。庸，就是力役及其代纳物，凡50户充仕丁1人，50户负担仕丁1人之粮，1户交纳庸布1丈2尺、庸米5斗。调，就是地方特产，分为田调、户调、付调。田调按土地面积征收，田1町征收绢1丈、绝2丈、布4丈。户调按户征收，其数量为"1户赀布1丈2尺"。付调随各乡土特产征收。

在军事上，实行征兵制，在京师设立五卫府，在地方设军团，所有军队归中央统一指挥。

日本通过大化改新将部分生产力解放出来，加快了日本的发展，同时也完善了日本的统治制度，建立了一套先进的管理制度，为以后的发展打下坚实的基础。大化改新也是日本由奴隶社会向封建社会过渡的标志。

开元盛世（公元712年—公元741年）

东方的中国在经历了三国两晋南北朝后，公元618年，唐高祖李渊建立了统一的王朝——唐朝。经过了"贞观之治""永徽之治""武周时期"后，中国迎来了唐朝的全盛时期，史称"开元盛世"。

公元712年，唐睿宗李旦退位，唐玄宗李隆基即位。唐玄宗粉碎了太平公主集团，流放郭元振、斩杀唐绍，并逐步将功臣、诸王外刺（调离出京，到外地任刺史），巩固

主线	地区	事件	时间
大化改新的内容	亚洲日本	推行大化改新	公元646年
唐玄宗登基后的改革	亚洲中国	李隆基登基	公元712年

时间	事件	地区	主线
公元712年	李隆基登基	亚洲中国	唐玄宗登基后的改革

了皇权。

唐玄宗即位以后，以道家"清静无为"的思想为治国之道，并改革官制，整顿吏治，任用贤能，提高了政府机构的办事效率。他不仅善于使用人才，还善于发现人才。他挑选了6位既通晓治国方略，又尽心操劳国事的贤臣做宰相，就这样，他依靠这些贤臣既稳定了政治局面，又大力发展了经济。

唐玄宗画像

在经济方面，他进行了一系列改革，增强了国力，扩大了财政收入。他的新政策有打击豪门士族，解放劳动力；发起检田拓户运动，增加政府财政收入，减轻农民负担；限制佛教势力，减少僧尼；大力发展农业，使得全国耕地面积达到6.6亿亩，人均占有9亩多；兴修水利工程。

唐玄宗时期，农耕技术得到提高，水稻广泛采用育秧移植；生产工具也得到改进，还出现了新农具——曲辕犁，新灌溉工具——筒车。茶叶的加工工艺也得到进一步提高，茶树种植得到了极大的发展。唐朝陆羽写出世界首部茶学专著——《茶经》，被世人尊称为"茶圣"。从此饮茶之风开始在唐朝盛行，并且风靡世界。

唐朝时期的茶文化

开元时期的大都市有长安、洛阳、扬州等。可以说长安城已成为一座国际化的大都市，城内分为坊和市，也就是居民住宅区和商业区。长安的建筑不仅影响了以后中国各个朝代都城的建筑模式，还影响了朝鲜和日本——日本的平城京和平安京都是以唐代的长安城为模型建造的。

唐玄宗还改革了兵制，对军队进行了整顿。在边境地区大力发展屯田，提高军队战斗力。

在开元盛世的鼎盛时期，一度建立了南至罗伏州（今越南河静）、北括玄阙州（今俄罗斯安加拉河流域）、西及安息州（今乌兹别克斯坦布哈拉）、东邻哥勿州（今吉林通化）的辽阔疆域，使得国土面积达到1076万平方公里，天宝

主线	地区	事件	时间
唐玄宗登基后的改革	亚洲中国	李隆基登基	公元712年

时间	事件	地区	主线
公元712年	李隆基登基	亚洲中国	唐玄宗登基后的改革

年间，全国人口达8000万之多。

唐玄宗实行对外开放的民族政策，改善了各民族之间的关系。据《唐六典》记载，开元时前来朝贡的蕃国多达70余个，和睦的民族关系对社会的稳定和经济的发展都起到了很大的促进作用。

经济的繁荣和社会的稳定，也使得唐朝的文化得以蓬勃发展。唐朝的著名诗人高适、岑参、王维——特别是李白、杜甫等诗人都生活在这个时代。其他如音乐、绘画、雕刻也都有显著的成就。唐玄宗还

开元盛世

下令群臣访求历朝遗书，整理了国家图书馆，藏书达到5万多卷；组织鸿儒硕学，编撰四部图书；编订了《大唐开元礼》《唐六典》等；还大力提倡教育，广泛设立公私学院。

正是唐朝的改革开放，让唐朝迎来了"忆昔开元全盛日，小邑犹藏万家室。稻米流脂粟米白，公私仓廪俱丰实"的开元盛世。

丕平献土（公元751年）

公元5世纪，西罗马帝国灭亡后，教皇成为罗马城的一般主教。

公元7世纪到公元8世纪上半叶，亚平宁半岛上存在东罗马帝国、伦巴第王国和教皇三种势力。

公元741年，丕平继承了父位，成为法兰克王国的宫相——实际王国实权都掌握在他的手中。丕平有篡夺王位的野心，但是担心自己的王位名不正言不顺，引起大家的反感，所以一直想寻求教皇的支持，让自己的王位披上合法的外衣。

机会终于来了，公元751年，伦巴第人攻陷东罗马帝国控制的意大利拉文纳总督区，他们威胁到教皇在罗马公国的统治。此时，教皇名义上的保护者东罗马帝国，正在忙着东征，并且离罗马很远，根本不能给教皇提供帮助。没办法，教皇只能将目光转向了当时比较强大的法兰克王国，想要与法兰克王国结成政治和宗教的联盟。

丕平通过地区主教向罗马教皇捎去了口信："虽然法兰克国王是王族和国王，但他们除签名权外并没有其他权力。也就是说，他们只会照宫相的吩咐办

伦巴第人攻打东罗马帝国

主线	地区	事件	时间
丕平献土的原因	欧洲	丕平成为宫相	公元741年
		教皇与法兰克王国结成联盟	公元751年

时间	事件	地区	主线
公元751年	教皇与法兰克王国结成联盟	欧洲	丕平献土的原因
公元753年	教皇来到法兰克王国		

事。"教皇明白丕平的用意,为得到法兰克的支持,于是答道:"谁为法兰克操劳,谁就是它的主人。"

得到教皇的认可后,丕平马上在法兰克贵族及其附庸的会议上,宣布废黜墨洛温王朝的末代国王希尔德里克三世,并让他去修道院做僧侣。丕平自立为王,教会为丕平涂抹圣油,赐予王权,公元751年11月,丕平建立了加洛林王朝。

公元753年冬天,教皇司提反二世,冒着寒风大雪,越过阿尔卑斯山来到了法兰克王国,这是罗马教皇第一次出现在法兰克王国。丕平对教皇的到来表示了十二分的尊敬,还亲自为教皇牵马。法兰克的广大信徒、民众也非常欢迎教皇的驾到,这让教皇感到很欣慰。

经过详谈,丕平与教皇签订了一个"互相协助,互相保护"的协定。司提反二世重新为丕平举行了加冕典礼,并模仿《圣经》上记载的以色列——犹太国创始人大卫王的样子,为丕平和他的妻子、儿子涂上圣油。这一神秘的仪式表示国王是"蒙上帝之恩当选"的神权国王,也就是说丕平担任的国王是上帝在世间统治的

君士坦丁的献礼

代表，反对国王就是反对至高的神。教皇还宣布："如果有人想从别的家族中选立法兰克国王，将被逐出教门。"丕平也作出承诺，以后在所征服的意大利土地中，会划出拉文纳至罗马一带，捐赠给罗马教会。

公元754年和公元756年，丕平先后两次出兵攻打意大利，他打败了伦巴第人并将所征服的拉文纳、利米尼、具沙罗等22个城市献给了罗马教会，史称"丕平献土"。

"丕平献土"奠定了教皇国的地位，让罗马教皇从西方的精神领袖，走向世俗领袖，最终管理人神两界，影响了西欧近千年的历史。

查理大帝（公元742年—公元814年）

闻名世界的查理大帝，是大名鼎鼎的法兰克王朝丕平的长子，他建立了囊括西欧大部分地区的查理曼帝国，所以他也被叫作查理曼、查尔斯大帝或卡尔大帝。他是法兰克王国加洛林王朝的国王和神圣罗马帝国的奠基人，在行政、军事、司法、文化教育方面都颇有建树，被后世尊称为"欧洲之父"。

公元742年，查理出生在法兰克王国埃斯塔勒市的一个贵族家庭，其祖父查理·马特是墨洛温王朝掌握实权的宫相，他父亲丕平三世是加洛林王朝的开国之君。公元771

主线	地区	事件	时间
丕平献土的原因	欧洲	丕平献土	公元756年
查理扩张领土	欧洲	查理出生	公元742年

时间	事件	地区	主线
公元771年	查理成为法兰克王国唯一的君主	欧洲	查理扩张领土
公元800年	查理被教皇加冕成为查理大帝		

年，29岁的查理成为法兰克王国的君主。

查理登基时，法兰克王国的国土包括今日的法国、比利时和瑞士，以及荷兰和德国的许多地区。登基后查理抓住时机开始扩张领土，经过数次战役，把疆域扩大了一倍，几乎控制了整个西欧。

查理起初是为了完成父亲的遗愿对阿基坦进行征讨，但是当他让自己的儿子做了阿基坦的国王之后，查理就开始四处征战。在他45年的统治期间，出征354次，将伦巴第、萨克逊、安达卢斯、巴塞罗那等疆域都归入法兰克王国的版图，成为自罗马帝国衰亡以来欧洲历史中领土最广阔的国家。

查理在整个统治期间，一直与罗马教皇保持着紧密的政治联盟关系。公元800年的圣诞节，罗马教皇利奥三世把一顶皇冠戴在查理大帝的头上，宣布他为"罗马人的皇帝"。从此，"查理国王"变成了"查理曼"，这个"曼"就是"大帝"的意思。

查理称帝后，开始加强中央集权统治，他重用贵族和主教，同时继续推行采邑分封制度，作为接受采邑的条件，他们都要向皇帝宣誓效忠。帝国的中央政权除由皇帝亲信组成的枢密会议外，还有贵族大会，每年召开一至二次贵族大会，讨论国家的重大决策。为了管理地主，中央经常派遣巡按使去地方监督。这就形成了以国王为首的伯爵、主教等大封建主，下面是中小封建主，他们构成一系列的封建等级制度,这种制度也被后来的西欧封建社会所继承。

查理大帝是一位很有作为的皇帝。他兴办学校,还聘请一些知名的学者来讲学;他搜集古拉丁文和希腊文的手稿,用加洛林优美的小草书体去抄写,后来这种文字稍加修改就成为现行的拉丁字母;他在修道院设立图书馆,专门用来收藏教父作品和古希腊罗马作家的作品,这些作品直到现在还完整地保存着;他还邀请欧洲最优秀的建筑师、雕刻家和画家,来为帝国修建修道院和教堂。

尽管有很多人在他发动的战争中丧生,但是他也为黑暗的中世纪带来一束亮光,在他统治期间出现了短暂的"加洛林文艺复兴"。

公元814年的冬天非常寒冷,但是好战的查理大帝还是

查理大帝加冕

查理大帝

主线	地区	事件	时间
查理扩张领土	欧洲	查理被教皇加冕成为查理大帝	公元800年

时间	事件	地区	主线
公元814年	查理大帝病逝	欧洲	查理扩张领土
公元843年	三方签订条约	欧洲	凡尔登条约的内容

坚持外出去打猎，很不幸，他感染了风寒。1月28日，查理大帝在首都宫中逝世。查理死后，帝国陷入内乱。公元843年，根据《凡尔登条约》，帝国被一分为三。

凡尔登条约：天下三分（公元843年）

查理大帝死后，查理的儿子虔诚者路易一世继位，他开始的时候想把帝国交给第一个妻子所生的儿子继承，后来又想把帝国大部分领土交给第二个妻子所生的儿子继承。公元840年，路易一世死后，长子洛泰尔即位。第二年，路易一世另外两个没能继承王位的儿子日耳曼人路易和查理结成联盟，共同反对洛泰尔，于是内战开始了。

公元842年，洛泰尔战败了，他向两兄弟求和。公元843年，三兄弟握手言和，签订《凡尔登条约》。

根据条约的规定，加洛林帝国被一分为三。帝号由洛泰尔继承，并将意大利中部和北部，以及莱茵河和阿尔卑斯山以西，埃斯科河、默兹河、索恩河和罗讷河以东地区划分给他，称为中法兰克王国；日耳曼人路易分得莱茵河以东地区，称为东法兰克王国；查理分得洛泰尔领地以西地区，称为西法兰克王国。

《凡尔登条约》三国边界的划分后来又经过《墨尔森条约》的重新调整，基本确定了近代意大利、德意志和法兰西三国的版图。

签订《凡尔登条约》

中法兰克王国夹在东、西法兰克之间,并没有形成一个牢固的政治实体,其领土一直被法、德两国争夺,最后法国得到了南部和中部的大部分土地,德意志神圣罗马帝国则保留了莱茵河左岸地区。北意大利先后由神圣罗马帝国和奥地利帝国统治,公元1861年意大利统一,成立意大利王国。被他们瓜分剩下的领土形成了后来的瑞士、比利时、荷兰和卢森堡。查理曼帝国的瓦解奠定了近代西欧诸国的基础。

主线	地区	事件	时间
《凡尔登条约》的内容	欧洲	三方签订条约	公元843年

时间	事件	地区	主线
公元980年	阿维森纳出生	中亚	阿维森纳的成就

阿拉伯医学王子——阿维森纳（公元980年—公元1037年）

阿维森纳也叫伊本·西拿，诞生于公元980年中亚细亚布哈拉城附近的阿夫沙纳镇（今乌兹别克斯坦共和国境内）。他的父亲是当地的税务官，经常与一些饱学之士来往，于是阿维森纳从小就有机会聆听当时杰出的大师们的言论。

阿维森纳从小就非常聪明，且记忆力惊人，据说10岁时就能背诵《古兰经》和许多诗歌。后来，他又学习逻辑学和形而上学，由于进步很快，能力很快就超过了教他的老师，他无师可学，只能自学。他看了很多医书，面对复杂的医学，阿维森纳说："医学比数学和哲学简单，可以免费给别人治病，获得经验。"自学医学数年后，16岁的阿维森纳就成了当地的名医。17岁那年，他治愈了萨曼王朝曼苏尔亲王的疾病，成了御医，从而获得了进入藏书丰富的皇家图书馆的机会。

这个机会对拥有超强记忆力的阿维森纳来说，就像给了他一双会飞的翅膀。21岁时，阿维森纳在各门学科上的造诣都非常高，并且已经成为一名著名的医生。他还曾经做过行政人员，在政府部门工作过。后来他的父亲去世了，萨曼王朝也被突厥击败，阿维森纳开始过着颠沛流离的生活。一代天才除了中间几段很短的平静生活外，一直生活在混乱中，真让人痛惜。不过即使在那样混乱的时代中，阿维森纳也一直专注地研究自己的学术，并没有受到外界的影响。

公元1022年后，阿维森纳逃到伊斯法罕，在那里度过了一生中较为平静的最后14年。那段时间，他受到统治者阿拉·道拉的重视，完成了人生中的大部分著作。后来，他不得不随阿拉·道拉前往战场，即使在那种环境下，他也坚持写作，他最后一本哲学作品《指示与评论书》就是在这个时期完成的。公元1037年，阿维森纳随阿拉·道拉上战场，不幸病倒了，虽然他尽力自救，但最后还是死于腹绞痛。

阿维森纳

据说，阿维森纳的著作有200多本，最著名的是《医典》。《医典》是一部系统的百科全书，里面记载了大量罗马帝国时期希腊医生的成就和其他波斯著作，也记载了一小部分自己的实践经验。《医典》共五卷，第一卷是总论；第二卷是药物学；第三卷是病理学、症候学和治疗学；第四卷叙述了各种疾病及其症状；第五卷主要是处方与制药法。

《医典》的医学思想师承希波克拉底、盖伦，哲学思

主线	地区	事件	时间
阿维森纳的成就	中亚	阿维森纳追随统治者阿拉·道拉	公元1022年后

时间	事件	地区	主线
公元1022年后	阿维森纳追随统治者阿拉·道拉	中亚	阿维森纳的成就

想师从亚里士多德。贯穿《医典》始终的"体液配属学说"是对希波克拉底、盖伦医学思想的总结和整理,并与"四体液学说"一脉相承。《医典》辑录了很多前人的正确观点,如讨论了疾病的复杂性,甚至分析了疾病的首发症状与继发症状、无症状、并发症等问题,它将致病因子分为内部因素和外部因素。这些思想在希波克拉底、盖伦和巴格达名医拉齐的医学思想中都有体现——如关于麻疹的论述源于拉齐的著作《医学纲要》。

阿维森纳雕像

阿维森纳可谓博学多才,他是中世纪中亚最有影响的科学家、哲学家、诗人、音乐家和最杰出的医生,欧洲人称他为"医者之父"。他让波斯的医学获得很大提高,还促进了欧洲医学的发展。他的名著《医典》曾被中世纪欧洲医学院用作教材,其中一些观点沿用至今。在东方,阿维森纳在医学、哲学和神学方面的影响同样也持续了很长时间。

附录:第六章参考文献

[1]勒内·格鲁塞. 东方的文明[M].常任侠,袁音,译.北京:商务印书馆,2017.

[2]斯塔夫里阿诺斯. 全球通史[M]. 北京：北京大学出版社，2006.

[3]罗伯特·福西耶. 剑桥插图中世纪史[M]. 济南：山东画报出版社，2018.

[4]彼得·弗兰科潘. 丝绸之路：一部全新的世界史[M]. 杭州：浙江大学出版社，2016.

[5]斯图亚特·戈登. 极简亚洲千年史[M]. 长沙：湖南文艺出版社，2017.

[6]约翰·赫斯特. 你一定爱读的极简欧洲史[M]. 桂林：广西师范大学出版社，2018.

[7]王凯. 日本古代史研究综述[J]. 南开日本研究，2015(1).

主线	地区	事件	时间

第七章 封建王国的变革

- 卡佩王朝
- 日本武士的形成
- 教权与王权的争斗——卡诺莎之辱
- 哥特式建筑艺术的起源
- 琅城起义，欧洲城市的兴起
- 《自由大宪章》
- 巴黎大学
- 阿维农之囚
- 郑和下西洋

封建制度是中世纪最基本的政治和社会制度。这一时期实行的主要是以贵族统治阶级层层分封，占有土地和农民（农奴）等财富为基础的社会制度。其政治制度是以共主或中央王朝给宗族、王族和功臣分封领地为特征。

时间	事件	地区	主线
公元929年	路易逃亡英国	欧洲法国	卡佩王朝的历史
公元987年	雨果·卡佩开创卡佩王朝		

卡佩王朝（公元987年—公元1328年）

卡罗曼死后，西法兰克王国的加洛林主支绝嗣了，于是，西法兰克王国请来了东法兰克的胖子查理前来摄政，但是胖子查理自己的国家都管理不好，又怎样能管好别人的国家？诺曼人来袭，打不过怎么办？胖子查理只能重金去换取诺曼人的撤退，这增加了西法兰克人民的负担，于是西法兰克人赶走了胖子查理。在部分贵族的支持下，没有任何加洛林血统的巴黎伯爵厄德幸运地当上了西法兰克的国王。公元896年，厄德死后，憨直者查理登上王位，被称为查理三世。后来在苏瓦松一战中，憨直者查理被囚禁，直到公元929年死去，他的遗孀是位英国公主，她带着他们的儿子路易逃到了英国。

在西法兰克的国王鲁道夫死后，鲁道夫的内弟，国王罗贝尔唯一的儿子大雨果主张立一个弱国王，于是他就把流亡英国的路易请回来当国王，就这样大雨果自己成为最有权势的贵族和摄政王。大雨果死后，雨果·卡佩继承了父亲的地位。

公元987年，加洛林王朝的路易五世去世。因为他也没有子嗣来继承王位，但国不可一日无君，于是大家推举雨果·卡佩

雨果·卡佩

加冕为王，开始了法国的卡佩王朝。王朝初年，王室的领地很小，只有位于塞纳河和罗亚尔河中游包括巴黎和奥尔良在内的零星土地，其面积大约只有1000平方公里。

卡佩家族的生育能力绝非西法兰克之前的皇帝所能比的，从雨果·卡佩开始每代都有合法继承人，一直持续了11代，这让该家族可以有好几百年的时间巩固自己的封君地位。

公元11世纪，为了恢复法兰西国王的权势，罗贝尔二世（公元996年—公元1031年在位）与那些不愿效忠自己的领主不断产生矛盾，从而引发战争。公元1016年，罗贝尔合并了勃艮第的领地，领了勃艮第公爵的头衔，王室领地扩大了一倍以上。

腓力一世（公元1060年—公元1108年）统治期间，王室的领地分别向南北稍微拉长了一点。路易六世（公元1108年—公元1137年在位）统治时，他继续巩固法国的王权，并与英格兰国王亨利一世作战，在法国国内，他也跟那些被称为"强盗男爵"的贵族进行不屈的斗争。为了增加自己的同盟，路易六世给城市居民以自治权，这样当他与贵族进行斗争时，市民能站在自己这一边。在市民和教会的支持下，路

罗贝尔二世

主线	地区	事件	时间
卡佩王朝的历史	欧洲法国	雨果·卡佩开创卡佩王朝	公元987年

时间	事件	地区	主线
公元987年	雨果·卡佩开创卡佩王朝	欧洲法国	卡佩王朝的历史

易六世不仅拆毁了贵族的城堡，还在他们的领地上驻扎忠于王室的卫队。经多年的努力，卡佩王朝在法国的封君地位已经基本稳固。

公元1137年，路易七世成为法兰西的国王，他与阿基坦公爵威廉十世之女埃利诺结婚，阿基坦和普瓦都因此并入王室领地，王室领地一下子扩大了三倍。但后来因为路易七世与埃利诺离婚，埃利诺改嫁给英王亨利二世，阿基坦和埃莉诺的领地又落入英格兰安茹王室手中，这让英格兰安茹王室一举占据了法兰西80%以上的领地。路易七世曾两次发动战争想要夺回，却都失败了，此后为了领地的战斗从来没有终止过。

腓力二世在位（公元1180年—公元1223年）时，法国征服了诺曼底，合并了安茹的大片土地，扩大了自己的领地。路易九世（公元1226年—公元1270年在位）实行司法、财政改革，设立高等法院，审理重大案件，限制封建主法庭的权力。公元1284年，腓力三世（公元1270年—公元1285年在位）吞并了香槟伯国，使得卢瓦

路易七世

尔河以北除了佛兰德斯伯国和勃艮第公国，均处于法兰西王室的直接统治之下。

查理四世在位（公元1322年—公元1328年）期间，因为他加税、加关税、没收不动产、干涉英国内政，将国内和国际上的人都得罪了，使得大家对法兰西王室都没有好感，导致法兰西王室由此走向了衰落。查理四世有四个女儿，没有儿子，于是卡佩王室直系继承人中断，由此直系卡佩王朝告一段落。查理四世的堂兄、安茹伯爵腓力六世继承王位，从而开始了法国历史上的瓦鲁瓦王朝。

日本武士的形成（公元11世纪）

公元710年，日本迁都平城京（今奈良）后，贵族统治阶级对民众的剥削变本加厉。当时农民收入的90%都需要上缴，大量奴婢和民众无法忍受，纷纷逃亡。因为逃亡的人数实在太多了，导致中央政府被迫出台法令：各地可以就地征收逃亡的人的租庸调和徭役，不用强制遣返回家乡。

面对大面积的土地闲置和税收减少，朝廷又颁布了新的法令：土地永久私有，每个人都可以拥有自己的土地。于是各地的郡司、国司、豪族到处缉拿逃亡的流民，却隐匿不报，把这些流民变成自己的奴隶，竞相开垦荒地。

天皇名下没有私人的土地，但是皇后和皇族却拥有大量

主线	地区	事件	时间
卡佩王朝的历史	欧洲法国	雨果·卡佩开创卡佩王朝	公元987年
日本武士产生的原因	亚洲日本	日本迁都平城京	公元710年

时间	事件	地区	主线
公元710年	日本迁都平城京	亚洲日本	日本武士产生的原因

的土地,这些皇室领地不用向国家纳税。随着中央和地方贵族、寺院、地方豪族侵吞的土地越来越多,到了公元9世纪末,贵族和寺院也争取到了不用缴纳税赋的特权。

日本平安时代

日本把国民分为"良民"和"贱民"。良民是普通的农民,有自由身;贱民是奴隶,国家所有的奴隶叫"奴婢",私人拥有的奴隶叫"家人"。这些"家人"连同他们的妻子儿女,都是贵族的私人财产。

从公元9世纪开始,日本土地拥有者为了谋求不纳税的权利,纷纷把自己的土地捐给了那些已经取得不纳税特权的中央贵族,而自己只作为土地的管理人。天皇看着自己获得的税收越来越少,便规定庄园主也要缴纳赋税,庄园里所属的农民也要缴纳租庸调。为保证税收,天皇还委派检田使和征税使负责检查。

为了保住自己的利益,对抗朝廷,基层的"庄园主"们纷纷向更上一级的权贵、寺院、神社进献土地,寻求庇护,希望不用交税,也不用接受官员检查,这些权贵被称为"领家"。"领家"又进献给比自己更高级的皇族和高官,这更高一级的"领家",被称为"本家"。

公元11世纪中叶，原来的国有土地也被各特权阶层收入囊中，日本的权力慢慢落入豪门贵族、寺院和神社手里，天皇和朝廷的权力已被架空。

日本武士

为了重新获得权力和原有的土地，天皇委派官员到各地监察，于是与权贵和地方庄园主起了冲突。

一些庄园主为对抗朝廷，保护自己的领地不受侵犯，开

日本武士刀

主线	地区	事件	时间
日本武士产生的原因	亚洲日本	日本迁都平城京	公元710年

时间	事件	地区	主线
公元710年	日本迁都平城京	亚洲日本	日本武士产生的原因
公元1056年	6岁的亨利四世登基	欧洲	卡诺莎之辱事件的经过

始组织建立自己的军队。这些庄园主本身就是当地族长，他们以自己的亲人和族人为中心，组成一支私人武装。这些私人武装平时种地务农，有冲突时就拿起武器，保卫庄园。

慢慢地，这种武装组织开始制度化、专业化，也渐渐脱离土地，转为职业军人，于是"武士"形成了。后来，这些武士开始聚集在豪强贵族的旗下，形成武士集团。

武士集团以严守纪律和绝对服从为第一要务，渐渐形成了"尽忠""献身"等所谓"武士道精神"的伦理观念。

教权与王权的争斗——卡诺莎之辱（公元1077年）

在中世纪早期，教廷的权力并不高于国王，反而要受到国王权力的限制，因为各国主教的任免由国王决定，教廷是没有权力进行干涉的。从公元756年开始，因为法兰克王国的"丕平献土"，使得教廷建立了教皇国，教皇在人们心中的地位也渐渐地提高了。公元800年，教皇利奥三世为法兰克国王查理加冕称帝，此后王权就被神秘化了。以后每一位国王的登基，都要得到教廷的承认，来表明自己统治的合法性，这就形成了"君权神授"的形式。

罗马帝国衰落后，宗教人员的任免权长期掌握在世俗君主手中。一些世俗君主利用手中的任命权鬻卖神职，将这一职业封给忠诚的下属和家族成员，或者使用各种手段把教廷管辖下的教区据为己有，从而获得巨大的收益。于是，君主领地内开始出现有一定经济和军事实力的教区和修道院，并慢慢形成一股重要的政治力量。这直接导致了罗马教廷财力和威望的下降，教皇的控制力也开始降低。

教皇利奥三世为查理曼加冕

公元11世纪，西欧开始兴起一场主张提高教皇地位与控制力的反对教区世俗化的克吕尼运动。教皇格列高利七世作为克吕尼改革派，一直试图推行改革。格列高利七世明白，只有摒弃神圣罗马帝国对教皇选举的干预权力，他的改革才会成功。

公元1056年，年仅6岁的神圣罗马帝国皇帝、德意志国王亨利四世登上皇位。罗马教廷趁着皇帝年幼，利用各种手段扩大自己的权力。公元1059年，颁布著名的"教皇选举法"，规定封建领主

卡诺莎城堡遗址

主线	地区	事件	时间
卡诺莎之辱事件的经过	欧洲	6岁的亨利四世登基	公元1056年

时间	事件	地区	主线
公元1056年	6岁的亨利四世登基	欧洲	卡诺莎之辱事件的经过

不再拥有干预教皇选举和任命治下红衣主教团的权力。公元1075年又发布了《教皇敕令》（27条），具体地阐述了教皇的地位及其权力，大意是教皇权力高于一切。他不仅可以任免各个国家的主教，还可以任免各个国家的国王。

亨利四世无视教皇敕令，仍然继续任命主教，并且还召开德意志主教会议宣布废黜教皇，跟教皇对着干。教皇得知后写信让他撤销任命，并进行忏悔，否则开除教籍。在当时，教籍是非常重要的，如果没有了教籍就不能继续做国王。不过为了自己的权力，亨利四世继续与教皇抗争，斗争日益激烈，最后发展到了势不两立的地步。

于是格列高利七世发布敕令，废黜德皇亨利四世，革

卡诺莎之辱

除了他的教籍，并联合国内外反对亨利四世的人向他施加压力。这时，德国国内一些诸侯宣称，如果亨利四世得不到教皇的宽恕，他们将不承认他的君主地位。更严重的是，教皇已经准备北上与神圣罗马帝国境内的诸侯会面，召开一个制裁他的会议。

在内忧外患的严峻形势下，亨利四世冷静了下来，觉得自己现在的实力无法与教皇抗衡，于是改变了态度，向教皇保证自己永远服从于他，并当面向他道歉。公元1077年，亨利四世带着几个贵族前往卡诺莎城堡向教皇谢罪，恳请教皇撤回开除教籍的敕令。

当时正值冬季，亨利四世让车驾停在山脚下，自己脱下了御寒的衣服和靴子，穿着苦修士的简陋衣服，只披上一件毡毯，在卡诺莎城堡外的雪地上跪了三天，向教皇忏悔。直到第四天，教皇才接见他。亨利四世匍匐在教皇面前，展开双臂，使全身呈十字形，向教皇泪流满面地忏悔自己的罪过，然后呈上自己服从教皇权力的保证书和宣布撤销关于废黜教皇法令的命令书。

教皇格列高利七世让亨利四世受尽了精神上的侮辱后，才恩赐他一个赦罪的吻。虽然教皇同意不将亨利四世逐出教会，但仍不恢复其国王的权力。在教皇和玛蒂尔达女伯爵等人的见证下，亨利四世被迫写下了效忠教皇的誓词并宣誓。

这就是"卡诺莎之辱"，后人赋予它"投降"的意思。

主线	地区	事件	时间
卡诺莎之辱事件的经过	欧洲	6岁的亨利四世登基	公元1056年
		亨利四世前往卡诺莎城堡向教皇谢罪	公元1077年

时间	事件	地区	主线
公元12世纪	开始流行哥特式建筑风格	西欧法国	哥特式建筑的特点

哥特式建筑艺术的起源（公元1140年左右）

哥特式建筑（或者被译为歌德式建筑），是公元12世纪中叶出现在法国的一种建筑风格，教堂是其主要表现形式。从公元13世纪中期开始，这种建筑风格在整个西欧盛传，公元15世纪中后期逐渐衰落，公元16世纪逐渐被文艺复兴时期的建筑所代替。

哥特式建筑艺术位于罗马式建筑与文艺复兴建筑之间，与之前的罗马教堂相比，哥特式教堂具有自己的特点：肋状拱顶、尖顶拱门、簇柱、飞扶壁、圆形花窗、修长的束柱，以及高耸向上的线条。在整个外形与布局方面，哥特式教堂比之罗马式建筑发生了明显的改变，从卧

哥特式教堂

式变成了高耸直立式。

"哥特式"一词，首次使用的人是公元16世纪"艺术史之父"乔治·瓦萨里，他用"哥特式"这一名称来表达他对那种高耸的、有着夸张高度的建筑的厌恶。他认为是因为哥特人的入侵才产生这种建筑，且认为哥特艺术是丑陋而野蛮的。但多数西方学者认为，这种带尖顶的高耸建筑风格是由十字军传入欧洲的。具体是什么原因导致的，至今没有定论。

可以肯定的是，在西欧社会发生大变革时期，也是在哥特式教堂盛行之时，其文化中心和教堂中心，都由修道院转移到了城市。这种崭新的教堂风格，既然能得到大家的认可，并流行起来，肯定有其特殊的原因。

公元12世纪—公元15世纪，被压抑已久的社会出现了一些新变化，新的宗教原则和敬拜形式偷偷兴起，新的观念也在正统基督教与"异端邪说"的碰撞中生长起来。城市开始发展起来，城市里的手工业和商业行会慢慢繁荣起来，民主政体也慢慢出现。为了表现自己的城市，市民们非常热衷于修建教堂。

当时教堂已不再只是纯宗教性建筑物，已经成为城市公共生活的中心，成为市民大会堂、公共礼堂，甚至可用作市场和剧场。在宗教节日时，教堂往往成为热闹的赛会场地。

欧洲各国频繁的文化交流使得欧洲人的眼界开阔起来，他们对身边的各种变化见怪不怪，所以这种带有异域风格的高耸教堂一出现，便受到人们的青睐。虽然文

主线	地区	事件	时间
哥特式建筑的特点	西欧法国	首次使用哥特式名称	公元16世纪
	西欧法国	城市开始发展	公元12世纪至公元15世纪

时间	事件	地区	主线
公元12世纪至公元15世纪	城市开始发展	西欧法国	哥特式建筑的特点
公元1144年	圣丹尼斯教堂修建好		

艺复兴时期的艺术家将哥特式建筑形容为"野蛮而丑陋的建筑",但对于公元十三四世纪的欧洲人来说,这种高、飘、耸的建筑却是当时最时髦的样式。

公元1143年,在法国巴黎建成了历史上第一座哥特式教堂——圣丹尼斯教堂,它用四尖券巧妙地解决了各拱间的肋架拱顶结构问题,并且还有大面积的花窗玻璃。

哥特式教堂

公元1144年,圣丹尼斯教堂完成了重修,在其典礼上,各国的主教们觉得这种建筑形式有着别样的魅力,于

圣丹尼斯教堂

是回去后开始纷纷效仿，各地就都出现了哥特式教堂。

最负盛名的哥特式建筑有法国巴黎圣母院、俄罗斯圣母大教堂、意大利米兰大教堂、德国科隆大教堂、英国威斯敏斯特大教堂等。

哥特式建筑以高耸消瘦且带尖而著称，它巧妙地用建筑表达了神秘、哀婉、崇高的强烈情感，对后世其他艺术均有重大影响，现已被联合国列入世界文化遗产，成为一门关于主教座堂和教堂的研究学问。

琅城起义，欧洲城市的兴起（公元1112年）

中世纪时，很多王国开始进入封建社会，其制度的三大特征是领主、封臣和采邑。领主是指拥有土地的贵族，这些土地是他们的私有财产并且可以世袭。在西欧封建社会，领主往往掌握着真正的权力。

对于建立在封建领主领地内的城市，领主可以对其进行管理。根据城市与领主的关系不同，采用的管理方式也不一样。

对于那些已经取得自治权的城市，只需要向国王或领主缴纳规定的赋税就可以了，管理则由城市居民选举产生的市议会来进行。市议会是城市的最高权力机构，有权制定政策、法令和铸造货币。这样的城市还有自己的武装力量和法庭，有宣战或媾和的权力。城市的行政、司法和财

主线	地区	事件	时间
哥特式建筑的特点	西欧法国	圣丹尼斯教堂修建好	公元1144年
琅城起义的经过	欧洲	很多王国进入封建社会	中世纪

时间	事件	地区	主线
公元12世纪	反对领主的斗争开始	西欧法国	琅城起义的经过

法国琅城

政大权由市民自己选举出的市长和管理人员共同管理。那些只有部分自治权的城市，由国王与城市代表共同管理。还有一些小城市，市民根本争取不到自治权，只好在领主的统治下生活。

中世纪时，城市自由的空气吸引了大量受原来封建领主控制的农奴，他们纷纷逃往城市，希望生活能够过得好一些。但是有的领主为了自己的利益，设立各种名目的摊派勒索，对人民巧取豪夺，这导致了城市对封建领主的统治越来越不满，城市与领主的斗争日益增多。

公元12世纪前后，城市反对领主的斗争盛行起来，斗争的方式也是各不相同。有的城市向领主付一大笔钱，摆脱了领主的统治；有的城市则通过武装斗争来赢得城市的自治权。在后一种方式中，法国的琅城起义最典型。

琅城是法国北部一个建立在主教高德理的领地上的城市，它算是一个富裕的工商业城市，毛纺织业很发达，在当时法国毛纺织业中占有重要的位置。高德理是一个贪得无厌的人，他设立各种名目搜刮琅城的财富。

琅城大乘法寺庙

琅城的市民为了摆脱高德理的统治，在公元12世纪初凑足了赎金，向高德理和国王路易六世买回了城市的自治权。但是，不讲信用的高德理，把钱挥霍完以后又宣布取消琅城自治。琅城市民听到这个消息异常愤怒：既然跟你讲不通道理，那我们也只能用武力解决了。他们于公元1112年发动了琅城起义，还成立了"公社"，最后将高德理等人杀死。高德理死后，路易六世和法国北部的封建领主派军队进入琅城，强行取消了公社。不过琅城的居民一直坚持斗争，公元1128年，路易六世不得不同意琅城建立公社，实行自治。此后，琅城居民一直实行自治，琅城公社存在了两百多年。

主线	地区	事件	时间
琅城起义的经过	西欧法国	反对领主的斗争开始	公元12世纪
琅城起义的经过	西欧法国	爆发琅城起义	公元1112年

时间	事件	地区	主线
公元1066年	签订"王冠宪章"	欧洲英国	《自由大宪章》的内容及影响

琅城起义在客观上促进了封建自然经济进一步解体,也促进了工人阶级的壮大和无产阶级的产生;在主观上,琅城起义促使人民的生活水平得到了提高,解放了自由劳动力,推动了生产力的发展和生产关系的变革。

《自由大宪章》(公元1215年)

欧洲中世纪的政治主题是中央王权与地方贵族和天主教的斗争,英国当时的情况更加复杂。中世纪时,英国国王权力非常大,不仅人民没有人权,而且上层统治阶级的权力也受到诸多限制。那些贵族也不过是国王的奴仆而已,有时连自己的家务事都没有决定的权

诺曼底公爵威廉

力,例如家中女子的婚姻大事等。国王权力过大,损害了贵族的权益,为了争取自己的权利,英国贵族也加入了反对王权、争取人权的队伍。

诺曼底公爵威廉征服英国后，为了加强自己的统治地位，获得各阶层人民的支持，他于公元1066年签署了"王冠宪章"，答应将一定的权利还给臣民。威廉宣布，要把国王的一切还给人民，强调禁止各种掠夺、暴力和不公平审判。

"王冠宪章"让贵族的斗争有了依靠，也有了明确的目标，他们为了自己的权利，一直坚持着。公元1100年，国王亨利一世不得已颁布了"亨利宪章"。"亨利宪章"明确了教会的自由，保证了贵族的继承权，还限制了国王在控制贵族家庭女子方面的权力。

这一切都为自由大宪章的诞生铺平了道路。公元1199年，英王约翰继位。约翰没什么能力，在对外战争中丧失了其大陆部分的领地，因此被称为"无地王"。为了夺回被抢走的土地，他打破原有的封建习惯，开征各种税收杂捐，最终引起了英国贵族的反抗。英国贵族为了保护自己的利益，跟市民阶层联合起来进行武装反抗。

公元1215年年初，北方各地的贵族开始在斯坦福聚集，然后向北安普顿推进，伯拉克利带领大贵族公开表示不再向国王行效忠礼，于是战争爆发。后来，贵族秘密进入伦敦，在广大市民的支持下，国王被迫与英国大封建贵族签订了《自由大宪章》。

《自由大宪章》的内容包括：给予教会选举教职人员的自由；贵族和骑士有领地继承权，国王不得违例征收领地继承

主线	地区	事件	时间
《自由大宪章》的内容及影响	欧洲英国	签订"王冠宪章"	公元1066年
		亨利一世颁布"亨利宪章"	公元1100年
		签订《自由大宪章》	公元1215年

时间	事件	地区	主线
公元1215年	签订《自由大宪章》	欧洲英国	《自由大宪章》的内容及影响

签订《自由大宪章》

税;如果没有贵族、教士和骑士组成的"王国大会议"的同意,国王不得向直属附庸征派补助金和盾牌钱;取消国王干涉封建主法庭从事司法审判的权力;未经同级贵族的判决,国王不得任意逮捕或监禁任何自由人或没收他们的财产;等等。

《自由大宪章》是英国宪政之母,体现了欧洲文艺复兴的人文精神。后来《自由大宪章》的精神又传到了北美的殖民地,其人权思想影响了那里的人,激励着他们为自由而战。

巴黎大学（公元 1257 年）

巴黎大学，世界上最古老的大学之一，坐落在法国美丽的城市巴黎。巴黎大学以前叫索邦神学院，该神学院修建于1257年，是由一位名叫罗伯特·索邦的人捐助的，公元1261年才正式改名为巴黎大学。

巴黎大学被誉为"欧洲大学之母"，最早可追溯到公元1150年—公元1160年，它的历史比牛津大学和剑桥大学还早。公元13世纪时，巴黎大学的学生已经过万，很多都来自邻国。那时英国还没有大学，有名的英国学者都在巴黎大学工作。后来英法两国的关系恶化，所有英国学者都被驱逐出境，这些被驱逐的英国学者创立了牛津大学和剑桥大学。

巴黎大学同教皇和国王在很长时间内都有着特殊的关系。公元17世纪，宰相黎世留当选巴黎大学的校长，他让巴黎大学有了飞速的发展，从而奠定了巴黎大学的国际声望。后来受到拿破仑教育改革的影响，巴黎大学于公元1793年被撤销，直到公元1896年才获得重建。

自欧洲文艺复兴以来，巴黎大学在自然科学、人文学科、艺术、经济、法学、医学、心理学等很多领域都获得了极大的发展，并成为世界顶级的高校，同时也成为欧洲大学办学的楷模。到20世纪60年代，巴黎大学已经成为一所超级大学。

主线	地区	事件	时间
巴黎大学的介绍	欧洲法国	索邦神学院改名为巴黎大学	公元1261年
		宰相黎世留为巴黎大学校长 巴黎大学快速发展起来	公元17世纪

时间	事件	地区	主线
公元1971年	巴黎大学被分为13所大学	欧洲法国	巴黎大学的介绍
公元1294年	卜尼法斯八世任罗马教皇	欧洲法国	阿维农之囚的经过

1968年，法国政府对学校进行改革和调整，于1971年将巴黎大学按学科和专业划分成13所大学，即巴黎第一至第十三大学。

阿维农之囚（公元1305年）

公元1294年，卜尼法斯八世当上了罗马教皇，他专横跋扈，唯教权至上。与此同时，一些统一的民族国家也开始在欧洲兴起，王权也得到加强，法国就是其中的翘楚。雄心勃勃的法兰西国王腓力四世在兼并许多土地后，想把整个法兰西划入自己的势力范围，但是罗马教皇严重阻碍了腓力四世的计划。一场大战在强大起来的王权与专制的神权之间酝酿。

当时，由于法国连年发动战争，导致军费开支巨大，为了弥补军费开支，腓力四世将主意打到富得流油的教会身上，他决定向神职人员征税。在这之前，法国神职人员只向教皇交税，而教会一直享有免税特权，这一决定大大损害了教皇的利益。

公元1296年，教皇卜尼法斯八世颁布了一道教皇令，提出教会享有免税特权，教皇没有向国王交税的必要，没有教皇特许，国王不得向教士征税，教士也不必向国王交税。

这道教皇令惹恼了腓力四世：本来权力受教皇限制已经很憋屈了，现在连税都不交。于是他立刻发布一道命令：未经国王允许,不得把法国的金银、马匹、货物等输往国外。虽然这里面根本没涉及教皇的利益,但是其实就是禁止法国的诸侯、教士向教皇纳贡,从而断了教会在法国的财政来源。没办法,卜尼法斯八世只能同意腓力四世向教会征税。

法国阿维农

第一个回合就取得胜利的腓力四世,怎么甘心就此结束?他还想获得更大的权力,而卜尼法斯八世对之前的失败也不甘心,他也在等待机会。

公元1301年,听到腓力四世想颁布法令限制教会的权力,卜尼法斯八世派出法国的大主教前去阻止。因为有教皇在背后撑腰,大主教对腓力四世毫不客气地指责起来。这激起了腓力四世的怒火,他下令把大主教抓起来投进监

主线	地区	事件	时间
阿维农之囚的经过	欧洲法国	开始征税之战	公元1296年

时间	事件	地区	主线
公元1296年	开始征税之战	欧洲法国	阿维农之囚的经过
公元1303年	卜尼法斯八世被俘		

狱。听到这个消息,卜尼法斯八世非常生气,他连发三道通谕,强烈谴责腓力四世对教会的不敬,令其归还大主教,并宣布教会不再向国家交税。

腓力四世根本没把教皇放在眼里,他不仅当众烧毁了通谕,还首次召开三级会议,联合贵族和市民,一起向教士施压,让他们对国王效忠。他还向教皇申明,教皇不得干涉法国的内政。

面对王权的威胁,卜尼法斯八世颁布了一道"圣一至圣"教谕。这是那个时代天主教最为著名的教谕,此外还宣布废除腓力四世的教籍。腓力四世也不甘示弱,他列举了卜尼法斯八世的29条罪状,包括传播异端邪说、出卖神职、残害前任教皇切莱斯廷五世等,以国王的名义对教皇进行了审判,并派出军队到罗马逮捕教皇。

公元1303年,卜尼法斯八世正在召开怎么惩罚腓力四世的秘密会议,这时一批法国士兵冲了进来,

腓力四世

声称是奉法国国王的旨意，让教皇到法国接受审判。卜尼法斯八世看到这么多法军，吓得瑟瑟发抖，就连胸前的十字架也抖个不停。

虽然最后卜尼法斯八世被营救了出来，但由于惊吓过度及气愤难忍，不久就绝望地死了。卜尼法斯八世死后，人们戏称他："爬上教皇位子的时候像狐狸，行使职权的时候像狮子，死的时候却像条狗。"

这次与教皇的斗争，腓力四世大获全胜。公元1305年，腓力四世任命法国波尔多大主教为教皇，即克莱门特五世。新教皇长期待在法国，后来直接将教廷也迁到法国阿维农，于是人们将这称之为"阿维农之囚"。

"阿维农之囚"结束了教权凌驾于王权之上的历史。加之100多年以后的文艺复兴、宗教改革和科学发展，让教权再也没有机会与王权相抗，教权从此开始衰落。

郑和下西洋（公元1405年）

朱元璋推翻了强大的元朝后，建立了明朝，即位后他开始推行改革，制定律法，促进了社会的稳定。公元1399年，燕王朱棣以"清君侧，靖内难"为名发动了"靖难之役"。经过4年的战争，最后攻下国都应天（今南京），夺取了皇位，帝号明成祖，改年号为永乐。

明成祖夺取皇位时，明朝已经建立了30多年，农业、经

主线	地区	事件	时间
阿维农之囚的经过	欧洲法国	卜尼法斯八世被俘	公元1303年
郑和下西洋的经过	亚洲中国	郑和受命远航西太平洋和印度洋	公元1405年

时间	事件	地区	主线
公元1405年	郑和受命远航西太平洋和印度洋	亚洲中国	郑和下西洋的经过

济已经恢复，矿冶、纺织、陶瓷、造纸、印刷各方面都有所提高。还有造船业的发达、航海技术的进步、航海经验的积累、航海知识的提高，以及中国海外贸易的发达，再加上当时蒙古人已经对明朝边境构不成直接威胁等，这都为郑和下西洋做好了一切准备。

公元1405年（明永乐三年），明成祖命郑和为使者，率领200多艘海船和近3万人，从南京出发，开始远航西太平洋和印度洋。

郑和舰队顺风南下，到达了爪哇岛上的麻喏八歇国。正赶上麻喏八歇国内乱，郑和的船队上岸做生意时被西王误解为来援助东王的，被误杀100多人。将士纷纷请战，但是郑和肩负永乐皇帝的秘密使命，担心一旦开战，会引起沿路西洋各国的恐惧，以为明朝是来侵略的。后又得知这是一场误杀，于是化干戈为玉帛，从此两国和睦相处。

郑和雕像

郑和的船队规模庞大，光人数就过万。据《武职簿》记载，这些船队主要来自沿海各卫所，并且根据海上航行和军事组织编制，在当时堪称一支实力雄厚的海上机动编队。

郑和船队人员根据下西洋的任务分为五个部分：指挥部分、航海部分、外交贸易部分、后勤保障部分、军事护航部分。指挥部分的主要任务是对航行、外交、贸易、作战等进行指挥决策，郑和的职务是钦差正使总兵太监；航海部分主要包括航海业务、修船、预测天气等；外交贸易部分包括外交礼仪、进行贸易、联络翻译等；后勤保障部分包括管理财务、后勤供应、起草文书、医务人员等；军事护航部分负责航行安全和军事行动。从这完善的、严密的编制中可以看出古代中国人民丰富的航海经验，这也是郑和下西洋取得成功的关键。

从公元1405年到公元1434年，郑和先后7次下西洋。航线从西太平洋穿越印度洋，直达西亚和非洲东岸，拜访了30多个国家和地区，目前已知最远到达东非、红海。

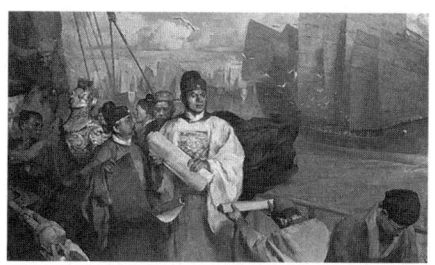

郑和下西洋

在世界航海史上，郑和开辟了贯通太平洋西部与印度洋等大洋的直达航线。这是中国和世界航海史上一个极其重要的事件，郑和也因此被国际上公认为世界历史文化名人。

主线	地区	事件	时间
郑和下西洋的经过	亚洲中国	郑和受命远航西太平洋和印度洋	公元1405年

时间	事件	地区	主线
公元1405年	郑和受命远航西太平洋和印度洋	亚洲中国	郑和下西洋的经过

通过郑和的几次下西洋，明朝政府与海外各国有了更多的联系。郑和在航行路上向海外各国传播了先进的中华文明，加强了东西方文明之间的交流。

附录：第七章参考文献

[1]斯塔夫里阿诺斯. 全球通史[M]. 北京：北京大学出版社，2006.

[2]坂本太郎. 日本史[M]. 北京：中国社会科学出版社，2018.

[3]詹姆斯·布赖斯. 神圣罗马帝国[M]. 北京：商务印书馆，2016.

[4]勒内·格鲁塞. 东方的文明[M].常任侠，袁音，译.北京：商务印书馆，2017.

[5]罗伯特·福西耶. 剑桥插图中世纪史[M]. 济南：山东画报出版社，2018.

[6]陈良.大宪章的诞生[J]. 文史天地，2017(8).

第八章 封建社会的挽歌

- 意大利多里奇诺起义
- 跛子帖睦尔
- 欧洲黑死病的阴霾
- 法国扎克雷农民起义
- 英国瓦特·泰勒农民起义
- 圣女贞德
- 君士坦丁堡的陷落
- 阿拉伯人的民间故事：《一千零一夜》
- 中世纪最后一位诗人但丁

在封建制度下，社会阶层是封建主和农民（或农奴）阶层。在这个金字塔式的森严等级下，农民（或农奴）生活贫困，无政治权利，他们与封建主之间的矛盾十分尖锐。当忍无可忍时，农民就会发动起义。虽然很多起义都失败了，但也对封建统治者造成了沉重的打击，唤醒了广大农民对封建主进行反剥削斗争的社会觉悟。

时间	事件	地区	主线
公元1260年	塞加雷利创立了使徒兄弟派	欧洲意大利	多里奇诺起义的经过
公元1303年	多里奇诺领导皮埃蒙特地区的农民起义		

意大利多里奇诺起义（公元1303年）

中世纪的意大利，长期处于四分五裂的状态，各地的经济发展极不平衡。那些处在地中海沿岸的国家，公元14世纪已经开始了资本主义的萌芽，但是北部的萨伏依、皮埃蒙特等地还是腐朽的农奴制。北部的意大利农民，依然遭受着残酷的农奴制的剥削，受到以教皇为首的罗马天主教会的压榨。

公元1260年，农民出身的塞加雷利创立了使徒兄弟派，反对教会的压迫，主张解放农奴、财产公有、废除教皇统治，以及教士可以婚娶、同派信徒之间以兄弟姊妹相称，过清贫的生活等，其影响逐渐扩大。公元1300年，塞加雷利带领农民武力反抗封建主，不过很快被镇压下去，塞加雷利也被烧死。

虽然塞加雷利不在了，但他的思想被门徒多里奇诺继承。多里奇诺提出理想王国的设想，他说一切罪恶的根源就是因为有私有财产的存在，他还预言一个没有私有财产的"千年王国"即将到来。他说想要"千年王国"到来，被压迫者只有武力反抗教会和富人才能实现，很多农民都赞同他的观点。

公元1303年，意大利北部的皮埃蒙特地区的农民揭竿而起，在多里奇诺的领导下，组成大约6000人的起义队伍。当起义者占领阿尔卑斯山后，附近的农民纷纷来投奔，于是起义军决定在这里建立自由的农民公社。他们捣毁了附近的教堂，破坏了庄园，多次击退封建主军队的进攻。

主线	地区	事件	时间
多里奇诺起义的经过	欧洲意大利	多里奇诺领导皮埃蒙特地区的农民起义	公元1303年

皮埃蒙特

公元1305年，教皇克雷芒五世调十字军前来镇压，面对装备精良，数量众多的正规军，起义者只得撤回阿尔卑斯山区，一边修建防御工事，一边继续顽强地抵抗。后来，十字军将这一地区包围起来，并赶走了支持起义者的农民，想要用饥饿来逼迫起义者投降，但英勇的起义者宁可战死、饿死也绝不屈服。

公元1307年3月，十字军攻破了起义者的防线，多里奇诺率领起义者与十字军决一死战。决战中，千余名起义者英勇战死，多里奇诺及他的妻子玛格丽特也被俘。4月2日，他们二人在残酷的刑讯之后被烧死，起义最后以失败告终。

多里奇诺起义虽被镇压，但起义者顽强的斗争精神和宁死不屈的英雄气概，激励无数后来者。这次起义是西欧各国大规模农民起义的先声。

时间	事件	地区	主线
公元1336年	帖睦尔出生	中亚河中	帖睦尔的成就
公元1362年	帖睦尔起义		
公元1369年	帖睦尔建立帝国		

跛子帖睦尔（公元1336年—公元1405年）

埃米尔·帖睦尔，公元1336年生于撒马尔罕以南的渴石（今沙赫里萨布兹）。他是名门之后，其祖先做过察合台汗国的大臣，其父是蒙古的一个首领。帖睦尔家族为巴鲁剌思部，属于尼伦蒙古部族。虽然帖睦尔是突厥化的蒙古人，但是由于渴石一直保留着波斯文化，所以帖睦尔在文化意识上倾向于波斯文化。

公元1362年，面对贵族的欺压，帖睦尔带领家乡的人民起来反抗察合台蒙古贵族的统治。一次与蒙古人作战时，他被打成了跛子，因此敌人称之为"跛子帖睦尔"。后来，帖睦尔为了巩固自己的政权，与西察合台汗国联姻，娶了西察合台汗国可汗的公主为妻，成了西察合台汗国的驸马，所以又称为"驸马帖睦尔"。

公元1364年，驸马帖睦尔投靠了西察合台汗国王族忽辛，并帮助王族忽辛成为大汗。5年后，公元1369年，帖睦尔杀死了情同手足的忽辛大汗，灭了西察合台汗国，以驸马爷的身份宣称自己的合法继承地位，建立帖睦尔帝国。

建立帖睦尔帝国后，帖睦尔首先恢复了西察合台汗国的秩序与疆土（也就是征服中亚河中地区），并通过7次征伐东察合台汗国，将其纳入疆土，然后进一步向周边地区扩张。骁勇善战的帖睦尔，随后征服东伊朗、花剌子模，公元1393年征服西波斯，而后北上进攻金帐汗国。公元1398年又

时间	事件	地区	主线
公元1405年	帖睦尔病逝	中亚河中	帖睦尔的成就
公元1344年	加法城爆发黑死病	欧洲	黑死病肆虐

野心极大的帖睦尔还想攻打中国，一次他在各国使者面前，指着被扣押的明朝使节大喊道："你们的猪可汗叛父害侄，简直是一个大浑蛋！我要去讨伐他！"公元1404年11月，帖睦尔率领20万大军一路向东，准备攻打大明。只是让人意外的是，公元1405年2月，帖睦尔在东征的路上，在讹答剌病死了，一场两大世界强国之间的巅峰对决就此戛然而止。

帖睦尔一生征战40余年，从没败过，堪称打遍天下无敌手，甚至在600年后的今天，也没有人敢对他不敬。在帖睦尔坟墓的大门上刻着"吾复生之时，世界将胆战心惊"的话，在其棺材盖上还刻着另外一句话："扰我安息，必遇厄运。"

欧洲黑死病的阴霾（公元1348年）

公元1338年左右，在中亚草原地区发生了一场大旱灾，旱灾之后又发生了其他灾难，最终，该地区爆发了瘟疫。这场瘟疫随着人流向外四处传播，最后在一个非常不起眼的小城市——加法爆发。

公元1344年，蒙古人建立的金帐汗国决定从热那亚人手里夺回克里米亚半岛的港口城市——加法。公元1345年，蒙古军队将一群意大利商人和东罗马帝国的守军围困在加法城内，不过由于加法城墙的坚固和守军的顽强抵抗，蒙古大军击败了发展势头正旺的奥斯曼土耳其，侵略的脚步直达爱琴海。公元1399年西征小亚细亚，公元1402年攻破奥斯曼帝国，最终建立了一个疆土仅次于蒙古帝国的强大帝国。

帖睦尔雕像

帖睦尔帝国领土广阔，是继成吉思汗之后，重新建立的一个以首都萨马尔罕为中心的帝国，从中亚向四面八方辐射出去，领土远达波斯、北印度及俄罗斯，通往首都萨马尔罕的路，被誉为一条"黄金之路"。

帖睦尔时期器物

主线	地区	事件	时间
帖睦尔的成就	中亚河中	帖睦尔建立帝国	公元1369年

一时难以攻克，围困整整持续了一年。

这时蒙古军中瘟疫开始蔓延，造成了大批士兵死亡。为了打破这一僵局，蒙古人决定采用他们的新"武器"，把那些因感染瘟疫身亡的蒙古士兵的尸体用投石车发射到加法城中。很快，加法城内到处堆满了死尸。面对这些正在腐烂的尸体，意大利人不知道该怎么处理。几天以后，加法城里爆发了恐怖的瘟疫。

很多患者开始时出现寒战、头痛等症状，然后开始发热、昏迷，接着皮肤大面积出血，身长恶疮，最后呼吸衰竭；这些患者大多两三天，或者四五天，就纷纷死亡。死后尸体的皮肤常呈黑紫色，于是人们将这种可怕的瘟疫称为"黑死病"。

不到几天时间，加法城里的人便纷纷丧命，街道两边堆满身上长满恶疮、黑斑的尸体。一座繁华的城市，转眼间便成了人间地狱，侥幸活下来的少数人一个个蒙着黑纱向城外逃去，这时城外的蒙古大军已经悄悄退走。

这些尚没有染病的加法人赶紧登上几艘帆船，踏上了返回祖国——意大利的路程。没人知道，传播瘟疫的罪魁祸首——老鼠和跳蚤，早已爬上帆船的缆绳，藏进货舱，跟随这些逃生者一起向欧洲大陆漂泊。

此时欧洲大陆已经得知加法城被黑死病笼罩的消息，各国都人心惶惶。当这支船队回到欧洲时，没有一个国家敢接收他们，所有的港口都拒绝他们登陆。当船队孤零零地漂泊在地中海上时，又有一些水手陆续死去。

主线	地区	事件	时间
黑死病肆虐	欧洲	加法城爆发黑死病	公元1344年

时间	事件	地区	主线
公元1347年	黑死病横扫欧洲大陆	欧洲	黑死病肆虐

公元1347年，只剩一艘船幸存于世，当这艘船航行到意大利西西里岛的墨西拿港时，船上的人用大量的珠宝买通了当地的总督，并声明他们并没有感染，才被允许登岸。虽然当地人对船只采取了隔离措施，但是老鼠和跳蚤已经顺着缆绳爬上了岸，潘多拉的盒子已经打开。

不到一个星期，黑死病便在西西里岛传播开来，然后开始横扫整个意大利。面对突然降临的瘟疫，人们无法解释，更无法治疗。人们开始用祷告来祈求上天的保佑，只是上帝好像没有听到他们的声音，人反而越死越多，没人能逃过此劫。人们开始怀疑，这场瘟疫是上帝的惩罚，人类是无法抗争的。

人们发现，一旦染上这个病，几乎没有康复的可能，并且病的传播速度非常快，感觉一个病人就足以传染全世界。害怕之下，人们甚至把仍然活着的染病者房间的门和窗全部用木板钉起来，不惜让他们饿死在里面。

即使这样，黑死病也没有放过欧洲的任何一个角落。瘟疫所到之处，不分阶层、无论贵贱，没有人能逃脱死亡的威胁，它甚至开始向欧洲的近邻——中东和北非蔓延。经过一系列瘟疫的打击，欧洲的人口锐减。具体死亡的数字没有准确的统计，后世一般估计为2500万，约占当时欧洲人口的三分之一。

法国扎克雷农民起义（公元1358年）

公元1358年5月21日，原本应当在田间劳作的法国农民突然群情激愤，在一位名叫吉约姆·卡尔的青年带领下，打出"消灭一切贵族，一个不留"的口号，围攻巴黎。就这样，法国历史上规模最大的农民起义——扎克雷起义爆发，轰动整个欧洲。扎克雷源自"呆扎克"，意为"乡下佬"，是当时贵族对农民的蔑称。

公元14世纪初，法国社会曾无比繁盛，然而随着英法百年战争爆发，法国北部地区遭到沉重打击，经济水平迅速下降，同时流行欧洲的黑死病也乘虚而入，导致全国近三分之一的人不幸去世。更要命的是，由于战争失利导致消费激增，封建贵族们的财政状况迅速恶化。为继续维持自己的奢靡生活，贵族们丝毫不顾劳动力缺失、货币贬值

英法百年战争

主线	地区	事件	时间
黑死病肆虐	欧洲	黑死病横扫欧洲大陆	公元1347年
法国爆发扎克雷起义	欧洲法国	爆发扎克雷起义	公元1358年

时间	事件	地区	主线
公元1358年	爆发扎克雷起义	欧洲法国	法国爆发扎克雷起义

等种种不利因素，无节制地提高地租，并额外增加大量赋税，令底层农民的生活越发艰辛，这为日后爆发的起义埋下祸端。为摆脱农奴制和劳役制的剥削，法国农民开始以实际行动谋求人身解放。

公元1356年，因黑死病休战10年的英法两国再起冲突。同年9月，两军会战于普瓦捷，法兰西国王约翰二世被俘，王储查理遂上台接管国政。为筹集军费和巨额赎金，查理王储下令增加税收，引起了巴黎市民的强烈不满，暴怒之下，成群结队的市民将其赶出巴黎。为镇压巴黎市民的暴动，查理征召农民参与镇压行动，并设法筹集军饷，不料这一命令又得罪了广大农民群体。

在吉约姆·卡尔的鼓动下，农民们联合起来，攻打贵族领主的宅邸领地、烧毁账簿田契。毫无纲领计划的起义军越战越勇，队伍迅速壮大起来，并将大批城市贫民吸收入伍。与此同时，巴黎市内的商人领袖艾顿·马塞也领导着各阶层市民进行起义。随着起义声势日益浩大，就连贫苦教士和底层骑士都参加了这场席卷巴黎、毕伽第和香槟等地的大起义。

在这场起义过程中，属博韦地区的起义规模最大、最正规。该地区的领导者是军事经验丰富的吉约姆·卡尔，他手下有近6000名士兵。他将每10个人编为一个小队，10个小队再合编为一个中队，各中队长直接由吉约姆·卡尔指挥。有作战经验的吉约姆·卡尔不仅清楚农民在起义过程中的重要性，还深知市民阶层对起义活动的作用巨大。为此，他想方设法同巴黎市的起义领袖艾顿·马塞取得联系。

然而无论是在巴黎还是桑利斯,富裕的市民都没有接纳农民代表团。虽然许多掌握城市管理权的市民对王储的命令置之不理,有意纵容着农民起义,但这并不代表他们能接受农民的合作请求,其行为不过是为了向王储施压,以减少自身应缴纳的税收。市民阶层害怕自己的地位和财产蒙受损失,因此在纵容农民起义的同时也阻碍着起义势力的发展。

法国桑利斯

当统治阶级释放善意后,中上阶层的市民们迅速退出起义队伍,只有贫苦市民还在坚持,他们对农民伸出援手,在博韦和其他小城市以实际行动支持起义者。但是贫苦市民自己在城市中就没什么地位,还得依靠别人,又有什么能力决定城市的政策?所以对起义军的帮助也甚微。

除了面临统治者和市民阶级的双重绞杀,起义军还遭

主线	地区	事件	时间
法国爆发扎克雷起义	欧洲法国	爆发扎克雷起义	公元1358年

时间	事件	地区	主线
公元1358年	爆发扎克雷起义	欧洲法国	法国爆发扎克雷起义

受着外国势力的联合打击。战争初期,贵族们被气势汹汹的起义军吓得不知所措,这让吉约姆·卡尔等人获得了巨大成功。然而,反应过来的贵族们迅速行动起来,并利用姻亲关系等从其他国家搬来援兵。例如曾想利用法兰西国王被俘之机谋取王位的纳瓦拉国王"恶人"查理,以及还在英法战争中与法国军队打得不可开交的英国封建主,都派兵来帮法国统治阶级镇压这场起义。

扎克雷起义

就这样,扎克雷起义最终失败了。究其原因,主要有三个方面:第一,起义军缺乏强有力的领导组织和明确的战斗纲领,因而丧失了独自作战和长期坚持的可能性。虽然起义军的高昂斗志和强大阵容,一度令反动势力不敢轻举妄动,然而却因轻信统治者的谎言,起义领袖中计被"恶人"查理扣押。农民起义军突然间群龙无首,被贵族们逐个击破。第二,起义军缺乏可靠的政治盟友。由于巴黎市民起义的领导者艾顿·马塞采取了与城市富裕市民阶层相同的立场，全然不顾起义军的请求，将前期用以支援起义军的部队调回，使起义军彻底暴露在装备精良的敌人面前。第三，跨国贵族的联合作战和阴谋诡计，令淳朴老实的农民起义军遭受沉重打击。6月8日至24日，统治阶级对各地农民进行血腥镇压，先后屠戮2万余人，最后唯恐没人替他们收割庄稼才勉强停手，而起义领袖吉约姆·卡尔也被统治阶级绑了起来，在众目睽睽之下用酷刑处死。

虽然扎克雷起义最终失败了，却给法国封建统治者以沉重的打击。该起义唤醒了广大农民反抗剥削的意识，让他们认识到摆脱人身依附的重要性，所以在历史上留下了光辉的印记。同时，该起义也丰富了法国人民进行武装斗争的经验。事实上，这些经验也为欧洲其他反封建运动所吸取——例如后来在英国爆发的罗伯特·凯特起义。

英国农民起义

主线	地区	事件	时间
法国爆发扎克雷起义	欧洲法国	爆发扎克雷起义	公元1358年

时间	事件	地区	主线
公元13世纪	英国货币地租流行	欧洲英国	泰勒起义的社会原因

英国瓦特·泰勒农民起义（公元1381年）

公元11世纪，英国确定封建制度以后，社会资源分配得极不公平，国王和大小封建领主掌握着全部土地和资源。他们不仅控制着国家的经济命脉还控制着政治资源。这一时期，占英国人口总数绝大部分的农民生活在水深火热之中，处境十分悲惨。

公元13世纪以后，英国的手工业和商业逐渐发展起来，一些封建贵族为了购买手工业品和奢侈品，为了便于进行贸易，迫切地需要货币，于是开始流行货币地租。封建贵族为了获得更多货币，不断加重剥削，使得农民的负担越来越重。公元14世纪，很多农民不仅要负担沉重的地租，还要受到商人和高利贷者的剥削。货币地租的流行，将农民推向了更加贫困的深渊。

从公元1348年开始，黑死病又在全英国蔓延，英国死于这场瘟疫的人数约占总人口的三分之一（又有说二分之一）。这让英国人口锐减，农村劳动力匮乏，社会经济濒临破产，物价飞涨。于是城中的帮工、学徒及农村的雇工要求增加工资，以维持最低生活水平。

英国政府却在公元1349年颁发敕令，规定凡是60岁以下没有土地或其他生活资料来源的成年男女，必须受雇于需要其做工的人，并且工资一般不得超过瘟疫流行前的标准，支付高额工资的雇主和接受高额工资的工人都要受罚。

公元1351年又颁布了一项"劳工法案",规定破坏雇佣法的工人要戴枷坐牢,雇主则处以罚金。公元1361年再次颁布新法令,规定擅自离开雇主的工人不但要坐牢,而且要用烙铁在身上烙下烙印。

英国黑死病暴发时情景

广大农民深受劳工法案之苦,反抗的怒火一触即发。同时,因长期对法战争而征收的人头税,也让农民苦不堪言。公元1377年,新法令又规定凡是14岁以上的男女每人都必须缴纳4便士的人头税。公元1379年继续征收,到了公元1380年税额涨了3倍,这样沉重的负担简直让农民无法再活下去。

沉重的税赋压得农民喘不过气来,公元1381年5月,英国南部的埃塞克斯郡和肯特郡的农民奋起反抗。起义的农民杀死了几个民愤很大的税吏,释放出那些触犯劳工法或者没交人头税的无辜人民。在瓦特·泰勒的领导下,武装斗争拉开了序幕。瓦特·泰勒出生于埃塞克斯郡(一说肯特郡),他聪敏并且有组织能力,参加过英法战争,通晓军事,骁勇善战。

主线	地区	事件	时间
泰勒起义的社会原因	欧洲英国	英国政府颁布"劳工法案"	公元1351年
		泰勒率领农民起义	公元1381年

时间	事件	地区	主线
公元1381年	泰勒率领农民起义	欧洲英国	泰勒起义的社会原因

起义很快遍布全英格兰,以埃塞克斯和肯特两郡的农民为主,全国有25个郡的农民都拿起武器参加了战斗,他们喊着口号向伦敦进军。公元1381年6月,瓦特·泰勒率领10万起义大军进攻伦敦。6月13日,在伦敦市民的帮助下,起义军进入了伦敦城,国王查理二世和其他封建领主纷纷逃到了伦敦塔中,起义大军控制了伦敦城。

6月14日,起义农民跟国王谈判,他们要求国王取消农奴制,赦免起义人员,同时要开通国内贸易,规定每亩土地只收4便士的税,以防封建领主再无限制地剥削农民。为了摆脱眼前的困境,狡猾的国王假装同意了农民的要求,于是一部分起义者就此散去。但是来自肯特的贫苦农民并不满足,他们提出了更多的要求,谈判陷入僵局。这时,伦敦市长沃尔沃思突然带领国王的随从对起义军发起了猛烈攻击,杀死了瓦特·泰勒。

瓦特·泰勒死后,起义群众没有领袖的领导,很快陷入了混乱,起义形势急转直下。趁此机会,封建反动势力开始疯狂反扑,起义的农民都倒在了血泊中,瓦特·泰勒起义以失败告终。

农民争取权利

瓦特·泰勒农民起义虽然失败了，但在英国历史上留下了不可磨灭的功绩。这次农民起义，震撼了英国大地，重创了封建农奴制。大量农奴通过长期的英勇斗争，最终挣脱封建贵族的束缚，成为自耕农民，罪恶的农奴制度逐渐解体，使得英国社会经济的发展进入了一个新的历史阶段，并孕育出资本主义的萌芽。

圣女贞德（公元1412年—公元1431年）

英法百年战争让法国人民遭受了很多苦难，到了公元1429年，几乎整个法国的北部，以及西南方的一部分地区，都在外国的控制下。此时，一个有望拯救法国的英雄出现了，她就是被法国人民世代传颂的奥尔良姑娘——圣女贞德。

公元1412年，贞德出生于法国香槟-阿登大区和洛林大区边界的一个叫栋雷米的村庄，她家拥有大约50英亩土地，并经营一座农场，她的父亲还担任了村庄里一个不太重要的职务，负责收集税金并看守村庄。

小时候的贞德是个普通的女孩，她没上过学，也不识字，整天牧羊。

在贞德16岁时，她请求亲戚带她一起前往当地的驻防部队，希望那里的指挥官带她去找王储，但是当时的指挥官并没有同意。贞德没有放弃，第二年又来找当地的指挥官，她

主线	地区	事件	时间
泰勒起义的社会原因	欧洲英国	泰勒率领农民起义	公元1381年
贞德的传奇故事	欧洲法国	贞德出生	公元1412年

时间	事件	地区	主线
公元1429年	贞德到达奥尔良战场	欧洲法国	贞德的传奇故事

说出了一些有关战情的预测,后来获得了前线的证实。于是指挥官同意护送她前往王储所在地——希农。

到达希农后,贞德受到了查理七世的接见。这时查理七世的岳母筹集到一笔资金,准备发动一起解救奥尔良的远征行动。贞德接受了其他人捐赠的盔甲、马匹、剑和旗帜,参加了这次远征。公元1429年4月29日,贞德的军队到达战场。

到达战场后,当时的指挥官在没有告知贞德的情况下,自行制订了作战计划,并展开作战。贞德知道后很生气,不同意指挥官的计划,她主张直接攻击英军。贞德投入了每一场战斗,她的武器只有一把剑和一面旗帜。在战斗中,她一手举着旗帜,一手举着剑,冲在队伍的最前面。她和她的旗帜出现在哪里,士兵就跟随到哪里。她常常在战场上作出最明智的决策,带领士兵取得了一次又一

圣女贞德雕像

次胜利。

奥尔良战役

经过多次拼杀，贞德和她的部队来到了奥尔良城下。守城的法军不相信这个女孩能带兵打败英军，不肯开城迎接，有的甚至说她是巫女。贞德也不申辩，她巡视一周后，发现城的另一边还有一座坚固的英军堡垒，于是便指挥法军去攻击那个敌堡。她跃过深壕，架起云梯，高举着她的旗帜爬上城堡。守城的法国官兵亲眼看到这一切后，非常感动，立即打开城门与他们一起出击，最终被英军围困长达209天的奥尔良解围了。捷报传开，整个法国一片欢呼。

奥尔良战役的胜利，彻底扭转了法国在整个战争中的危险处境，此后，战争开始朝着有利于法国的方向发展。接着，贞德又带领法军收复了许多北方领土，并参加了在兰斯大教堂举行的查理七世的加冕礼。当时查理七世要封她为贵

主线	地区	事件	时间
贞德的传奇故事	欧洲法国	贞德到达奥尔良战场	公元1429年

时间	事件	地区	主线
公元1430年	贞德被俘	欧洲法国	贞德的传奇故事
公元1431年	贞德被烧死		

族,但贞德拒绝了,她只请求免除她出生村子的赋税。

随着贞德影响力的增加,宫廷贵族和查理七世的将军们感到了害怕。公元1430年,在康边城附近的战斗中,贞德被封建主故意关在城外导致被俘,最后被以4万法郎卖给了英国人。公元1431年1月,在卢昂展开了由英格兰主导的对贞德的审判,贞德宁死不屈,她说:"为了法兰西,我视死如归!"

公元1431年5月30日,贞德遭受酷刑之后被活活烧死,骨灰也被扔进塞纳河中。贞德大无畏的精神激起了法国人民的爱国热情。公元1436年法军攻取巴黎,公元1441年收复香槟,公元1450年夺回曼恩和诺曼底,公元1453年又收复基恩。公元1453年10月19日,英军在波尔多投降,战争至此结束。

圣女贞德之死

从拿破仑开始,圣女贞德时常被认为是法国民族主义的象征,后来法国规定每年5月的第二个星期日作为纪念贞德的全国假期。拿破仑认为贞德是法国的圣女,她体现了人类的善良和勇敢,还有那不可征服的勇气。

君士坦丁堡的陷落（公元1453年）

君士坦丁堡是座已有千年历史的老城，自建城以来就以易守难攻著称。它三面环海的有利地形，让数代希腊罗马君主们花费了很大力气营建防御设施。

君士坦丁堡的城墙，高12米，厚度5米，设有双侧结构，也就是在内墙之外的15—20米，还有矮一截的外墙防御，并且还配备着96座对应的高18—20米的防御塔楼。这些六角形或八角形的防御塔楼，彼此间隔55米，恰好是古代大部分弓弩的有效射程。这样，攻占其中任何一座的敌人，都可能面临至少两座邻近塔楼的密集火力压制。

在攻城火炮成熟之前，君士坦丁堡的防御几乎是无懈可击的。

公元15世纪初，拜占庭帝国开始衰落，最后只剩下首都君士坦丁堡及其附近的若干城市。

公元1453年，奥斯曼帝国苏丹率领步兵7万多、骑兵2万多、战舰320艘，从海陆两面攻打君士坦丁堡，他想一举拿下君士坦丁堡，彻底灭亡拜占庭帝国。为此，奥斯曼人特意雇用了一位会制造大炮的工程师，制造出一种巨型大炮。这种大炮长约8米，直径约75厘米，可发射544公斤的炮弹到1英里远的地方。当时君士坦丁堡内的驻军仅9000人左右，海上也仅有一支20多艘大帆船组成的舰队，他们也有大炮，但是比奥斯曼的小，并且开炮时产生的后坐力会

主线	地区	事件	时间
君士坦丁堡战争的经过	欧洲土耳其	奥斯曼帝国开始攻打君士坦丁堡	公元1453年

时间	事件	地区	主线
公元1453年	奥斯曼帝国开始攻打君士坦丁堡	欧洲土耳其	君士坦丁堡战争的经过

君士坦丁堡

损坏自己的城墙。

4月,土耳其军队开始从西面发动强攻。他们用火炮、攻城槌和投石器凶猛地攻击城墙,填平壕沟,架设云梯,还在城墙下挖掘坑道。但是在皇帝君士坦丁十一世帕莱奥洛古斯的带领下,君士坦丁堡的军民一次次打败了敌人疯狂的进攻,拜占庭帝国的海上援军也冲破了土耳其军在海峡上的封锁。

面对攻城的失败,奥斯曼帝国及时改变了攻城的策略,他们买通热那亚商人,准备从他们那里借道,通过加拉太地区潜入金角湾内,采取水陆夹击的方式。为了快速潜入,他们还在博斯普鲁斯海峡和金角湾之间铺设出一条长约1.5公里的圆木滑行道。依靠这个滑行道,一夜之间便将80艘轻便帆船拖到海峡岸边,然后用人、畜和滑车拉过山头,再从斜坡上滑进金角湾。他们还在金角湾最窄的地方架起浮桥，在桥上配置了火炮。

一切准备就绪后，5月29日，奥斯曼帝国开始从海、陆两面对君士坦丁堡发动总攻。在金角湾那边，他们用火炮破坏君士坦丁堡的防御工事并对防守的船只进行打击；在西边，数万士兵从多处攻入城堡。虽然君士坦丁堡的士兵都浴血奋战，誓死保卫城堡，但是因为人数相差得太过悬殊，最终弹尽粮绝，君士坦丁堡被攻陷，拜占庭帝国灭亡。此后，君士坦丁堡成为奥斯曼帝国的新首都。

君士坦丁堡争夺战

君士坦丁堡的陷落，让许多希腊人逃到西欧，从而把希腊—罗马传统的文化带到西欧，推动了文艺复兴运动。

后世学者认为，君士坦丁堡的陷落，代表了欧洲旧有宗教秩序的结束，大炮和火药的广泛使用，标志着中世纪时代的结束和文艺复兴时代的开始。

主线	地区	事件	时间
君士坦丁堡战争的经过	欧洲土耳其	奥斯曼帝国开始攻打君士坦丁堡	公元1453年

时间	事件	地区	主线
公元7世纪—公元16世纪	《一千零一夜》形成	亚洲	《一千零一夜》的传说

阿拉伯人的民间故事：《一千零一夜》（公元7世纪—公元16世纪）

相传古时候，在古印度和中国之间的海岛上，有一个叫萨桑的王国，国王叫山努亚。一天，山努亚和他的弟弟在紧邻大海的树下休息，海中突然出现一股黑色的水柱，水柱变成了一位妙龄女郎，女郎走到他们身边，告诉他们天下所有的女人都是不可信任的。

山努亚和他的弟弟回国后，就发现王后行为不端，于是杀了王后。从此，国王山努亚开始深深地厌恶女人。他想报复那些可恶的女子，于是便每天娶一个女子做新娘，第二天杀掉，然后再娶，再杀，他完全变成了一个暴君。三年过去了，他已经杀掉了一千多个女子。

这天，宰相的大女儿山鲁佐德，对自己的父亲说她要嫁给国王，去拯救其他无辜的女子。山鲁佐德被送进宫后，每天晚上都给国王讲一个故事，但她坚持每晚只讲故事的开头和中间部分，不讲结尾。国王为了听故事的结尾，就不能杀死山鲁佐德。就这样，山鲁佐德每天讲一个故事，越讲越精彩，一直讲到第一千零一夜，终于感动了国王。国王说："我以安拉的名义起誓，不再杀你，你的故事让我很感动，我要把它们记录下来。"于是，便有了《一千零一夜》这本书。

这只是一个关于《一千零一夜》的传说，真正的《一千零一夜》里面的故事主要有三个来源：一是波斯故事集《赫左儿·艾夫萨乃》；二是伊拉克在以巴格达为中心的阿巴斯王朝（公元750年—公元1258年）时期流行的故事；三是埃及麦马立克王朝（公元1250年—公元1517年）时期流行的故事。它并不是由哪位具体作家创作出来的，而是由中近东地区的广大市井艺人和文人学士在几百年的时间里收集、提炼和加工而成的，是广大阿拉伯人民、波斯人民智慧的结晶。

其实《一千零一夜》里面的故事，很早就在阿拉伯民间流传了，不过只是到八九世纪才出现手抄本。最先使用了《一千零一夜》这一书名的是埃及人，不过那时书里的故事还不完整，直到公元15世纪末16世纪初才基本定型。

该书的主题就是"劝君施仁"，通过一个个精彩的故事，表达了广大人民群众对封建统治阶层的诉求，希望那些统治者能合理使用他们的权力，给大家一个"公平""平等"的社会。

《一千零一夜》这部文学名著，会集了古代近东、小亚细亚和其他地区民族的神话传说、寓言故事，情节诡谲怪异、变幻莫测、优美动人，以其独特的魅力吸引着读者的目光。它用朴素的现实描绘和浪漫的幻想互相交织的表现手法，反映了广大人民群众对美好生活的憧憬，表达了他们的爱憎之情和淳朴善良的品质。

《一千零一夜》对后世文学也产生了深远的影响。法国人加朗在18世纪初第一次把它译成法文发表之后，就在

主线	地区	事件	时间
《一千零一夜》的传说	亚洲	《一千零一夜》形成	公元7世纪—公元16世纪

时间	事件	地区	主线
公元7世纪—公元16世纪	《一千零一夜》形成	亚洲	《一千零一夜》的传说
公元1265年	但丁出生	欧洲意大利	但丁的成长过程

欧洲掀起了一股"东方热"。

《一千零一夜》还促进了欧洲的文艺复兴和近代自然科学的建立,对世界文化的发展起到了推动作用。

中世纪最后一位诗人但丁(公元1265年—公元1321年)

现代意大利语的奠基者、欧洲文艺复兴的开拓者但丁(公元1265年—公元1321年),是一位伟大的诗人。恩格斯这样评价:"他是中世纪的最后一位诗人,同时又是新时代的最初一位诗人。"

公元1265年5月,但丁出生于佛罗伦萨一个没落贵族的家庭。他从小就好学深思,喜欢读诗,曾经跟随著名学者布鲁内托·拉蒂尼学习修辞学,还学过拉丁文和古代文学。他特别崇拜古罗马的著名诗人维吉尔,曾经把维吉尔当作自己的精神导师。维吉尔写的关于罗马祖先建国创业的史诗《埃涅阿斯纪》,被认为是文人创作的史诗中最好的作品。但丁涉猎广泛,他不但接触到拉丁诗人的作品,还看法国骑士的传奇以及普罗旺斯的抒情诗。

18岁时,但丁就学会了作诗,并与当时佛罗伦萨"温柔新体"诗派的一些诗人互相赠答,与诗派的领袖圭多·卡瓦尔坎蒂结成深厚友谊。

少年时期的但丁,在一次宴会上见到容貌清秀、美丽动人的贝雅特里齐。只一眼但丁就喜欢上了她,以后经常找机会去看望她。但是,但丁只把贝雅特里齐当作自己精神上爱慕的对象。这种爱情给但丁带来了神奇的力量,他为她写下了一系列的抒情诗篇。后来,贝雅特里齐与别人结婚了,不久便逝世了。但丁听说后悲痛万分,这种悲痛化成了悼念的诗。后来,但丁把为贝雅特里齐所写的诗收集在一起,用散文串联起来,取名《新生》,这是但丁的第一部文学作品。

主线	地区	事件	时间
但丁的成长过程	欧洲意大利	但丁出生	公元1265年

但丁的叹息桥

诗中,但丁把贝雅特里齐看作是上帝派来拯救他灵魂的天使而将她神化。从此之后,贝雅特里齐成了但丁作品中一个象征性的理想人物。她死后,但丁为了重新寻求精

时间	事件	地区	主线
公元1265年	但丁出生	欧洲意大利	但丁的成长过程
公元1285年	但丁积极参加城邦的政治活动		

神上的寄托,开始醉心于哲学。他阅读了大量的中古文化领域里的经典著作,为日后的创作打下了坚实的基础。

但丁年轻的时候,还积极参加城邦的政治活动。他曾经是人民首领特别会议的成员;他参加过坎帕尔迪诺之战,还参加了佛罗伦萨攻占比萨的卡普罗纳城堡的战斗,为家乡佛罗伦萨奉献自己的力量。

当时的意大利正处于四分五裂的状态,佛罗伦萨是斗争最激烈的地方。公元1302年,但丁因莫须有的罪名,被赶出故乡,开始了近20年的流放生活。

在长期流放期间,但丁几乎乞讨着走遍了所有说意大利语的地方,看遍了祖国壮丽的河山,接触了社会上的各个阶层,丰富了生活经验。这次的流放扩大了诗人的视野,让他意识到自己肩负着揭露现实、唤醒人心,给意大利指出政治上和道德上复兴历史方向的使命。于是从公元1307年起,他开始创作《神曲》。

但丁说他写《神曲》的目的是"要使生活在这一世界的人们摆脱悲惨的

但丁雕像

遭遇，把他们引到幸福的境地"。我们可以从但丁的作品中看出，他想寻找意大利民族的出路，渴求祖国和平统一、人民安居乐业。

公元1315年，佛罗伦萨政府宣称只要但丁能公开认罪，并缴纳罚金就能返回故乡，可是但丁拒绝了。后来，但丁接受圭多·诺韦洛·达·波伦塔的邀请，定居于拉韦纳。在维罗纳和拉韦纳期间，他完成了《神曲》的写作，于公元1321年9月病逝。

《神曲》是一部长篇史诗，分为《地狱》《炼狱》（又译《净界》）《天堂》三个部分。全书加上序曲共计100

但丁作品《神曲》中的插图

主线	地区	事件	时间
但丁的成长过程	欧洲意大利	但丁积极参加城邦的政治活动	公元1285年
		但丁病逝	公元1321年

时间	事件	地区	主线
公元1321年	但丁病逝	欧洲意大利	但丁的成长过程

章，长达14233行。长诗中游历三界的见闻，很多都是意大利现实生活的写照，里面反映了复杂的党派斗争，抨击了教皇和僧侣们的罪恶，也揭露了贪官污吏及新兴资产阶级对人民的剥削压迫等。

《神曲》表达了诗人对人类智慧和理想的追求。《神曲》中的地狱是现实世界中的真实反映，天堂是人类的理想和希望，炼狱则是人类将理想变成现实必须经过的苦难历程。但丁希望人们认识罪恶、悔过自新，去认识最高真理，达到最理想的境界。这在当时是非常难得的思想，显示了新的文化思潮的萌芽。

附录：第八章参考文献

[1]斯塔夫里阿诺斯.全球通史[M]. 北京：北京大学出版社，2006.

[2]斯蒂文·朗西曼.1453君士坦丁堡的陷落[M]. 北京：北京时代华文书局，2014.

[3]詹姆斯·布赖斯.神圣罗马帝国[M]. 北京：商务印书馆，2016.

[4]罗伯特·福西耶. 剑桥插图中世纪史[M]. 济南：山东画报出版社，2018.

世界近代史

（公元1640年—公元1917年）

第九章

探索与发现

- 文艺复兴
- 大航海时代
- 瓜分新世界的协议：《托尔德西里亚斯条约》
- 莫尔与《乌托邦》
- 马丁·路德的宗教改革
- 麦哲伦的1082天环球航行
- 马基雅弗利与《君主论》
- 哥白尼的《天体运行论》
- 尼德兰革命
- 中国17世纪的工艺百科全书：《天工开物》

公元14世纪到公元16世纪初，一些城市出现了资本主义的萌芽，欧洲开始从封建社会迈向近代社会。资本主义的萌芽首先出现在意大利，随着航海技术的发展、新航路的开辟、殖民的掠夺和扩张，资本主义的原始积累完成了，世界开始成为一个整体。文艺复兴和宗教改革，为资本主义的发展解除了精神枷锁。资本主义进入工场手工业时期，人类也由农业时期迈向工业时期。

时间	事件	地区	主线
公元14世纪	意大利从共和制走向独裁	欧洲	文艺复兴的介绍

文艺复兴（公元 14 世纪中叶—公元 17 世纪初）

"文艺复兴"一词来源于意大利语Rinascimento，意思为"再生"或"复兴"。当时的人们认为，文艺曾经在古希腊、古罗马时期是繁荣的，经过中世纪的"黑暗时代"却衰落下去，直到14世纪后才获得"复兴"，所以称为"文艺复兴"。公元1550年，瓦萨里在他的著作《艺苑名人传》中，正式将它作为新文化的名称，不过已经变成Renaissance了，17世纪后开始在欧洲各国流行起来。

文艺复兴是指14世纪至17世纪，发生在欧洲的一场反映新兴资产阶级要求的思想文化运动。这场运动首先在公元14世纪的意大利各城市兴起，后来扩展到西欧各国，到了公元16世纪时达到鼎盛。它带来了一场科学与艺术的革命，拉开了近代欧洲历史的序幕。

意大利文艺复兴

公元11世纪后，随着经济的逐渐复苏，人们的生活水平有了很大的提高，于是人们改变了以往对现实生活的悲观态度，开始追求世俗人生的乐趣，这与天主教的主张相违背。公元14世纪的意大利，各城市开始从共和制变成独裁制。那些独裁者渴望从宗教的禁欲主义中解放出来，能够享受人生，于是大力保护艺术家对世俗生活的描绘。与此同时，一些宗教激进主义也在歌颂自然的美和人的精神价值。罗马教廷开始走向腐败，教皇的享受程度比国王都厉害，他们允许艺术偏离正统的宗教教条。在这样宽松的气氛中，哲学、科学逐渐发展起来，宗教也在酝酿着改革。

随着工场手工业和商品经济的发展，到了公元14世纪，资本主义生产关系已经在欧洲封建制度内部逐渐形成。在政治上，人们越来越不满意封建割据制度，欧洲各国人民都有民族统一的强烈愿望。于是在文化上，开始出现了反映新兴资本主义利益和要求的作品。

文艺复兴运动起源于意大利的佛罗伦萨，绝大部分历史学家认为第一个代表人物是但丁，但丁用意大利方言，而不是中世纪欧洲的正式语言创作了《神曲》。在《神曲》中，他用巧妙的手法对中世纪宗教的腐朽和愚昧进行了深刻地揭露。

还有一个代表人物是彼特拉克。他认为古希腊、古罗马时代是人性最完善的时代，但黑暗的中世纪将人性压制得违背了自然。他也用意大利方言写了大量以十四行诗为表现形式的抒情诗歌，这些诗歌非常受各个国家城市统治者的欢迎。

文艺复兴时期的建筑特点

主线	地区	事件	时间
文艺复兴的介绍	欧洲	资本主义形成	公元14世纪

时间	事件	地区	主线
公元14世纪	资本主义形成	欧洲	文艺复兴的介绍

公元1453年，君士坦丁堡被攻陷时，大批受到东方文化影响，还保留古罗马帝国精神的人才纷纷逃往意大利。他们给意大利带回来了许多新的思想和艺术，他们还在罗马开办教授希腊语的学校，这促使了文艺复兴运动的形成。

达·芬奇的《最后的晚餐》

文艺复兴时期的作品，主要体现了人文主义思想：主张解放人的个性，反对中世纪的禁欲主义和宗教观；倡导科学文化，反对蒙昧主义，从思想上摆脱了教会的束缚；肯定人权，反对神权，抛弃了以神学和经院哲学为基础的一切权威和传统教条；拥护中央集权，反对封建割据，这是人文主义的主要思想。其代表性作品有但丁的《神曲》、薄伽丘的《十日谈》、马基雅弗利的《君主论》、拉伯雷的《巨人传》等。

文艺复兴时期的艺术，大力讴歌人体的美，主张把人体比例作为世界上最和谐的比例，并把它应用到建筑上，将神从天上拉到了地上。此时，一些人文主义者开始将《圣经》翻译成本民族的语言，导致了宗教改革运动的兴起。

人文主义歌颂世俗中的美好，蔑视天堂，他们用理性取代了神启，肯定"人"是现世生活的创造者和享受者。人文主义强调文学艺术是用来表现人的思想感情，让人的思想感情和智慧从神学的束缚中解放出来。

拉斐尔·桑西的《雅典学院》

随着文艺复兴的传播,科学技术得以提高,还有地理知识的进步,开启了大航海时代。文艺复兴还产生了像达·芬奇、拉斐尔·桑西、米开朗琪罗·博那罗蒂这样杰出的艺术家。还有哲学家伊拉斯谟、马基雅弗利,音乐家帕莱斯特里那、拉索,作家塞万提斯,戏剧家洛卜·德·维加等。

文艺复兴恢复了人们对知识的兴趣,推动了世界文化的发展;文艺复兴使技术得到进一步发展,公元1500年时,欧洲国家的很多重要科技领先世界;文艺复兴促进了人民的觉醒,这从思想上为资本主义的发展做好了准备。

不过因为文艺复兴运动在传播的过程中过分强调人的价值,所以在后期造成了个人私欲的膨胀,产生了一些负面的影响。

主线	地区	事件	时间
文艺复兴的由来	欧洲	资本主义形成	公元14世纪

时间	事件	地区	主线
公元1275年	马可·波罗随父亲抵达中国	欧洲	大航海时代产生的原因

大航海时代（公元15世纪—公元18世纪）

　　大航海时代也被称为地理大发现，是指公元15世纪末到公元18世纪，由欧洲人发起的广泛跨洋活动与地理学上的重大突破。那时欧洲的船队航行在世界各地的海洋上，寻找新的贸易路线和贸易伙伴，以发展欧洲的资本主义。

　　中古的西欧开始实行的是银本位，到了公元15世纪以后，慢慢过渡到金本位。货币不再只是商品交换的媒介，也是财富和权力的象征。公元14世纪—公元15世纪，随着西欧经济的发展和农奴制度的瓦解，商品流通量不断地增加，货币的需求量也大大增加。此外，封建贵族为了支付巨额的战争费用，还有为了满足自己奢靡的生活，也需要更多的金钱。

　　哥伦布曾说过："黄金是一个好东西，谁有了它，就可以拥有一切。有了黄金，甚至可以让灵魂住进天堂。"但是，欧洲产金量不大，银主要产于德国。虽然从公元15世纪后半期开始，德国产银量逐年增加，但依然无法满足人们的需要。并且，西欧商人在同东方进行丝绸和香料的贸易时，又让贵金属大量外流。虽然一些国家为缓解贵金属短缺，下令禁止金银出口，但还是不能解决问题。于是西欧的国王、贵族和商人开始疯狂地寻找金银。

　　公元1275年，威尼斯人马可·波罗（公元1254年—公元1324年）随父亲来到中国，居住了17年后回国。回国后发表《马可·波罗行纪》（亦作《马可·波罗游记》）。书中写到北京的宫墙、房壁和天花板都涂满了金银。这本书在欧洲开始广泛流传，激起了欧洲人对东方文明和财富的贪欲，于是有人决心远渡重洋，找到那个神秘的东方世界。

当时的天文学和航海技术也有了较大的发展，公元13世纪—公元14世纪发展的"地圆学说"为探寻新航线奠定了理论基础。公元14世纪—公元15世纪，又有了罗盘、航海地图。

在公元15世纪末以前，通往东方的商路主要有三条：一条是陆路，也就是"丝绸之路"；另外两条都是海路。这几条商路经过意大利、阿拉伯、拜占庭和波斯等

哥伦布发现新大陆

地，几经辗转才能把货物运往西欧。后来奥斯曼土耳其帝国兴起，控制了传统商路，对过往船只征收很重的税赋，使得运到西欧的货物数量减少，价格增加很多。于是，西欧的商人、贵族都迫切希望重新找到一条能绕过地中海东岸直达中国和印度的新航线。

公元15世纪末，西班牙和葡萄牙实现了统一和中央集权。两国君主和贵族、商人，为了掠夺黄金、白银，不断扩张势力，积极支持航海事业，他们成为探寻新航路的先锋。亨利王子是大航海时代早期的标志性人物，他领导葡萄牙在海外探险45年（公元1415年—公元1460年），建立起世界一

主线	地区	事件	时间
大航海时代产生的原因	欧洲	马可·波罗随父亲抵达中国	公元1275年
		葡萄牙建立世界一流船队	公元15世纪

时间	事件	地区	主线
公元15世纪	葡萄牙建立世界一流船队	欧洲	大航海时代产生的原因
公元1492年	哥伦布带船队向西航行		
公元1519年	麦哲伦环球航行启航		

流船队,先后发现了马德拉岛、桑托斯港岛、亚速尔群岛各岛屿、几内亚、塞内加尔、佛得角和塞拉利昂等。

西欧商人清点钱币

开始亨利王子还命令他的船长要与当地人和睦相处,主张和平殖民。但是后来,因为黄金和贩卖黑奴等获得的暴利,促使航海大发现变成了武力征服和掠夺,变成了残酷的殖民统治和压迫。

葡萄牙航海的巨大发现和成就震惊了欧洲,看到葡萄牙人在非洲西海岸的航行和扩张,西班牙人坐不住了,他们也开始积极寻找另一条通往东方的新航路,于是西班牙国王资助哥伦布一行从欧洲向西航行。公元1492年,哥伦布带领87名水手,分乘三艘船只,从巴罗斯港出发,进入茫茫的大西洋。后来到了美洲,开辟了通往美洲的新航路。

虽然哥伦布开辟了通往美洲的新航线,却没有到达富裕的地方,所以没能给西班牙政府立即带来财富,西班牙困境依然存在。为了找到一条直通东方的新航线,西班牙政府继续支持远洋探险。公元1519年9月,麦哲伦从塞维利亚的外港圣卢卡启航,开始远航,找到了沟通大西洋和"大南海"的通道,并把"大南海"改为"太平洋"。麦哲伦的船队整整花了3年的时间,第一次完成了环球航行,证明地圆学说的正确性，为人们地理知识领域的扩大和科学的发展作出了巨大贡献。

在西班牙、葡萄牙进行海外探险并取得重要成就的同时，西欧其他一些国家也积极开展探险活动。从公元16世纪到公元18世纪，欧洲国家又陆续开辟了多条新航道。在世界各地发现了大量以前不知道的地方，扩大了世界贸易，为人类的经济活动提供了更加广阔的舞台。

地理大发现对欧洲产生了巨大的影响，它让地中海沿岸的经济活跃了起来。新航路的开辟，促进了资本的原始积累，加强了各大陆之间的联系。不过，殖民国家在亚非拉地区的暴行，也造成了如今亚非拉地区总体落后的局面。

大航海时代

随着新航线的开辟，跨洋的商业活动变得越来越频繁，海外贸易带来的巨额财富激发了欧洲人在美洲和亚洲的殖民行动的热情，促进了资本主义与工业革命的发展，最终直接或间接地引发了帝国主义的产生。

主线	地区	事件	时间
大航海时代产生的原因	欧洲	麦哲伦环球航行启航	公元1519年

时间	事件	地区	主线
公元1454年	教皇尼古拉五世颁布敕书	欧洲	签订《托尔德西里亚斯条约》的原因
公元1494年	西葡签订《托尔德西里亚斯条约》		

瓜分新世界的协议:《托尔德西里亚斯条约》(公元1494年)

罗马教皇曾经批准由葡萄牙掌握保哈多尔角以东一切土地,但是哥伦布的发现却破坏了这个条例,于是葡萄牙准备动用武力来夺取哥伦布发现的土地。

不过这个计划被西班牙驻葡萄牙的大使获知。大使在哥伦布即将到达巴塞罗那时,偷偷告诉了西班牙的国王和王后。经过一番考虑,西班牙国王和王后认为只有采取外交措施才能独占新大陆。

于是西班牙请求教皇来做裁判。新任的罗马教皇亚历山大六世为了扩大教会的影响,准许西班牙占领哥伦布发现的全部土地,规定西班牙有权掌握佛得角群岛以西100里格沿大西洋之线往西的全部土地。

为了调解西班牙和葡萄牙的纠纷,教皇进行了仲裁。西班牙和葡萄牙两国于公元1494年6月,在西班牙卡斯蒂利亚的托尔德西里亚斯签订了一份旨在瓜分新世界的协议——《托尔德西里亚斯条约》。

该协议规定欧洲以外的地方将由西班牙和葡萄牙共同掌管,并特别将位于佛得角群岛以西370里格,西经46°37'的南北经线,定为两国势力的分界线:分界线以西归西班牙所有,以东归葡萄牙所有。这条分割线,也被称为教皇子午线。

西班牙国王和王后对这份条约很满意，因为这份条约明确保护了哥伦布发现的新领土，从而避免了与葡萄牙发生战争。而葡萄牙国王也很高兴，觉得这条约保证了葡萄牙向南非南部海洋探索的利益，这是他一生中最大的胜利。后来的事实证明，这个条约对双方真的很有利，在西班牙拥有北美后，葡萄牙也拥有了美洲南部的巴西。

这个条约让西班牙和葡萄牙都获得了利益，从此两国在以后的100年时间里都遵守这个条约。

罗马教皇亚历山大六世

莫尔与《乌托邦》（公元1516年）

自古以来，无论东方还是西方，人们都一直追求一种理想社会，那里人人平等，没有贵贱之分，财产共有。东方是"天下大同"的构想，西方是"理想国"的设计。到了近代，又出

主线	地区	事件	时间
签订《托尔德西里亚斯条约》的原因	欧洲	西葡签订《托尔德西里亚斯条约》	公元1494年
莫尔的成长历程	欧洲英国	莫尔出生	公元1478年

时间	事件	地区	主线
公元1478年	莫尔出生	欧洲英国	莫尔的成长历程
公元1517年	莫尔担任国王的律师		

现了"乌托邦"这个理想社会的代名词。英国著名的思想家托马斯·莫尔,为人们详细描述出了这一理想的社会。

公元1478年2月,莫尔生于伦敦一个法官的家庭,小的时候母亲就去世了,是父亲将其抚养长大。他父亲曾经担任皇家高等法院的法官,对莫尔要求很严格。

为了培养莫尔,13岁时,父亲就让莫尔在坎特伯雷大主教、红衣大主教莫顿的家中做少年侍卫。莫顿是当时有名的政治家,他渊博的学识、优雅的谈吐对莫尔产生了很大的影响。

牛津大学

后来莫尔在牛津大学和林肯法学院深造,担任了律师、国会议员、外交官、副财政大臣、下议院议长、大法官等职务。在牛津大学里,莫尔阅读了柏拉图、伊壁鸠鲁、亚里士多德等人的作品,尤其是柏拉图的思想对莫尔产生了巨大的影响。在法学院的学习,丰富了莫尔的知识,培养了他现实主义的态度。

公元1517年,莫尔以律师的身份进入皇宫,做了国王"私人的仆人"。在担任律师期间,他接触了很多关于下层社会的案件,见到了底层人民所遭受的种种苦难。他用自己的能力秉公执法，为那些受屈的底层人民撑腰，在伦敦赢得了名望。他反对宗教改革，这与亨利八世早期的观点不谋而合，所以深受亨利八世宠信。公元1529年，莫尔成为英国的大法官，是仅次于英王的第一号要人。

不过后来亨利八世在宗教问题上突然改变了自己的态度，而莫尔不愿抛弃自己的信仰去换取亨利的恩宠，这让莫尔与国王的矛盾日益加深。于是，莫尔在公元1532年毅然辞去了大法官一职，这惹恼了亨利。

公元1533年，亨利与凯瑟琳离婚，与安妮·博林结婚。莫尔拒绝参加安妮的加冕礼，也拒绝宣誓承认亨利成为英国教会的最高首领，因此莫尔被关进了伦敦塔。在狱中，他坚持写作，并三次拒绝宣誓。后来，莫尔被亨利八世的检察官做假证诬告，被判处死刑。公元1535年7月，莫尔被送上断头台，一代伟大的空想社会主义者与世长辞。

《乌托邦》这部不朽的著作，是莫尔从公元1513年开始创作的，书的全名原为《关于最完美的国家制度和乌托邦新岛的既有益又有趣的金书》。

亨利八世

全书共分两卷，第一卷主要讲述了一个虚构的航海家周游列国的见闻，由此导入对英国社会当时情况的观察与批判。第二卷是讲那个航海家

主线	地区	事件	时间
莫尔的成长历程	欧洲英国	莫尔辞官	公元1532年
		莫尔开始创作《乌托邦》	公元1513年

时间	事件	地区	主线
公元1513年	莫尔开始创作《乌托邦》	欧洲英国	莫尔的成长历程

航行到一个奇乡异国乌托邦后的见闻。在那里，财产是公有的，人民是平等的；大家穿着统一的工作服，在公共的餐厅就餐，用按需分配的原则进行分配；那里的官吏选拔，采取的是秘密投票的方式。

莫尔在《乌托邦》这本书中认为，私有制是万恶之源，必须消灭它，莫尔第一次向人们提出公有制的问题。莫尔采用游记对话的文学体裁，提出了自己的政治主张，阐述了自己的社会观点和改造社会的设想。

莫尔在《乌托邦》一书中所设计的"公有"社会模式，超越了人文主义思潮的界限，在他的书中没有任何剥削，体现了他对广大下层人民的人本情怀。虽然当时的生产力水平不高，剩余产品也不多，真的要实现按需分配十分困难，但莫尔还是大胆地提出了这一分配原则。

莫尔

马丁·路德的宗教改革（公元1517年开始）

马丁·路德

公元1483年11月，在神圣罗马帝国（今德国）的艾斯莱本降生了一个男孩，在他受洗礼时，以当日的圣人圣玛定（马丁）命名。他从小就被送到大城市学习，之后还进了一所有名的大学读法律。

公元1505年，在一次回家的路上，他突然遇到狂风暴雨，在恐惧绝望时，他大声呼喊："圣安娜，求求你不要让我死，如果你能让我活下去，我愿意成为一个僧侣。"喊完后，风雨骤停。于是他不顾父亲的反对，毅然放弃了法律学习，到修道院中当了一名修士。

在修道院中，他严格遵守修会的教规，在公元1507年成为神父。虽然他每天都做忏悔，但还是无法获得心灵的安慰，他的忏悔神父建议他去学神学。公元1508年，路德被送往维滕堡。他在那里结识了强调神的自由性和人的自主性的施道比茨。

当时的西欧还是封建制度，社会危机和教会危机激化，教廷和神圣罗马帝国的威信明显下降，教会内部的改革派已

主线	地区	事件	时间
马丁·路德的生平	欧洲德国	路德出生	公元1483年
		路德被送往维滕堡	公元1508年

时间	事件	地区	主线
公元1508年	路德被送往维滕堡	欧洲德国	马丁·路德的生平
公元1517年	路德写就《九十五条论纲》		

经多次发难。教皇利奥十世以修缮罗马圣彼得大教堂为名，派教廷大员到德意志各地兜售赎罪券以此来敛财。为了让更多的人购买赎罪券，教皇哄骗信徒说不管你犯多大的罪，只要购买了赎罪券，都能得到上帝的宽恕。

这样的言论引起了不少诸侯和市民阶层的不满。一向赞助路德的萨克森选侯弗里德里希就不允许在自己的选侯区兜售赎罪券，不过当时萨克森公国并没有禁止教会的这个行为。为了阻止教会的兜售，路德于公元1517年10月，以学术争论的方式，在维滕堡城堡大教堂门上张贴出了一篇"欢迎辩论"的《九十五条论纲》。

贴在维滕堡城堡的《九十五条论纲》

公元1518年路德写了一篇《解答》为自己的主张辩解，

却引起了争端。公元1519年，在与亲罗马的神学家约翰·艾克的辩论中，由于路德的论据只有一些唯名论的东西，而被艾克问得无言以对，最后路德被艾克宣布是异端。

德国宗教改革

公元1520年，教皇签署了《斥马丁·路德谕》，里面列举了路德41条"严重错谬"，限路德在60天内放弃自己的观点，否则就要受到惩罚。路德连续发表了《关于教会特权制的改革致德意志基督教贵族公开信》《论教会的巴比伦之囚》和《论基督徒的自由》等文章，公开提出教皇无权干预世俗政权。路德认为教皇不是《圣经》最后的解释人，信徒可直接与上帝相通，无须神父作中介。

由于路德坚持自己的观点，最后教皇开除了他的教

主线	地区	事件	时间
马丁·路德的生平	欧洲德国	路德写就《九十五条论纲》	公元1517年

时间	事件	地区	主线
公元1520年	教皇签署了《斥马丁·路德谕》	欧洲德国	马丁·路德的生平

籍，路德在诸侯和市民的支持下开始了公开对抗，并写下了战斗檄文《反对敌基督者的通谕》。神圣罗马帝国的皇帝为了得到教皇的支持，也反对路德的改革，并在公元1521年的帝国会议上，给路德定罪。路德的拥护者将路德送到瓦特堡保护起来，并且那些拥护者开始行动，让宗教改革迅猛发展起来。

不过后来随着改革运动的深入，路德开始害怕起来，他多次宣称"反对以暴力来改革教会"。公元1529年的马尔堡会谈中，路德同瑞士宗教改革派分裂。

马尔堡

马丁·路德的宗教改革，激发了广大民众反封建的斗志，给天主教和封建势力以沉重的打击，从客观上结束了罗马教廷至高无上的统治，解放了人民的思想，使得人文主义得到进一步发展。

麦哲伦的1082天环球航行（公元1519年—公元1522年）

公元1480年，在葡萄牙一个没落的骑士家庭，麦哲伦诞生了。他在8岁时作为侍童被送进王宫接受教育。18岁时进入航海事务厅工作，他在那里听说了哥伦布和达·迦马的伟大航行，开始研究当时最为先进的地理学说和航海技术。后来麦哲伦参加了葡萄牙对东印度和马六甲的军事行动，几年的海战使得麦哲伦获得了大量宝贵的知识和经验，为日后伟大的环球航行打下了坚实的基础。

麦哲伦深信，从葡萄牙出发，向西航行，一定可以到达摩鹿加群岛。他查阅了很多资料，参考了许多其他航海家的经历，做出了一份完整的计划献给葡萄牙国王。国王没有细看就认为他这是毫无根据的幻想，并扔掉了他的计划。麦哲伦觉得自己受到了羞辱，头也不回地离开了葡萄牙，前往西班牙寻找支持自己的人。

到达西班牙后，麦哲伦遇到了与自己志向相同的天文学家路易·法莱鲁（他找到了准确测定经度的方法）。此时西班牙国王查理一世为了获得更多的财富，正想向海外发展，他支持麦哲伦的环球航海计划，跟麦哲伦签订了远洋探险协定。协定内容是麦哲伦是新发现地的总督和钦差大臣，并能

主线	地区	事件	时间
麦哲伦航行的意义	欧洲葡萄牙	麦哲伦诞生	公元1480年

时间	事件	地区	主线
公元1519年	麦哲伦开始环球航行	欧洲西班牙	麦哲伦航行的意义
公元1520年	麦哲伦到达太平洋		

获得新发现地全部收入（扣除开支后）的二十分之一和新发现6个岛屿中的2个，剩下的归西班牙国王所有，同时西班牙国王必须为探险队装备5艘船（130吨的和90吨的各2艘、60吨的1艘），提供必需的物资、武器和保障供应人员。

公元1519年9月20日，麦哲伦带领两百多人、5艘远洋海船，从塞维利亚的外港圣卢卡启航，开始了环球航行。11月19日，在东北季风和赤道海流的帮助下，麦哲伦船队沿非洲西海岸南下，到达佛得角群岛时转向西行，然后横渡大西洋，到达南美洲巴西海岸。

随着冬季的来临，航行变得极其艰难。公元1520年3月31日，麦哲伦船队到达一个平静的港湾，他把那里命名为"圣胡利安港"，并在那里度过了一个冬天。5月中旬，为了找到通往太平洋的航线，麦哲伦派出一艘远洋帆船向南探索航线，只是该帆船不幸触礁受损。

8月，麦哲伦船队继续南航。10月21日，探险船队沿着南美洲海岸向南航行时，终于发现了一条通往太平洋的海峡。

麦哲伦

这个海峡很长，两岸峭壁林立、忽宽忽窄、弯弯曲曲、潮汐汹涌、凶险万分。有一条船吓得掉头逃回了西班牙，麦哲伦却带领剩下的3艘船冲入海峡之中。

经过38天的艰苦航行，船队终于在11月28日驶出了海峡，进入浩瀚无边的"大南海"。在"大南海"里航行3个多月，居然没有遇到一次暴风雨，麦哲伦便称它为"太平洋"。

公元1521年，麦哲伦船队横渡了太平洋，3月初抵达菲律宾群岛中的胡穆奴岛，后又到达了宿务岛。麦哲伦带领船员，用

麦哲伦白帆船

火枪、利剑的血腥手段征服这里，想把岛上小王国变成西班牙的殖民地。当地土著人激烈反抗，他们用毒箭、标枪对付入侵者。麦哲伦被毒箭射中，客死他乡，后来这个岛屿被西班牙国王命名为菲律宾。

麦哲伦死后，他的手下继续他未完成的航程。船队于公元1521年11月初进入马鲁古群岛，与当地人交换货物后，满载香料离开了，但是"特里尼达"号却因为船体漏水无法继续航行。

主线	地区	事件	时间
麦哲伦航行的意义	欧洲西班牙	麦哲伦到达太平洋	公元1520年
		麦哲伦被杀	公元1521年
		麦哲伦船队回到出发点	公元1522年

时间	事件	地区	主线
公元1522年	麦哲伦船队回到出发点	欧洲西班牙	麦哲伦航行的意义
公元1469年	马基雅弗利出生	欧洲意大利	马基雅弗利的经历

"维多利亚"号渡过印度洋，绕过好望角，越过佛得角群岛，历时1082天，共计航行60440公里，最终于公元1522年9月6日又回到了出发地圣卢卡港，完成了人类首次环球航行。出发时的两百多人只剩下18人，5艘远洋海船也只剩下"维多利亚"一艘。

麦哲伦船队环球航行的成功，证明了地球是圆的，世界各地的海洋是连成一体的。从此地圆学说广泛流传起来，为人们地理知识领域的扩大

太平洋

和科学的发展作出了巨大贡献，人们也因此称麦哲伦是第一个拥抱地球的人。

马基雅弗利与《君主论》（公元1513年）

公元1469年，马基雅弗利出生于佛罗伦萨一个没落贵族家庭。家中除了堆积如山的图书几乎一无所有，马基雅弗利从小没有多少受教育的机会，他的知识主要靠自学。

公元1494年，佛罗伦萨成立了共和国。公元1498年，年轻的马基雅弗利就任佛罗伦萨共和国第二国务厅的长官，同时还兼任共和国执政委员会秘书，负责外交和国

防。他经常出使各国,会见各国政要,成为佛罗伦萨首席执政官的心腹。

公元1505年,佛罗伦萨成立国民军九人指挥委员会,马基雅弗利担任委员会秘书。在征服比萨的战争中,他亲自领军作战,获得了胜利。他试图化解神圣罗马帝国皇帝和教皇的矛盾,以避免将佛罗伦萨拖入战争,但没有成功。公元1511年,教皇的军队攻陷了佛罗伦萨,罢黜了执政官,马基雅弗利也被革除了一切职务。

公元1513年,马基雅弗利被捕入狱,受到严刑拷打,不过最终被释放。失去一切的马基雅弗利,隐居乡间开始写作,在此期间完成了名著《君主论》。《君主论》全书共计26章,主要讨论了"君主国是什么?它有多少种类?怎样获得?怎样维持?以及为什么会丧失?"的问题。

马基雅弗利抛弃以往宗教常用的推理方法,以"人性本恶"为前提,结合以往的历史经验,得出国家的产生源于人

主线	地区	事件	时间
马基雅弗利的经历	欧洲意大利	马基雅弗利担任委员会秘书	公元1505年
		马基雅弗利写《君主论》	公元1513年

佛罗伦萨

时间	事件	地区	主线
公元1513年	马基雅弗利写《君主论》	欧洲意大利	马基雅弗利的经历

性自身的需要，根本不是上帝的意志。这一结论从根本上否认了"君权神授"的观点。他还将政治与伦理道德分开，他认为政治的基础根本不是伦理道德，而是权力。

马基雅弗利在《君主论》中将君主国进行了详细的分类：世袭君主国、混合君主国、依靠自己武力和能力获得的新君主国、依靠他人的武力或者运气而获得的新君主国、市民君主国和宗教君主国等。每个君主在刚开始建国的时候就要根据本国的实际情况，因地制宜地建立适合自己的君主政体，还要学会政治统治的方法。

《君主论》中，他将君王的政治行为和伦理行为截然分开，并将世俗公认的一些道德规范统统丢弃。书中宣称世界上有两种斗争方法，一种是运用法律，一种是运用武力。前者是理性行为，而后者是兽性行为，但是在现实面前，前者的效果往往并不理想，所以君主必须懂得用武力进行斗争。书中还说，如果君主一直善良，最后就会被消灭，所以君主必须狡猾如狐狸、凶猛如狮子。

马基雅弗利

《君主论》主张君主为了稳固自己的统治，在非常时期应该大刀阔斧地使用暴力手段去解决那些用法律手段解决不了的事情。君主不要惧怕留下恶名，不必遵守信义，可以置伦理道德于不顾。书中还告诫君主，要掩饰好自己的背信弃义，要习惯做个口是心非的伪君子。

《君主论》中提倡君主应该尊重宗教，让宗教在国家中占据显要地位，这当然不是因为宗教是真实的，而是因为宗教是联系社会各阶层的纽带。《君主论》中还强调了建立自己军队的必要性，描述了君主在军事方面的责任，指出了雇佣军、援军和混合军对君主的危害。

哥白尼的《天体运行论》（公元1543年）

在公元15世纪末，欧洲的很多国家开始出现中央集权的君主政体，因为欧洲实行"政教合一"，所以罗马教廷控制了许多欧洲国家。当时《圣经》是至高无上的存在，凡是违背《圣经》的学说，都是"异端学说"；凡是反对神权统治的人，都要被大火烧死。

面对如此黑暗的统治，新兴的资产阶级为了维护自己的权益，掀起了一场反对封建制度和教会迷信思想的斗争，出现了震撼欧洲的文艺复兴运动。与此同时，商业的活跃也促进了对外贸易的发展，许多欧洲的冒险家开始远航非洲、印度和远东地区。麦哲伦的环球旅行，证明了地球是圆的，这

主线	地区	事件	时间
马基雅弗利的经历	欧洲意大利	马基雅弗利写《君主论》	公元1513年
哥白尼的经历	欧洲波兰	哥白尼出生	公元1473年

时间	事件	地区	主线
公元1473年	哥白尼出生	欧洲波兰	哥白尼的经历

使人们开始真正认识地球。一场宗教革命，在欧洲轰轰烈烈地兴起。

在这个动荡不安的大变革时代，尼古拉·哥白尼出生了。10岁时，哥白尼的父亲去世，他被送到担任大主教的舅舅务卡施家抚养。务卡施是个人文主义者，与意大利的革命家、人文主义者菲利普·布奥纳克西是好友，哥白尼小时候经常被务卡施带着参加人文主义者的聚会，所以人文主义对他产生了很大的影响。

18岁时，哥白尼按照务卡施的安排，到克拉科夫大学学习天文和数学。当时波兰著名的天文学家马尔卿·克洛尔、沃伊切赫都在克拉科夫大学讲课，哥白尼的"太阳中心学说"在那时已经开始孕育了。

23岁时，哥白尼在文艺复兴的发源地意大利的博洛尼亚大学和帕多瓦大学攻读法律、医学和神学。在那里，哥白尼跟随天文学家德·诺瓦拉学习天文观测技术和希腊的天文学理论。

哥白尼

公元1503年，哥白尼在费拉拉大学获得宗教法博士学位后,来到弗伦堡工作。哥白尼以后的大部分时间,都是在费劳恩译格大教堂当一名教士。他在任职期间把城堡西北角的箭楼建成自己的一个小型天文台——后来被称为"哥白尼塔"。没有仪器他就自己制作,他用这些简陋的仪器进行天文观测、计算和研究。《天体运行论》所引用的27个观测数据,大部分都是在这里记录的。哥白尼不是一位职业天文学家,他的成名著作也是在业余时间完成的。

在那个"科学成了神学的婢女"的时代,许多学说都被歪曲和"阉割",最后沦为封建统治者的工具。当时,被普遍接受的天文体系是托勒密体系。托勒密认为,地球是静止的,是宇宙的中心。所有天体,包括太阳,都围绕地球运转,但是人们发现,天体的运行有时会忽前忽后、忽快忽慢。虽然托勒密解释得很精妙,但是他的"本轮"理论不足以解释天体的运行。

哥白尼发现,托勒密错误的根源主要是为了保持结论的正确,不断进行"修补"。哥白尼认为天文学的发展道路不是继续"修补"托勒密的旧学说,而是要发

主线	地区	事件	时间
哥白尼的经历	欧洲	哥白尼建立小型天文台	公元1503年

克拉科夫大学

时间	事件	地区	主线
公元1503年	哥白尼建立小型天文台	欧洲	哥白尼的经历
公元1533年	哥白尼在罗马演讲		
公元1543年	《天体运行论》发表，哥白尼逝世		

表宇宙结构的新学说。哥白尼进行天文学观测的目的也跟过去的学者不同，过去的学者强迫宇宙现象服从"地球中心"学说，但他只想让宇宙现象来解答他的疑惑，经过不断地观测，他有了"太阳中心"学说的想法。

经过长年的观测和计算，哥白尼完成了他的伟大著作《天体运行论》。他在《天体运行论》中观测计算所得的数值精确度非常高，例如，他得到恒星年时间为365天6小时9分40秒，比现在的精确值约多30秒，误差只有百万分之一；他得到的月亮到地球的平均距离是地球半径的60.3倍，与现在的60.27倍相比，误差只有万分之五。

公元1533年，已经60岁的哥白尼在罗马做了一系列的讲演。演讲中试探着提出了自己的学说要点，虽然没有遭到教皇的反对，但限于当时的政治环境，他担心教会的反对，并没讲太多。即便书稿完成后，他也不敢发表，直到临近古稀才决定将它发表。

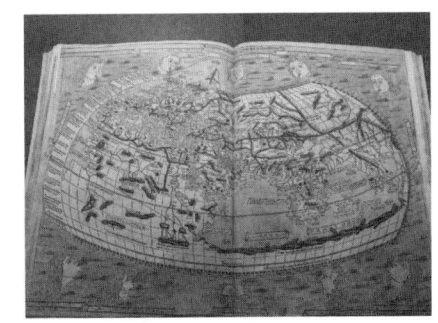

托勒密的世界地图

公元1543年5月，已经生命垂危的哥白尼，才收到《天体运行论》的样书，收到书后不久他便与世长辞了。

哥白尼的学说，让人类对宇宙的认识发生了根本性的变革，让人们的世界观发生了重大变化。哥白尼的书深深影响了伽利略和开普勒，他俩对牛顿产生了很大影响，而牛顿又确定了运动定律和万有引力定律。所以，从历史的角度来看，哥白尼的《天体运行论》是当代天文学的起点，也是现代科学的起点。

伽利略

主线	地区	事件	时间
哥白尼的经历	欧洲	《天体运行论》发表，哥白尼逝世	公元1543年
尼德兰爆发革命的原因	西欧荷兰	尼德兰发生贵族请愿	公元1566年

尼德兰革命（公元1566年—公元1609年）

尼德兰南部工商业发展得比较早，在公元14世纪时，尼德兰就出现了资本主义生产关系。公元15世纪到公元16世纪，制造呢绒、丝绸、亚麻布、棉布、地毯、肥皂、皮革和金属制品的手工业迅速发展。尼德兰的毛纺织工场主要依赖西班牙的羊毛，产品也销往西班牙属地。

公元16世纪时，尼德兰的经济已经很发达了。经济的发展，引起了阶级关系的变化，资本主义开始兴起。但那时尼德兰是西班牙的领地，而西班牙还是封建统治，这严重阻碍了尼德兰资本主义的发展，尼德兰的资产阶级想要推翻西班牙封建专制的统治。

查理一世时，西班牙国库的一半收入来自尼德兰，但

时间	事件	地区	主线
公元1566年	尼德兰发生贵族请愿	西欧荷兰	尼德兰爆发革命的原因

是宗教裁判所每年处死尼德兰的新教徒达5万人之多。腓力二世继位以后，更是变本加厉地迫害尼德兰人民。他不再偿还国债，使得尼德兰的银行家蒙受巨大的损失；他提高西班牙羊毛的价格，导致尼德兰许多手工工场倒闭，很多工人失业；他还禁止尼德兰商人直接同西班牙殖民地进行交易；同时他还加强了对尼德兰新教徒的迫害。他的暴行引起了尼德兰各个阶层的不满。

公元1566年4月，忍无可忍的尼德兰大贵族代表"贵族同盟"向西班牙驻尼德兰总督请愿，要求废除迫害新教徒的各条法令，召开三级会议，并撤走西班牙驻

尼德兰革命

军。但是总督玛格丽特不仅拒绝了贵族的请求，还将他们逐出总督府。

正当这些贵族商量新的对策时，人民群众已经开始行动了，他们冲进天主教堂和修道院，掀翻圣母像，捣毁教堂里的装饰物，尼德兰革命就此拉开序幕。迫于压力，玛格丽特宣布停止宗教裁判所的活动，赦免了贵族同盟的成员。腓力二世却偷偷派阿尔发公爵率领1.8万名士兵去尼德兰镇压革命。

阿尔发公爵到达尼德兰后，马上成立了"除暴委员

尼德兰资产阶级

会",处死了8000多名起义者,还处死了资产阶级首脑及一些大贵族,并且制定了更加苛刻的税制,规定一切动产和不动产都要交税,所有商品都要交纳交易税,他的原则是"宁留一个贫穷的尼德兰给上帝,也不留一个富裕的尼德兰给魔鬼"。

在一片腥风血雨中,尼德兰的有钱人纷纷逃往外国,广大的尼德兰人民却没有认命,他们积极开展各种游击战。在北方,渔民、水手和码头工人组成名为"海上乞丐"的游击队,他们依靠沿海的优势突袭西班牙的运输船只。在一次突袭中,攻占了西兰岛的布里尔,打败了阿尔发的军队,获得了尼德兰本土的第一个据点。

公元1573年,北方各省基本都从西班牙的统治中解放出来,纷纷宣布独立,北方各省事实上已经成为一个个独立的国家。

在南方,尼德兰人民在密林中组成"森林乞丐"游击

主线	地区	事件	时间
尼德兰爆发革命的原因	西欧荷兰	尼德兰发生贵族请愿	公元1566年
		尼德兰北部各省宣布独立	公元1573年

时间	事件	地区	主线
公元1573年	尼德兰北部各省宣布独立	西欧荷兰	尼德兰爆发革命的原因

尼德兰画派作品《农民婚礼》

队,不断袭击西班牙军队,让阿尔发防不胜防。因为战场上屡屡失败,腓力二世把阿尔发召回西班牙,改派一个新的总督过来。只是新的总督的日子也一样不好过。后来来登战役的胜利,不仅巩固了北方革命的胜利,也推动了南方各省的斗争。

公元1576年9月,布鲁塞尔爆发起义,起义者占领了总督府,推翻了西班牙在尼德兰的统治。从此,革命的中心开始向南方转移。10月,在根特城召开了尼德兰的三级会议,会议签订了《根特协定》,阿尔发颁布的一切法令都被废除,重申各城市原有的权利,南北开始联合抗击西班牙。

公元1579年,南方的封建贵族看到革命日益高涨,他们害怕了。他们组成了阿拉斯联盟,承认腓力二世的合法地位,并联合西班牙军队向北方进军。北方的起义

尼德兰南北分裂

者成立联省共和国,与南方势力相抗衡。从此尼德兰一分为二,北方是荷兰共和国,南方仍然在西班牙的统治下。

虽然腓力二世不能容忍荷兰共和国的存在,但是公元1588年,西班牙的无敌舰队已经被英军击溃,他已经没有力量对抗了。公元1609年,新继位的腓力三世与荷兰共和国签订了《十二年休战协定》,承认了共和国的独立,尼德兰革命在北方获得完胜。公元1648年,欧洲各国也正式承认荷兰。

尼德兰人民经过40年的艰苦斗争,终于战胜了实力强大的西班牙,并削弱了西班牙的经济和军事力量。在当时的欧洲,西班牙的衰落意味着欧洲封建反动势力的削弱,也意味着为各国资产阶级扫除了前进道路上的一个巨大的绊脚石。

中国17世纪的工艺百科全书:《天工开物》(公元1637年)

在《天工开物》之前,世界上还没有一部论述农业和手工业的综合性著作,《天工开物》被外国学者称为"中国17世纪的工艺百科全书",其作者是明代的科学家宋应星。

明代时,中国农业、手工业、商业都已经到了比较发达的阶段。并且耕地面积也扩大了,农作物品种也得到改良,所以单位面积产量和总产量都有了明显提高。一些地方的手

主线	地区	事件	时间
尼德兰爆发革命的原因	西欧荷兰	欧洲各国承认荷兰	公元1648年
《天工开物》的主要内容	亚洲中国	《天工开物》问世	公元1637年

时间	事件	地区	主线
公元1637年	《天工开物》问世	亚洲中国	《天工开物》的主要内容

工业还出现了专业化经营，形成了一定规模，尤其是冶金、陶瓷、纺织等行业最为发达。由于商品经济的发展，明代中期，一部分地区的行业中开始出现了资本主义萌芽。这是《天工开物》创作的时代背景。

《天工开物》

《天工开物》问世后引起了多方的注意。书中主要记载了明朝中叶以前中国古代的各项技术，全书共3卷18篇，并附有123幅插图，详细描绘了众多工具的名称、形状。里面还记录了机械、砖瓦、陶瓷、硫黄、烛、纸、兵器、火药、纺织、染色、制盐、采煤、榨油等农业、手工业生产技术。可以说将中国古代的各项技术总结得清清楚楚、明明白白。

《天工开物》还将一些生产经验总结记录下来。第一卷主要记载了谷物豆麻的栽培和加工方法，还有蚕丝棉苎的纺织和染色技术，以及制盐、制糖等工艺；第二卷主要记载了砖瓦、陶瓷的制作，车船的建造，金属的铸锻，煤炭、石灰、硫黄、白矾的开采和烧制，以及榨油、造纸的方法等；第三卷讲述了金属矿物的开采和冶炼，兵器的制造，颜料、酒曲的生产，以及珠玉的采集加工等。

《天工开物》不仅记录了培育水稻、大麦新品种的事例，还分析了土壤、气候、栽培方法对农作物品种变化的影响。此外还注意到不同品种蚕蛾杂交引起变异的情况，如将黄茧蚕同白茧蚕杂交，培育出褐茧蚕，将"早雄"和"晚雌"杂交，培育出"嘉种"，这比法国的同类记录早200多年。《天工开物》中说，可以通过人去改变动植物的品种特性，得出了"土脉历时代而异，种性随水土而分"的科学见解。

宋应星是世界上第一个科学地阐述锌和铜锌合金（黄铜）的科学家。他在《五金》篇中指出，锌是一种新金属，并且详细记载了锌的冶炼方法。这是中国古代金属冶炼史上的重要成就之一，中国在很长一段时间里是世界上唯一能大规模炼锌的国家。

主线	地区	事件	时间
《天工开物》的主要内容	亚洲中国	《天工开物》问世	公元1637年

明朝一景

时间	事件	地区	主线
公元1637年	《天工开物》问世	亚洲中国	《天工开物》的主要内容

宋应星在书中还强调了"人类要与自然和谐相处,人力要与自然力相配合"的观点。《天工开物》这一书名取自"天工人其代之"及"开物成务",体现了朴素的唯物主义自然观,反映着一种新的社会现象和时代取向。

《天工开物》是中国封建社会中最为灿烂的科学代表作之一。它既是对古代科学传统的有效继承,又与当时兴起的各种具有启蒙意义的反权威意识、实学意识和民生意识息息相关。

附录:第九章参考文献

[1]斯塔夫里阿诺斯. 全球通史[M]. 北京:北京大学出版社,2006.

[2]查尔斯·C.曼恩. 1493从哥伦布大航海到全球化时代[M]. 北京:新华出版社, 2016.

[3]罗伯特·斯旺森. 诺曼征服与英格兰文明的演进[N]. 中国社会科学报,2012-02-29.

[4]杜兰特.文艺复兴[M]. 北京:华夏出版社, 2010

[5]苏嘉. 宋应星和《天工开物》[J]. 出版史料,2010(3).

第十章 资本主义的发展

- 两个"日不落"帝国
- 永恒的莎士比亚
- 英国东印度公司
- 罗曼诺夫王朝
- 被送上断头台的国王：查理一世
- 近代物理学之父：艾萨克·牛顿
- 乾隆盛世

西欧列强的疯狂扩张，让资本主义世界市场得以拓展，世界各地开始了密切的联系。工场手工业的进一步发展，加速了原始资本的积累，促进了资本主义的发展。近代科学技术的不断突破，为工业革命提供了必要的条件。启蒙运动的传播，为欧洲资本主义革命提供了支持。一场变革正在酝酿。

时间	事件	地区	主线
公元16世纪	西班牙的扩张	欧洲	"日不落"帝国西班牙的介绍

两个"日不落"帝国（公元16世纪末—公元20世纪）

公元15世纪末，西班牙加快了向海外扩张的步伐。公元16世纪中期，西班牙和葡萄牙推动了地理大发现和殖民扩张。西班牙的征服者不仅毁灭了阿兹特克、印加和玛雅文明，还宣称南北美洲的大片土地也归自己所有。并且西班牙王室通过与欧洲各王室联姻，又获得大片土地。卡洛斯一世时，通过与神圣罗马帝国皇位结合，提高了其在欧洲的影响力。卡洛斯一世还打败了强大的法国和奥斯曼帝国，使得西班牙开始称霸欧洲。国王卡洛斯一世说："在我的领土上，太阳永不落下。"

公元16世纪中期，西班牙利用从美洲采矿获得的金银，来支付在欧洲和北非的长期战争。公元1580年，西班牙兼并了葡萄牙帝国，又获得了葡萄牙广阔的殖民地，把半个尼德兰、半个亚平宁半岛、整个伊比利亚半岛和几乎整个中、南美洲，以及亚洲的菲律宾群岛，甚至还一度将中国的台湾据为己有。自此，西班牙变成欧洲的超级霸主，缔造了"西班牙治下的和平时代"。公元1800年，西班牙帝国的面积达到1600万平方公里。

在地中海，西班牙与奥斯曼帝国频繁地战争；在欧洲大陆，法国开始强大起来；在海外，西班牙与葡萄牙、英格兰和荷兰竞争。由于西班牙在其领土动用军力过度频繁，政府越来越腐败，庞大的军费支出让经济停滞不前，其国力在公元17世纪中叶开始下滑。公元1713年的乌得勒支和约，结束了西班牙欧陆帝国的历史，"日不落"帝国也凋落了。

西班牙帝国衰落后，第二个"日不落"帝国——大英帝国开始出现。

在公元1618年—公元1648年的30年，欧洲大陆国家都在竭力争夺欧洲霸权时，英国却在忙于内部的争权夺利。光荣革命以后，一个全新的英国闪亮登场了，它连续两次遏制了欧洲头号强国法国的称霸。

在保证其欧洲大陆的格局后，英国又通过海外扩张壮大了自己的力量。英国通过七年战争（公元1756年—公元1763年）不仅稳定了欧洲大陆的局势，还摧毁了法国和西班牙的海上力量，进而夺取了法国在北美大陆和印度的绝大部分殖民地。

公元1763年，英国自豪地宣称自己是"日不落"帝国。公元1815年，英国在拿破仑战争中取得了巨大的胜利，进一步巩固了自己在国际上的地位。工业革命使得英国成为当时的经济强国，大英帝国步入全盛时期。

西班牙与奥斯曼帝国争霸

主线	地区	事件	时间
"日不落"帝国西班牙的介绍	欧洲	"日不落"帝国西班牙凋落	公元1713年
"日不落"帝国英国的介绍		英国发动七年战争	公元1756到公元1763年

时间	事件	地区	主线
公元1756到公元1763年	英国发动七年战争	欧洲	"日不落"帝国英国的介绍
公元20世纪中叶	英国开始衰退		
公元1564年	莎士比亚出生	欧洲英国	莎士比亚的成名经历

"日不落"帝国英国军队

公元1922年,英国的面积达到惊人的3367万平方公里,大约占了世界陆地面积的四分之一,从英伦三岛蔓延到中国香港、冈比亚、纽芬兰、加拿大、新西兰、澳大利亚、马来亚、缅甸、印度、乌干达、肯尼亚、南非、尼日利亚、马耳他、新加坡以及无数岛屿,地球上的24个时区都有大英帝国的领土。1938年,大英帝国的人口达到4.58亿,约占世界总人口的四分之一。英国霸权统治下的国际秩序被称为"不列颠治下的和平"。

从古到今,没有哪一个国家会成为真正的"日不落"国家。公元20世纪中叶,第二次世界大战结束后,英国的国力逐渐衰落,殖民地纷纷独立。同时,美国开始崛起,大英帝国逐渐瓦解。

永恒的莎士比亚(公元1564年—公元1616年)

公元1564年4月,在英国中部的斯特拉特福一个富裕家庭降生了一个男婴,他就是后来文坛的巨星——威廉·莎士比亚。经常有剧团来莎士比亚的家乡巡回演出,他对这些剧团非常好奇,那么小的舞台,通过几个人的表演,就能展现出丰富的故事,于是他深深地喜欢上了戏剧。

莎士比亚7岁时,在当地的一个文法学校读书。他在那里掌握了基本的写作技巧和丰富的知识,还学会了拉丁语和希腊语。但不幸的是,因为父亲经商失利,莎士比亚不得不离开学校,回家帮忙。为了生计,他当过肉店的学徒,也在乡村学校教过书,还做过一些其他的职业。这些经历丰富了莎士比亚的社会阅历,为日后的创作积累了素材。

18岁时,莎士比亚娶了比自己大8岁的妻子,21岁不到就已经是3个孩子的父亲。莎士比亚在作品中表达了对自己婚姻的遗憾:"女人应该与比自己大的男人结婚。"

莎士比亚

一直对戏剧念念不忘的莎士比亚,终于在公元1586年跟随一个剧团来到了伦敦。当时戏剧正在迅速流行,为了离戏剧更近一点,莎士比亚在一个剧院找到一份看马的差事。虽然这只是一份打杂的工作,但是莎士比亚却干得很用心。由于他的用心,骑马来的观众都愿意把马交给他,于是他就找

主线	地区	事件	时间
莎士比亚的成名经历	欧洲英国	莎士比亚出生	公元1564年
		莎士比亚在剧院当差	公元1586年

时间	事件	地区	主线
公元1586年	莎士比亚在剧院当差	欧洲英国	莎士比亚的成名经历
公元1590年	莎士比亚名振伦敦		

来一批少年帮忙。

伟大的人都是自律的，在工作之余，莎士比亚悄悄观看舞台演出，坚持自学文学、历史、哲学等课程，从来没有放弃对戏剧的追求。机会都是给那些有准备的人，在一次剧团需要临时演员时，莎士比亚脱颖而出。他出色的理解力和精湛的演技，使他在不久后就成为一名正式演员。

莎士比亚戏剧

成为正式演员后，莎士比亚又发现很多剧团都急缺优秀的剧本，于是他在苦练演技的同时，还大量阅读各种书籍，尝试写历史题材的剧本。公元1590年年底，莎士比亚已经成为伦敦顶级剧团的演员和剧作家。他写的历史剧《亨利六世》三部曲，一上映就获得了广大观众的喜爱，让他赢得了很高的声誉，他开始在伦敦戏剧界站稳脚跟。后来莎士比亚还成了剧团的股东。

从公元1594年起，莎士比亚的剧团不仅受到王公大臣的庇护，还得到詹姆斯一世的关爱。他的剧团除了经常巡回演出，还常常到宫廷中演出，这使莎士比亚创作的剧本蜚声社会各界。

公元1595年，莎士比亚写了闻名于世的悲剧《罗密欧与朱丽叶》。演出后，观众潮水般涌向剧场，感动得热泪盈眶。这部戏让莎士比亚名振伦敦。

莎士比亚的生活

莎士比亚的两个好朋友为了改革政治，发动革命，一个被送上绞刑架，一个被投进监狱。悲愤的莎士比亚，倾尽全力写下了剧本《哈姆雷特》并亲自扮演里面的幽灵。

在以后的几年里，莎士比亚又写出了《奥赛罗》《李尔王》和《麦克白》。它们和《哈姆雷特》一起被称为莎士比亚的四大悲剧。

公元1616年，在他52岁生日那天，莎士比亚因病离开了人世。他被葬在家乡的一座小教堂旁，墓碑上刻着："看在上帝的面子上，请不要动我的坟墓，妄动者将受到诅咒，保护者将得到祝福。"

主线	地区	事件	时间
莎士比亚的成名经历	欧洲英国	莎士比亚开始名振伦敦	公元1590年
		莎士比亚病逝	公元1616年

时间	事件	地区	主线
公元1600年	英国女王授予东印度公司皇家特权	欧洲英国	英国东印度公司的没落

英国东印度公司（公元1602年—公元1858年）

英国著名政治家、航海家华尔特·雷利说："谁控制了海洋，就控制了贸易；谁控制了世界贸易，就控制了世界财富，因而控制了世界。"

随着公元15世纪末到公元16世纪初新航线的开辟，世界贸易的市场不断扩大，英国、荷兰，尤其是英国的商业发展迅速。各国的统治者和资产阶级都迫切地想建立商业垄断公司，以便于他们进行海外贸易，取得海上的霸权。

尼德兰的独立战争还没结束，联省共和国就已经开始发展对外贸易和殖民扩张了。公元17世纪荷兰的海洋贸易是领头羊，被称为"海上马车夫"。他们把香料占为己有，形成垄断，再贩卖到欧洲各地。

后来英国人在爪哇岛也发现了香料。为了打破荷兰对香料贸易的垄断，分得世界贸易中的一杯羹，在英国枢密院的默许下伦敦商人筹备创办了东印度公司。公元1600年，英格兰女王伊丽莎白一世给英国东印度公司颁发了皇家特许状，允许它在印度进行贸易。从此，英国东印度公司迅速发展起来，成为英国最有势力的商业巨擘，也为英国后来成为"日不落"帝国铺好了路。

在创立初期，英国东印度公司只是一个商业组织而已，工作主要是协调和解决英国与亚洲各国贸易时产生的问题。但后来慢慢垄断了英国与印度之间的商业贸易，获得了丰厚的利润，成为英国在亚洲发展海外贸易的利器。

之后东印度公司的实力越来越强，逐渐占领了马德拉斯、加尔各答、孟买三个城市，并在这里设立三个管区，把它们变成进一步侵占印度其他地区的支点。

与此同时，东印度公司已经不再满足于香料生意，开始做起了棉花等生意。因为印度的棉花物美价廉，深受人们喜爱，英国人便想据为己有。东印度公司开始雇用印度籍军人，组成了东印度军，为英国人服务。这些雇佣军在英国占领印度中起到了重要作用。

英国东印度公司总部

东印度公司，利用这种商人与军人的联合，强制驱逐商场上的竞争对手。公元1773年，东印度公司取得了孟加拉国鸦片贸易的独占权。他们逼迫孟加拉国农民种植鸦片，然后通过鸦片打开了中国的大门，从中牟取更大的利益。

源源不断的鸦片被运到中国，使得中英贸易产生巨大的逆差，也让中国的白银大量流出。公元1838年，仅销往中国的鸦片就高达1400吨。面对白银的大量流出，清政府开始严禁鸦片，并对走私者处以死刑，委派林则徐监督禁烟，引发了鸦片战争，最终中国割让香港岛给英国。

从公元1757年到公元1857年，东印度公司逐渐演变成一

主线	地区	事件	时间
英国东印度公司的没落	欧洲英国	英国女王授予东印度公司皇家特权	公元1600年
		东印度公司取得鸦片贸易的独占权	公元1773年

时间	事件	地区	主线
公元1773年	东印度公司取得鸦片贸易的独占权	欧洲英国	英国东印度公司的没落
公元1858年	东印度公司被取消		
公元1547年	伊凡四世加冕成沙皇	东欧俄罗斯	罗曼诺夫王朝建立的历史

个集商业、政治、军事和司法为一体的政商机构，成为印度的一股重要势力。它已经不再像是一个贸易企业，而是越来越像一个国家了。这引起

东印度公司运送茶叶的船只

了英国政府的担忧，为了抑制东印度公司日益膨胀的政治权力，英国政府取消了东印度公司的贸易垄断权。

公元1858年，东印度公司为英国敛够财富后，被英国政府正式取缔。

东印度公司为英国资本主义的发展，开辟了一个重要的商品倾销市场和原料产地，但是却给东方广大的地区特别是印度带来了一场灾难。

罗曼诺夫王朝（公元1613年—公元1917年）

莫斯科大公伊凡三世迎娶拜占庭帝国末代公主后，便以拜占庭帝国的继承人自居。公元1547年，伊凡四世加冕成为沙皇，开始执政，对中央和地方的行政、法律、财政等多方面进行改革，强化了国家中央集权。公元1584年伊凡四世死后，经历了几代王朝，直到公元1613年，米哈伊尔被国民议会推选为沙皇，成为罗曼诺夫王朝的第一代沙皇。

公元1682年，年仅10岁的彼得被纳雷什金家族拥立为新沙皇，不过其同父异母的姐姐索菲亚杀死了彼得的两个舅舅，将自己16岁的同母弟弟伊凡五世立为第一沙皇，彼得一世为第二沙皇。两位小沙皇只是摆设，真正的掌权者是索菲亚。

后来，彼得一世利用自己培养多年的童子军团，推翻了索菲亚的统治，把她拘禁在新圣女修道院，伊凡五世只保留沙皇尊号，无任何权力。为了让俄国快速发展起来，彼得装成俄国卫兵，跟随俄国代表团先后到荷兰、英国等国家学习造炮、造船和航海技术。

回国后，彼得一世开始效仿西欧发达国家，实行一系列改革，使得俄国迅速发展起来，成为东欧的强国。那时的俄国还是一个远离海洋的内陆国家，为了获得海上权利，彼得不惜发动长达21年的"北方战争"，夺取了芬兰大公国和波罗的海出海口。又从波斯手中夺下了里海沿岸一带。

主线	地区	事件	时间
罗曼诺夫王朝建立的历史	东欧俄罗斯	伊凡四世加冕成沙皇	公元1547年

罗曼诺夫王朝徽章

时间	事件	地区	主线
公元1712年	彼得把国都从莫斯科迁到彼得堡	东欧俄罗斯	罗曼诺夫王朝建立的历史
公元1812年	拿破仑入侵俄国遭惨败		

公元1712年,彼得把国都从莫斯科迁到彼得堡,这样方便窥伺整个欧洲。他还命令俄国海军总司令寻找一条到中国和印度的航线,打起亚洲的主意。公元1721年,彼得一世没有再沿袭沙皇的称号,而是选择象征最高统治者"皇帝"这一称号,他想以此说明罗曼诺夫王朝与西欧各国具有相同的政治地位。

公元1725年,彼得一世因为肺炎而死,皇位被他的第二任皇后继承。彼得二世继位后,朝中的保守党势力抬头,皇室又迁回莫斯科。在叶卡捷琳娜二世在位期间,俄国罗曼诺夫王朝的国土面积扩大了63万平方公里。

彼得一世

公元1812年,拿破仑一世率60万大军攻打俄国,罗曼诺夫王朝使用了焦土策略,加上寒冷的天气,使得拿破仑惨遭毁灭性打击,出发时的60万大军回国时只剩2万多人。在反法同盟击败拿破仑后,沙皇亚历山大一世被视为欧洲的救世主。

公元19世纪,俄国趁英法联军侵略中国

的时候，用武力胁迫清政府签署了《瑷珲条约》《中俄北京条约》。罗曼诺夫王朝把整个外满洲（包括库页岛）吞并，并获得海参崴这个不冻港，扩大了俄国在西太平洋的影响。

公元19世纪后期和公元20世纪初期，欧洲的工业革命将俄国与西欧的发展差距拉大。公元1905年，日俄战争的失败让民众对皇权彻底失去了信心，革命的浪潮此起彼伏。第一次世界大战时，俄国出现资产阶级和无产阶级的运动。公元1917年3月，首都彼得格勒市民发动反饥饿游行，引发了二月革命，沙皇被迫退位，至此，罗曼诺夫王朝结束。

被送上断头台的国王：查理一世（公元1625年—公元1649年在位）

公元17世纪的初期，英国的经济和资本主义发展得不错，出现了香皂、玻璃等一些新兴的行业。查理一世继位的前几年因与法国和西班牙双线作战，花费巨大，而议会又拒绝给他拨款，没办法，他只能采取了一些极端的措施：典卖妻子嫁妆；向富有臣民强行借款，将拒不借款的人关进监狱；让士兵住进民宅白吃白喝；不经议会批准就征收关税；等等。

为了得到更多的税收，查理一世竟然将香皂、玻璃等一些商品的买卖权垄断了，这严重侵犯了商人的利益，一些资本家开始反对国王的这种霸道行为，当时的英国阶级矛盾很

主线	地区	事件	时间
罗曼诺夫王朝建立的历史	东欧俄罗斯	拿破仑入侵俄国遭惨败	公元1812年
		罗曼诺夫王朝终结	公元1917年
公元17世纪英国的矛盾	欧洲英国	英国被西班牙打败	公元1628年

时间	事件	地区	主线
公元1628年	英国被西班牙打败	欧洲英国	公元17世纪英国的矛盾
公元1633年	查理任命威廉·劳德为大主教		

尖锐。

公元1628年,查理一世与西班牙的战争以失败告终,下议院领袖严厉批评了政府,坚决不同意王室的财政办法,并且拟就了一份请愿书。当下议院继续谴责国王宠信的牧师时,查理一世居然宣布休会。

查理一世召开新议会

没有得到想要的拨款,查理不得不结束战争,以节省费用。公元1633年,查理任命威廉·劳德为大主教,并让大主教向苏格兰教会强加伦敦草就的祈祷书。这引起了苏格兰地区居民的愤怒,公开拒绝新的祈祷书。这给了查理攻打苏格兰的借口,只是结果是查理被打败。之后的第二次讨伐苏格兰战争,也彻底失败。

公元1641年,查理访问苏格兰,向那里的臣民表达了自己的善意,让他们支持自己,不过没有取得什么成效。当他回到伦敦时，居然有将近一半的议员开始反对他，在王后的唆使下，查理打算逮捕为首的5名议员，但是要抓的时候人已经跑了。

公元1642年8月，英国内战爆发。起初几次战斗查理都取得了胜利，一直打到了牛津。此时，议会内部开始出现分裂的声音，一部分人认为应该和谈，一部分人认为应该决战到底。

后来克伦威尔带着他的民兵加入议会军，与查理军作战，随着战事的推进，议会军开始占据上风。最终，克伦威尔领导的议会军取得了胜利。但是国王查理一世却跑到了苏格兰，他勾结苏格兰人再一次发动了内战。不过这次议会军直接打到了苏格兰的首都，将查理一世抓获。

公元1649年1月，国王查理一世被带到威斯敏斯特大厅接受审判。27日，特别法庭以"杀人犯、暴君、叛徒"的名义

查理一世被送上断头台

下达处死国王的命令。公元1649年1月30日的早晨，英国伦敦的天气格外寒冷，白厅宴会厅前搭起了断头台，查理一世被处决了。当这位英国国王身首异处的时候，广场上的

主线	地区	事件	时间
公元17世纪英国的矛盾	欧洲英国	查理任命威廉·劳德为大主教	公元1633年
		查理被送上断头台	公元1649年

时间	事件	地区	主线
公元1654年	牛顿求学	欧洲英国	牛顿的成就

人们发出了欢呼，他们把帽子扔向天空，以表达自己的兴奋。

查理一世是欧洲历史上第一个被自己的臣民送上断头台的国王。

近代物理学之父：艾萨克·牛顿（公元1643年—公元1727年）

如果问谁是17世纪世界上最伟大的科学巨匠，那非牛顿莫属。他是英国著名的物理学家，百科全书式的"全才"，他一生对科学事业所做的贡献，遍及物理、数学、天文学和经济学等领域。

在力学上，他阐明了动量和角动量守恒的原理，并提出了牛顿运动定律；在光学上，他发明了反射望远镜，并提出了颜色理论；在数学上，他与戈特弗里德·威廉·莱布尼茨共同提出微积分学，他证明了广义二项式定理，提出了"牛顿法"以趋近函数的零点，并为幂级数的研究作出了贡献；在经济学上，他提出了金本位制度。

是什么让艾萨克·牛顿这么杰出呢？难道他真的是背负神圣使命的"天

牛顿

选之人"?

牛顿是一个遗腹子,并且因为早产,刚生下来时十分瘦弱。3岁时母亲改嫁了,牛顿跟他的外祖母一起生活。牛顿小的时候,并不是一个神童。他学习成绩一般,但是非常喜欢读书,尤其是一些介绍简单机械模型制作方面的书。他会根据书中的知识,动手制作一些小玩具,像风车、木钟、折叠式提灯等。

公元1654年,牛顿离开家到了金格斯皇家中学读书。他寄宿在一个药剂师家中,受到了化学方面的熏陶。中学时代牛顿的学习成绩很好,他越发喜欢看书,并且喜欢沉思,喜欢做科学实验。他还喜欢观察自然现象,像颜色、日影四季的移动,对几何学、哥白尼的"日心说"等非常感兴趣。

牛顿的家庭并不富裕,迫于生活的压力,牛顿听从母亲的话辍学务农,但这并没有让他放弃读书。为了读书,牛顿常常恳请用人自己上街做生意,他则找一个地方躲起来看书。一次,他躲起来看书时被舅舅发现,舅舅考了他几个知识,发现他对答如流,就说服了牛顿的母亲,让牛顿继续上学。

牛顿在19岁时,前往剑桥大学三一学院读书,并与他的表妹安

剑桥大学

主线	地区	事件	时间
牛顿的成就	欧洲英国	牛顿求学	公元1654年

时间	事件	地区	主线
公元1665年	牛顿发现广义二项式定理	欧洲英国	牛顿的成就
公元1687年	牛顿出版《自然哲学的数学原理》		

妮·斯托勒订婚。但是牛顿太忙了，即使是梦里也都是宇宙、世界。由于他只专注自己的研究而错失了爱情，后来牛顿终身未娶。

当时的三一学院教的是亚里士多德学说，但是牛顿更喜欢阅读笛卡儿、伽利略、哥白尼、开普勒等先进思想的书。公元1665年，牛顿发现了广义二项式定理，提出一套新的数学理论，也就是后来的微积分。

公元1679年，牛顿开始研究力学，例如引力及其对行星轨道的作用、开普勒的行星运动定律。公元1684年他将自己的研究成果归结在《物体在轨道中之运动》一书中。

公元1687年，牛顿出版了《自然哲学的数学原理》。书中对万有引力和三大运动定律进行了描述，还在玻意耳定律的基础上提出了测定音速的方法。牛顿的这些定律奠定了此后几百年物理世界的科学观点，也是现代工程学的基础。牛顿证实了开普勒行星运动定律与他自己的引力理论其实是一样的，这说明地面物体与天体的运动都遵循一样

笛卡儿

的自然定律，为太阳中心说提供了强有力的理论支持，并推动了科学革命。

公元1704年，牛顿著成《光学》，系统阐述了他在光学方面的研究成果，详述了他关于光的粒子理论。

后来牛顿还被安妮女王封为爵士。公元1727年3月，牛顿与世长辞，被安葬在威斯敏斯特教堂，墓碑上刻着"让人类欢呼吧，曾经有一位这样伟大的人类之光在世界上存在过"。公元1726年，伏尔泰这样评价牛顿的伟大之处："他用真理的力量统治我们的头脑，而不是用武力奴役我们。"

乾隆盛世（公元 1736 年—公元 1795 年）

明朝时期，女真各部都臣服于明朝，建州女真的首领猛哥帖睦尔为明朝建州卫左都督。公元1583年，努尔哈赤世袭了建州卫指挥使，并统一了女真各部，建立八旗制度。公元1616年，努尔哈赤建国称汗，史称后金，开始起兵攻打明朝。后来皇太极继位，联合蒙古各部，继续攻打明朝。

公元1636年，皇太极称帝且将国号"金"改为"大清"，正式建立清朝。公元1644年，李自成的大军攻入北京，明朝最后一位皇帝——崇祯帝自杀。驻守山海关的明朝将领吴三桂投降了大清，并成为大清攻打李自成起义军的前锋。多尔衮指挥八旗军击败了李自成建立的大顺，占领了北京。经历了20多年的战争，大清基本统一了中国大陆。

主线	地区	事件	时间
牛顿的成就	美洲英国	牛顿逝世	公元1727年
清朝衰落的原因	亚洲中国	大清的建立	公元1636年

时间	事件	地区	主线
公元1662年	康熙继位	亚洲中国	清朝衰落的原因

公元1662年，康熙帝继位，他在位期间采取了一系列有利于恢复和发展社会经济的措施。到乾隆年间，江宁、苏州、杭州、佛山、广州等地的丝织业非常发达，江南的棉织业、景德镇的瓷器已经登峰造极。公元18世纪中叶，清朝人口大大增加，之前中国历史上人口一般在几千万之间，乾隆六年（公元1741年）人口普查是1.4亿，到了乾隆帝退位时达到了3亿，这是中国历代都没有的。

乾隆盛世图

经过康熙、雍正的改革，到了乾隆时，按照历史学家的说法，这是中国古代最繁荣富强的时代。当时清朝的经济总量（GDP）占世界的三分之一，军事实力也非常强，国土面积达到了1454万平方公里，人口也翻了一倍。

乾隆帝统治时期，文治武功都有建树，但是公元18世纪的世界发生了翻天覆地的变化，欧洲正处在剧烈的资产阶级革命时期,而中国正逐渐落后。

清朝从乾隆末年就开始衰落,乾隆帝六下江南,广修园林,使得国库空虚,加快了清朝的衰落。乾隆帝因为人口暴增,当时土地兼并非常严重,导致很多农民没有土地,常有农民起义爆发。

乾隆下江南

乾隆末年的中国到底什么样?已经有很多中国史书进行了记载,这里就不再重复,我们从欧洲人的记录中看看有什么不同。公元1792年,英国以马戛尔尼勋爵为代表的使团,详细地记录了自己的所见所闻。通过他们的角度,我们来看看乾隆末期的中国。

欧洲人这样描述清朝的军队:士兵单列成队,他们都自然而然地双膝跪地,并一直保持这样跪着直到长官下令起立才能起来;如果突然造访,他们会慌乱地从营房拿出女人气十足的礼服,穿上这种礼服后,他们根本不像战

主线	地区	事件	时间
清朝衰落的原因	亚洲中国	乾隆继位	公元1736年

时间	事件	地区	主线
公元1736年	乾隆继位	亚洲中国	清朝衰落的原因

士,而像是唱戏的演员,没有军人的气质;他们的大炮很少,并且都破旧不堪。

关于当时百姓的生活,欧洲人是这样记载的:在三天的路程里,根本没看到农民丰衣足食、繁荣富强的证据。农民居住的房屋通常是泥墙平房,房顶盖的是茅草,很难看到类似英国公民的啤酒大肚或者喜洋洋的脸。官吏毫不犹豫地鞭打抓来的村民,仿佛他们是一匹马。

对于与西方的差异,他们说,当知道欧洲人只用枪打仗而不用弓时,他们十分吃惊。对于气球理论、动物磁气说(公元18世纪奥地利医生麦斯麦尔首创)反应冷淡。

最后这些欧洲人得出结论:当我们每天都在艺术和科学的领域前进时,他们不仅没有任何进步,还在倒退。

从这些欧洲人记载的民众生活的方方面面,我们看到了盛世下的颓败。其实这个盛世是虚假的,它早已崩塌。乾隆帝死后40多年,就爆发了鸦片战争,中国也沦为半殖民地半封建社会。

乾隆皇帝画像

附录：第十章参考文献

[1] 屈勒味林·乔治·马可雷. 英国史[M]. 北京：红旗出版社，2017.

[2] 帕特里克·布琼. 法兰西世界史[M]. 上海：上海教育出版社，2018.

[3] 斯塔夫里阿诺斯. 全球通史[M]. 北京：北京大学出版社，2006.

[4] 德罗伊森. 希腊化史：亚历山大大帝[M]. 上海：华东师范大学出版社，2017.

[5] 玛丽·富布卢克. 剑桥德国史[M]. 北京：新星出版社，2017.

[6] 刘植荣. "日不落帝国"的日升与日落[N]. 新金融观察，2013-02-04.

[7] 勒庞. 法国大革命[M]. 天津：天津社会科学院出版社，2016.

主线	地区	事件	时间

第十一章 革命与发展

- 蒸汽机与工业革命
- 莱克星顿的枪声
- 最后一战：滑铁卢战役
- 马克思与《共产党宣言》
- 《解放黑人奴隶宣言》
- 日本明治维新
- 辛亥革命
- 俄国文学之父——普希金

工业革命后，英、法、美等国纷纷完成资产阶级革命，确立了资本主义政权。欧洲三大工人运动的出现，标志着工人阶级正式登上了历史舞台。第二次工业革命的到来，让老牌资本主义国家逐渐迈向帝国主义阶段。面对着帝国主义的侵略与压迫，许多国家和地区都掀起了民族解放运动的高潮。

时间	事件	地区	主线
公元1733年	凯伊发明飞梭	欧洲	工业革命的历程
公元1765年	"珍妮纺纱机"出现		

蒸汽机与工业革命（公元1760年—公元1840年）

公元18世纪时，英国的资产阶级统治者，通过积极发展海外贸易和疯狂殖民扩张，为英国积累了大量资本，提供了广阔的原料产地和海外市场。此外，英国通过推行"圈地运动"获得了大量的廉价劳动力。虽然英国的工场手工业的蓬勃发展，积累了丰富的生产技术知识，但是还是无法满足不断扩大的市场需求。于是，一场机器生产的变革在不断酝酿中。

1733年，机械师凯伊发明的飞梭，大大提高了织布的速度，也刺激了市场对棉纱的需求。公元1765年，织工哈格里夫斯发明了"珍妮纺纱机"，可以一次纺出许多根棉线，极大地提高了生产效率。

"珍妮纺纱机"的发明，引发了人们发明机器、进行技术革命的连锁反应，揭开了工业革命的序幕。纺织可以用机器，那么采煤、冶金也可以用机器，于是很多行业都出现了机器。随着机器的增多，原有的动力，如畜力、水力、风力等已经不够用了，这时迫切需要找到替代的动力。

在格拉斯格大学专门制作和修理教学仪器的瓦特，在朋友罗宾逊教授的引导下开始了对蒸汽机的改造实验。虽然初期的实验失败了，但是瓦特没有放弃，继续坚持实验。公元1763年，瓦特收到一台需要修理的纽科门蒸汽机，后来虽然修好了，但是效率很低。经过研究，公元1765年，瓦特取得了关键性的进展。

经过不懈的努力，瓦特在公元1774年将自己设计的蒸汽机投入生产。不过第一批新型蒸汽机，直到公元1776年才应用于实际的生产。公元1785年，瓦特的改良型蒸汽机开始投入使用。它能提供更加便利的动力，于是蒸汽机得到迅速推广。蒸汽机的应用，大大推动了机器的普及和发展，人类社会由此进入了"蒸汽时代"。

传统的手工业已经无法满足机器生产的需要，渐渐被机器所取代。机器的广泛应用促进了资产阶级工厂的诞生。为了方便、快捷地运送货物和原料，人们开始改造交通工具，又促进了交通工具的革新。公元1825年，斯蒂芬孙让一列带34节小车厢的火车成功运行。从此人类的交通运输业进入一个以蒸汽为动力的时代。

瓦特改良的蒸汽机

到了公元1840年左右，英国的大机器生产基本取代了传统的工场手工业，英国的工业革命基本完成，成为世界上第一个工业国家。

在英国轰轰烈烈地进行工业革命时，法国在公元18世纪末，也开始使用蒸汽机等机器。到了公元19世纪中期，

主线	地区	事件	时间
工业革命的历程	欧洲	瓦特的蒸汽机用于生产	公元1776年
		人类进入"蒸汽时代"	公元1785年

时间	事件	地区	主线
公元1785年	人类进入"蒸汽时代"	欧洲	工业革命的历程

英国工业革命

法国的工业革命基本完成，成为世界第二个工业国家。大约跟法国工业革命同时，美国也开始了工业革命，出现了拖拉机和轮船等。美国还创新地提出机器零件的标准化生产模式，这大大推动了机器制造业的发展和普及。德国的工业革命开始得晚一些，直到公元19世纪早期才开始。

公元19世纪中期前后，这场工业革命逐渐从英国向西欧大陆和北美传播，后来扩展到世界其他地方，俄国、日本等国家也陆续开始了工业革命。

莱克星顿的枪声（公元1775年—公元1783年）

"七年战争"结束后，英国已经在大西洋沿岸建立了13个殖民地，殖民地里开发了大量的种植园，建立了纺织、炼铁、采矿等多种行业，经济开始繁荣起来。英国政府为了获得更多的财政收入，不断加强对殖民地的掠夺，公元1765年想出了一个新的税种：印花税。英国政府规定，一切公文、契约合同、执照、报纸、杂志、广告、单据、遗嘱等，都必须贴上印花税票，才能生效，否则就是不合法的。

这引起了殖民地人民的愤怒，各地开始出现秘密的反英组织，如"自由之子""通讯委员会"等。这些组织抵制英货、焚烧税票、赶走税吏，有的甚至武力反抗。这引起了英国政府的恐慌，开始派兵镇压。公元1770年3月，英军向波士顿手无寸铁的市民开枪，打死了5名市民，制造了震惊北美的"波士顿惨案"。1773年发生的波士顿倾茶事件，进一步激化了殖民地与英国政府间的矛盾。

1774年9月，为了争取自由，北美13个殖民地的代表到费城召开第一次大陆会议，他们向英王递交《和平请愿书》，但被拒绝。

公元1775年4月18日，英国总督得知离波士顿不远的康科德藏有反英秘密组织的军火仓库和爱国者领导人，于是派出800名士兵前往查缴没收和搜捕。

波士顿惨案

这个消息被争取民族解放的秘密组织成员保尔·瑞维尔和威廉·戴维斯得知，他俩连夜从波士顿骑马出发，向各地的民兵通风报信，并通知各个村庄的民兵组织起来，迎击英军。

民兵得到消息后，埋伏在英军必经的道路边。19日清晨，天还没亮，英国轻步兵趁着薄雾偷偷来到莱克星顿村

主线	地区	事件	时间
莱克星顿起义的经过	北美洲	波士顿惨案	公元1770年
		北美13个殖民地召开第一次大陆会议	公元1774年
		莱克星顿起义	公元1775年

时间	事件	地区	主线
公元1775年	莱克星顿起义	北美洲	莱克星顿起义的经过

边。他们还没进村,就看到路口站着几十个拿着枪的村民。双方僵持一段时间以后,不知道是谁开了第一枪,于是英国指挥官下令英国士兵开火,至此,美国的独立战争拉开了序幕。

由于英军在数量占有优势,他们很快冲进村庄,但是他们还是来晚了,弹药库早就被民兵转移,爱国者领导人也被藏在了安全的地方。英军发泄一番后准备撤退,可是已经来不及了,枪声从四面八方传来,附近村庄的民兵赶到了。这一仗,北美民兵共计打死打伤247名英国士兵。

莱克星顿的枪声

莱克星顿的枪声,就像独立战争的号角,很快传遍了北美13个殖民地。从此,反对英国殖民统治的烈火燃遍了北美大地。这场战争从公元1775年一直打到公元1783年，持续8年之久，最终以北美殖民地的独立结束。

独立战争胜利后，美国人把莱克星顿起义当作美国自由独立的象征，在镇中心的地方，矗立着一座手握步枪、头戴草帽的民兵铜像。旁边一块粗糙的石碑上刻着："坚守阵地，在敌人没有开枪射击前不要先开枪；如果敌人硬要把战争强加在我们头上，就让战争从这里开始吧！"

公元1775年4月19日发生的莱克星顿起义，是打响美国独立战争的第一枪，是殖民地人民为反抗英国殖民统治，争取民族独立而进行的民族解放战争。为了纪念莱克星顿起义，美国政府将每年四月的第三个星期一定为爱国者日。

最后一战：滑铁卢战役（公元1815年）

公元1814年3月，第六次反法同盟攻入巴黎，拿破仑被迫退位，被流放到地中海上的厄尔巴岛上。公元1815年2月，拿破仑逃出小岛，率领700名士兵回到法国，受到军民的热烈欢迎。他迅速召集旧部，组建军队，进军巴黎，重新称帝。

欧洲各国迅速组成第七次反法同盟，调集70万大军，分路进攻法国，当时拿破仑只有28万人。在认真分析当前的形势后，拿破仑决定以攻为守，先集中兵力对付比利时方面的

主线	地区	事件	时间
莱克星顿起义的经过	北美洲	北美独立	公元1783年
滑铁卢战役的经过	欧洲法国	拿破仑逃回法国	公元1815年2月

时间	事件	地区	主线
公元1815年6月	拿破仑北上比利时	欧洲法国	滑铁卢战役的经过
公元1815年6月	群雄会聚滑铁卢		

英普联军，只用少数兵力牵制俄奥联军。6月，他率领约12万人，北上比利时。

6月16日，在利尼会战打败普军后，拿破仑为了侦察敌情，派格鲁希率领3.3万人和96门大炮进行追击，几乎占其可动用兵力的三分之一，这是他一生中犯的最大的战略性错误，这个错误导致他最终的垮台。当时只要派一个骑兵军和一个步兵军，就能胜任这个任务。

拿破仑本来打算用他的左翼，追击并摧垮威灵顿的军队，但是法军将领内伊在6月17日整个上午的消极怠战，让拿破仑的意图落空。虽然戴尔隆军已经与拿破仑会合，拿破仑下令向卡特尔布拉斯强行推进，但是直到下午二时，拿破仑快到达卡特尔布拉斯时，内伊的部队仍然停留在弗拉斯尼斯附近的宿营地。过了好一会儿，内伊才赶到。

拿破仑非常生气，他亲自率领米豪德的两个骑兵师，直奔卡特尔布拉斯。英国的炮兵连用炮火迎接拿破仑。随后，尤布里奇命令骑兵旅向滑铁卢退去。这时，突然下起大暴雨，地上都是积水，骑兵只能在修筑的公路上前进。

当晚拿破仑在一个农庄过夜，兵士犹如落汤鸡，也没有吃的。18日凌晨，一名军官送来了格鲁希的一份4小时前的报告，报告暗示有部分布吕歇尔的部队试图与威灵顿会合，虽然当时传令官请求拿破仑马上给予回复，但是拿破仑直到8个小时后，才给格鲁希下达指示，让他向瓦弗方向前进。

滑铁卢战役

主线	地区	事件	时间
滑铁卢战役的经过	欧洲法国	群雄会聚滑铁卢	公元1815年6月
		拿破仑兵败退位	公元1815年6月

6月18日，威灵顿公爵率英、荷、比利时和汉诺威联军，在滑铁卢附近阻击法军。拿破仑以优势兵力率先发起进攻，由于对联军的作战能力预估不足，导致主力在猛攻联军左翼时，遭遇顽强抵抗，虽然后来又增加了兵力，但还是没有取得成功。于是拿破仑改变了主要突击方向，进行正面突击，但还是没取得明显进展。

傍晚，布吕歇尔率领普军赶来增援，联军的兵力大增。这时拿破仑已经没有后备兵力，预定的援军也没能赶到，开始全线崩溃。眼看没有任何机会，拿破仑的军队放弃了战斗，拿破仑也于当晚九时撤离了战场。

滑铁卢战役中，法军伤亡约3万人，有数千人被俘，联军伤亡2万人左右。滑铁卢战役的结果，改变了欧洲的历史进程。滑铁卢之战3天后，拿破仑宣布退位，随后被放逐到

时间	事件	地区	主线
公元1815年6月	拿破仑兵败退位	欧洲法国	滑铁卢战役的经过
公元1818年	马克思出生	欧洲德国	马克思起草《共产党宣言》

圣赫勒拿岛，一代枭雄就这样退出了历史舞台。

拿破仑

马克思与《共产党宣言》（公元1848年）

公元1818年5月，卡尔·马克思出生于德意志邦联普鲁士王国的特里尔市的一个律师家庭。中学毕业后，进入波恩大学学习，18岁后又转到柏林大学学习法律，不过马克思自己把学习重点放在了哲学和历史上。公元1841年，马克思获得耶拿大学哲学博士学位。毕业后担任《莱茵报》的主编，遇到了"林木盗窃问题"。

公元19世纪初，工业革命席卷德国，加剧了下层劳动人民的贫穷。饥饿的贫民为了能领到一份监狱口粮，不惜故意违反林木管理条例。面对严峻的社会形势，普鲁士统治者不去寻找根本的解决办法，而是出台了更加严厉的法案。新法案规定人们在森林里捡拾枯枝、采摘野果等行为都是盗窃罪，并给予刑事处罚。

公元1842年马克思在《莱茵报》上发表了《关于林木盗窃法的辩论》一文，强烈谴责立法机关为了偏袒林木所有者的利益，剥夺了贫民捡拾枯枝等的权利，系统地提出了自己的解决方案。

这引起了普鲁士政府的怒火，他们立即查封了《莱茵报》。认清了政府的丑恶面孔之后，马克思不再对政府抱有幻想，辞去了主编的职务，寻找机会继续跟政府斗争。

公元1843年，马克思在报上发表了一篇批评俄国沙皇的文章，引起了

《共产党宣言》

主线	地区	事件	时间
马克思起草《共产党宣言》	欧洲德国	马克思在《莱茵报》上为贫民辩解	公元1842年

时间	事件	地区	主线
公元1843年	马克思批评沙皇遭解雇	欧洲德国	马克思起草《共产党宣言》
公元1845年	马克思被驱逐		

尼古拉一世的不满。普鲁士国王为了平息沙皇的怒火，下令取消了《莱茵报》的发行许可，马克思失业了。在这期间，马克思认识了工厂主的子弟——弗里德里希·恩格斯。恩格斯非常欣赏马克思的主张，出钱赞助马克思的生活与活动，有时还为马克思的文稿代笔。

公元1843年马克思跟燕妮结婚后，两人一起踏上了流亡的征途，到了巴黎。在此期间，马克思开始研究政治经济学、法国社会运动及历史，并在10月底与人筹办并出版《德法年鉴》。

公元1845年，马克思在《前进周刊》中尖锐地批评了德国的专制主义，普鲁士政府要求法国政府驱逐马克思，于是马克思被迫离开法国来到比利时。由于马克思对地主和资产阶级的无情揭露和批判，常常受到一些保守势力的

马克思和恩格斯在莱茵报社

排挤和驱逐，他们一家不得不过着颠沛流离的生活，并时常陷入困顿之中。

公元1846年年初，马克思和恩格斯共同建立了布鲁塞尔共产主义通讯委员会。公元1847年，二人应邀参加了正义者同盟——后来更名为共产主义者同盟，马克思和恩格斯共同起草了同盟的纲领《共产党宣言》。

《共产党宣言》运用辩证唯物主义和历史唯物主义分析了生产力和生产关系、经济基础与上层建筑的矛盾，分析了阶级和阶级斗争，尤其是资本主义阶级斗争的产生、发展过程，论证了资本主义必然灭亡和共产主义必然胜利的客观规律。宣言第一次系统全面地阐述了马克思主义的基本原理，阐述了阶级矛盾对人类历史的影响，指出共产主义运动将成为一股不可抗拒的历史潮流。

在《共产党宣言》中，马克思和恩格斯系统、集中地阐述了他们的观点："消灭私有制""推翻资产阶级的统治，由无产阶级夺取政权"，然后"一步一步地夺取资产阶级的全部资本，把所有生产工具都集中在国家即组织成为统治阶级的无产阶级手里，并且尽可能快地增加生产力的总量"。而

马克思和恩格斯雕像

主线	地区	事件	时间
马克思起草《共产党宣言》	欧洲	马克思、恩格斯起草《共产党宣言》	公元1847年

时间	事件	地区	主线
公元1847年	马克思、恩格斯起草《共产党宣言》	欧洲德国	马克思起草《共产党宣言》
公元1809年	林肯出生	美洲美国	

且,"共产党人不屑于隐瞒自己的观点和意图。他们公开宣布:他们的目的只有用暴力推翻全部现存的社会制度才能达到。"

《共产党宣言》诞生地

《共产党宣言》的诞生标志着马克思主义的诞生,它开辟了国际工人运动和社会主义运动的新局面,成为世界无产阶级的锐利思想武器。

《解放黑人奴隶宣言》(1862年)

公元1809年2月,在美国肯塔基州哈丁县霍詹维尔附近的一个贫苦家庭,一个婴儿降生了,他就是林肯,51年后的美国总统。

9岁的时候,林肯的母亲去世,后来父亲又娶了一位女子。林肯的继母对林肯视如己出。

18岁那年,年轻的林肯为一个船主所雇用,离开了家,前往新奥尔良。在登上新奥尔良的码头时,林肯看到了买卖奴隶的广告,其中两则写道:"愿意高价购买各种黑人,并即付现金;也可以代客销售黑人,收取佣金。还有专存黑人的圈栏和囚笼。""出售10至18岁黑人女子数名，24岁青年妇女一名，25岁的能干女人一名，外带三个壮实孩子。"

看到那些被铁链锁住，还不断挨鞭子的黑人奴隶，林肯坐立不安，内心极其痛苦，这在他的心里埋下了对奴隶制仇恨的种子。

成年后，林肯对测量和计算很在行，成为一名土地测绘员，常被人请去解决地界纠纷。劳动之余，林肯还读了很多书籍，通过自学成了一个博学而充满智慧的人。

公元1834年，林肯第一次在一场政治集会上发表了自己的政治演说，抨击了黑奴制，造成了一定的影响，加上他杰出的人品，被选为州议员。后来林肯又通过自学成了一名律师，并跟人合伙开了律师事务所，还成了州议会辉格党领袖。37岁时，林肯当选美国众议员。

公元1847年，林肯参加了国会议员的竞选，获得了成功，第一次来到首都华盛顿。这时美国政治生活的大事就是关于奴隶制度的争论。在这场争议中，林肯逐渐成为反对黑奴主义者，但是代表南方奴隶主利益的蓄奴主义者，则强烈反对林肯消除奴隶制。后来奴隶主的势力大增，林肯退出了国会，继续回去当他的律师。

公元1856年，因为强烈反对扩大奴隶制度，林肯退出了辉格党，参加了反对奴隶制的共和党，并很快成为共和党的主要领导人。公元1860年11月，林肯当选美国总统，共和党

主线	地区	事件	时间
解放黑奴的原因		林肯抨击黑奴制	公元1834年
		林肯成为国会议员	公元1847年

时间	事件	地区	主线
公元1856年	林肯加入共和党	美洲美国	解放黑奴的原因
公元1860年	林肯成为总统		
公元1861年	爆发南北战争		

开始执政,这对南方的种植园主的利益造成了很大的威胁,于是南方11个州先后退出联邦,宣布成立"美利坚联盟国",准备独立。

林肯宣读《解放黑人奴隶宣言》

公元1861年4月,南北战争爆发,林肯抓住机会不仅扩大了总统战争权力,还下令在部分地区终止公民人身保护令特权。在战争初期,为了避免国家分裂和战乱,林肯想以和平的方式废除奴隶制。但是随着战争的深入,林肯认识到想要真正废除奴隶制没有流血牺牲是不可能的。

这时北方战场的失利引起了广大人民的强烈不满,为了调动农民的积极性,打赢这场战争,就必须废除奴隶制、解放黑奴。公元1862年9月,林肯亲自起草了《解放黑人奴隶宣言(草案)》。公元1863年1月正式颁布了《解放黑人奴隶宣言》,宣布从即日起废

美国南北内战

除叛乱各州的奴隶制，解放的黑奴可以参加联邦军队。这从根本上瓦解了南军的战斗力，也使北军得到源源不断的兵源。内战期间，有18.6万的黑人参加了战斗。为了自由，他们英勇无畏，甚至不惜牺牲自己的生命。

公元1865年4月，北方军攻占了南方军的首都，南军总司令率领残部投降，历时四年的南北内战以北方的胜利而告终。只是林肯在南方军队投降后的第五天，就在华盛顿福特歌剧院遇刺身亡。

林肯的解放黑人奴隶政策，调动了广大黑人奴隶的积极性，促使了北方的胜利。黑人奴隶制度的废除，为美国资本主义的发展扫清了道路，也为美国后来成为工业强国打下了基础。

日本明治维新（公元1868年—公元1899年）

公元19世纪中期的日本，处于德川幕府时代，实行"锁国政策"，不仅禁止外国的传教士、商人和平民进入，也不允许国外的日本人回国。只准许在长崎一带同中国、朝鲜和荷兰等国通商。即使这样，在一些经济比较发达的地区，还是出现了资本主义的萌芽。

在商品经济形态的快速扩展下，商人阶层的力量开始增强，他们想要打破那些严重制约他们发展的旧制度，呼吁改革政治体制。他们与具有资产阶级色彩的大名（藩地诸

主线	地区	事件	时间
解放黑奴的原因	美洲美国	林肯被枪杀	公元1865年
明治维新改革的内容	亚洲日本	太子睦仁亲王即位	公元1867年

时间	事件	地区	主线
公元1867年	太子睦仁亲王即位	亚洲日本	明治维新改革的内容
公元1868年	天皇废除幕府		

侯)、武士组成了政治性联盟,与反对幕府的基层农民共同形成"倒幕派"。

公元1864年,高杉晋作起兵夺取了长州藩的政权。此后,长州在木户孝允(桂小五郎)的主持下进行轰轰烈烈的倒幕改革。公元1867年,孝明天皇死去,太子睦仁亲王(即明治天皇)即位,倒幕派集聚众多势力准备举兵起义,天皇下达讨幕密敕,这迫使幕府将军德川庆喜"奉还大政"。

公元1868年1月3日,天皇发布《王政复古大号令》,废除幕府,令德川庆喜"辞官纳地"。但是几天以后德川庆喜在大阪宣布"王政复古大号令"为非法。于是天皇派军队前往讨伐,德川庆喜兵败,日本全境得以统一。

以天皇为首的新政府,开始实行一系列的改革。1869年6月,明治政府强制实行了"版籍奉还""废藩置县"政策,将日本划分为3府72县,建立了中央集权的

日本武士

政治体制;社会体制方面,废除传统时代的"士、农、工、商"身份制度,实现了形式上的"四民平等";社会文化方面,提倡学习西方社会文化及习惯,改用太阳历计日;引进西方近代工业技术,改革土地制度,统一了货币,推动了工商业的发展。

在教育方面，颁布了教育改革法令——《学制》，在全国建立起大学、中学、小学，从小灌输武士道精神和忠君爱国的思想，还选派学生到英、美、法、德等先进国家留学。

在军事方面，改革了军队编制，陆军参考德国的训练，海军参考英国的海军编制。公元1872年颁布征兵令，规定凡是年龄在20岁以上的成年男子一律须服兵役。到公元1873年时，作战部队动员可达40万人。他们还发展了国营军事工业。

经过20多年的发展，日本国力日渐强盛，不仅废除了幕府时代与西方各国签订的一系列不平等条约，还一跃成为新兴的资本主义强国，实现了国家的崛起。

明治维新时的日本

明治维新是日本历史的转折点，从此以后，日本走上了独立发展的道路，并迅速成长为亚洲强国，乃至世界强国，也走上了扩张之路。

主线	地区	事件	时间
明治维新改革的内容	亚洲日本	天皇废除幕府	公元1868年

时间	事件	地区	主线
公元1894年	孙中山成立兴中会	亚洲中国	辛亥革命的经过

辛亥革命（公元1911年）

公元19世纪末20世纪初，在欧洲爆发资本主义革命的时候，中国民族资本主义也得到了初步发展。民族资产阶级力量壮大起来，并慢慢登上了历史的舞台。此时，受西方民主革命思想的影响，中国国内开始出现许多革命团体，其中影响较大的有兴中会、华兴会、科学补习所和光复会等。

鸦片战争让西方列强打开了中国封建社会的大门，中国进入了半殖民地半封建社会。一系列不平等条约的签订，让中国领土和主权的完整遭到破坏，政治上的独立地位也逐渐沦丧。清政府完全沦为列强统治中国的工具，这样软弱无能的政府，促使了人民民族意识的觉醒。

公元1894年11月，孙中山在檀香山成立了兴中会。公元1895年，孙中山鲜明地提出了中国资产阶级民主革命的第一个纲领：驱除鞑虏，恢复中华，创立合众政府。一年后，广州起义失败，孙中山被清朝政府通缉，只能流亡国外，在英国公馆被捕。公馆的女管家知道后，给孙中山的老师康德黎送信。

为了营救孙中山，康德黎等人告知了《泰晤士报》，后来《地球报》

辛亥革命

刊发了这个消息，引爆了社会舆论。孙中山被释放出来后，出版了《伦敦蒙难记》，引起了全世界的关注，也迅速提高了孙中山

辛亥革命

的威望，让他在反对清政府的革命中无人能及。

公元1905年，孙中山、黄兴、陈天华等人决定成立中国同盟会，作为全国的革命领导中心，兴中会、华兴会、光复会及其他的小团体都陆续加入。8月，在同盟会召开成立大会上，孙中山被推选为总理，会议确定了同盟会的纲领是驱除鞑虏、恢复中华、建立民国、平均地权。11月，孙中山在《民报》发表了以民族、民权、民生为核心的"三民主义"。

此后，各地开始爆发革命运动，如公元1906年革命派发动萍浏醴起义；公元1907年5月，秋瑾和徐锡麟联合发动起义；公元1911年4月底，黄兴发动广州黄花岗起义等。

黄花岗起义失败后，以文学社和共进会为主的革命党人将起义之地转向长江流域，准备在以武汉为中心的两湖地区发动一次新的武装起义。

因为孙武等人在汉口俄租界配制炸弹时不慎爆炸，引

主线	地区	事件	时间
辛亥革命的经过	亚洲中国	孙中山成立兴中会	公元1894年
		成立中国同盟会	公元1905年

时间	事件	地区	主线
公元1911年	爆发武昌起义	亚洲中国	辛亥革命的经过

起俄国巡捕的警惕，革命党人决定立即发动起义。只是当时武昌城内戒备森严，无法联络，于是革命党人约定以枪声为号，于10月10日晚发动起义。

公元1911年10月10日晚，新军工程第八营的革命党人打响了武昌起义的第一枪，夺取了中和门附近的楚望台军械所，缴获步枪数万支、炮数十门、子弹数十万发，为起义的胜利奠定了基础。

此时，驻守武昌城外的辎重队、炮兵营、工程队的革命党人也以举火为号，发动了起义，并向楚望台齐集。在多次进攻后，起义军最终在天亮前占领了督署和镇司令部，整个武昌落入起义军的掌控之中。

当日深夜，同盟会员何贯中得知武昌起义的消息后，立即将同寝室的李济深等同学组织起来，潜出校外，炸毁了清

临时大总统

军南下的唯一通道——漕河铁桥。这有效地阻碍了清军南下镇压起义运动的行程,极大地支援了武昌起义军接下来的军事行动,更为革命党人在全国范围内举事赢得了充足的时间。

后来汉阳、汉口也相继起义成功,起义军在掌握武汉三镇后,成立了湖北军政府,改国号为"中华民国",并号召各省民众起义响应。随后湖南、广东等15个省纷纷宣布脱离清政府独立。

公元1912年1月1日,中华民国临时政府在南京成立,孙中山被推举为临时大总统。公元1912年2月12日,清帝溥仪退位,清朝灭亡,两千多年的封建帝制结束。

俄国文学之父——普希金(公元1799年—公元1837年)

普希金在俄罗斯人心目中的地位无人能及。他像俄罗斯的白雪那样滋养人们的心灵,又像俄罗斯人常吃的黑面包一样慰藉人们的灵魂。普希金是公元19世纪俄罗斯浪漫主义文学的代表人物,也是现实主义的奠基人,还是现代俄语的创始人。"俄罗斯文学之父""俄罗斯诗歌的太阳""青铜骑士"都是人们对他的尊称。

公元1799年6月,亚历山大·谢尔盖耶维奇·普希金在莫斯科一个家道中落的贵族家庭出生。他自幼聪明,喜爱文学,8岁就会用法语写诗。公元1805年到公元1810年,每年

主线	地区	事件	时间
辛亥革命的经过	亚洲中国	爆发武昌起义	公元1911年
		中华民国临时政府在南京成立,清朝灭亡	公元1912年
普希金的成就	欧洲俄国	普希金出生	公元1799年

时间	事件	地区	主线
公元1799年	普希金出生	欧洲俄国	普希金的成就
公元1817年	普希金到外交部任职		

夏天普希金都在外祖母居住的扎哈罗夫村度过。扎哈罗夫村位于莫斯科的郊外，风景优美，对普希金童年的影响很大，这在他以后的作品中都有体现。

普希金后来进入贵族子弟学校皇村学校学习，在那里度过了6年的光阴。在中学考试时，他当着著名诗人杰尔查文的面，朗诵了自己创作的爱国主义诗歌《皇村怀古》，表现出了卓越的写作才能。

在中学学习期间，受法国启蒙思想的影响，普希金结交了一些十二月党人，初步形成了反对沙皇专制、追求自由的思想。在皇村中学，普希金还加入了一个叫"阿尔扎马斯"的文学社团。这个社团反对在文学创作中因循守旧、保守复古。

公元1817年，普希金中学毕业，以12品文官衔到彼得堡外交部任职。在这期间，他成了剧院的常客，经常参加"阿尔扎马斯"社团的聚会，并在公元1819年加入了戏剧文学团体"绿灯社"，这个社团与十二月党人的秘密组织有联系。

普希金虽然没有参加十二月党人秘密组织的活

普希金

动，但却与这些组织中的许多活跃分子结下了深厚的友谊。期间他还创作了许多反对农奴制、讴歌自由的诗歌，如《致恰达耶夫》《自由颂》《乡村》等。

为了响应"阿尔扎马斯"社团提出的关于创作本国民族英雄史诗的号召，普希金在公元1820年写下了童话叙事长诗《鲁斯兰和柳德米拉》。这个作品与以往的古典主义诗歌完全不同，它运用了生动的民间语言，向传统的贵族文学挑战。作品一经发表，就引起了强烈的反响。

这些"反动"的作品，引起沙皇政府的不安，于是沙皇政府在公元1820年把普希金外派到俄国南部任职，也就是变相的流放。流放期间，普希金与十二月党人的交往更加频繁，开始参加他们的秘密会议。在他们的影响下，普希金更加明确了追求自由的想法。

这期间他创作了《短剑》《囚徒》《致大海》等名篇。从这一时期开始，普希金完全展示了自己独特的风格，让大家了解了当时的社会。对新沙皇的幻想破灭后，普希金写下了政治抒情诗《致西伯利亚的囚徒》，来表达自己对十二月党人理想的忠贞不渝。

这时普希金的创作有了

普希金故居

主线	地区	事件	时间
普希金的成就	欧洲俄国	普希金到外交部任职	公元1817年

时间	事件	地区	主线
公元1837年	普希金在决斗中重伤身亡	欧洲俄国	普希金的成就

新的转变：他开始从社会和历史的角度对现实进行理性的剖析，但现实情况的复杂性让他无法对一些问题作出合理的解释。于是这一时期的作品就表露出他的不安、痛苦、迷茫，以及对死亡的兴趣。

公元1831年，普希金迁居彼得堡，继续创作了很多作品，如长篇叙事长诗《青铜骑士》、童话诗《渔夫和金鱼的故事》、短篇小说《黑桃皇后》等，还有两部有关农民问题的小说《杜布洛夫斯基》和《上尉的女儿》。

公元1837年，38岁的普希金因为妻子受到宪兵队长的亵渎，在与宪兵队长决斗的时候，腹部受到了重伤，不久便不治身亡。俄国文人感叹道："俄国诗歌的'太阳'沉落了！"

普希金和妻子雕像

普希金是俄罗斯文化的象征，有了他俄罗斯文学才有了自己的精神。他将俄罗斯文化从粗制滥造的边缘挽救过来，让人们欣赏到精妙绝伦的诗篇。

普希金在《纪念碑》一诗中写道：

我将永远被人民所喜爱，
因为我用诗的竖琴唤起了那善良的感情，
因为我在残酷的时代歌颂过自由，

并给那些倒下的人召唤过恩幸。

附录：第十一章参考文献

[1]坂本太郎. 日本史[M]. 北京：中国社会科学出版社，2018.

[2]查尔斯·俾耳德，威廉·巴格力. 美国大历史[M]. 北京：煤炭工业出版社，2018.

[3]桂涛. 工业革命的意外[J]. 半月谈，2017（12）.

[4]李锡海. 1848年革命[J]. 中学历史教学，2017（11）.

[5]楚西南. 解放了黑奴却解放不了自己[J]. 大科技(百科新说)，2011(11).

[6]夏尔. 拿破仑帝国"其亡也忽"的警示[N]. 解放军报，2015-07-03(7).

[7]宗泽亚. 清日战争[M]. 北京：北京联合出版公司，2014.

[8]唐德刚.从晚清到民国[M]. 北京：中国文史出版社，2015.

主线	地区	事件	时间

世界现代史

(公元1917年—公元1945年)

第十二章

纷乱再起

- 俄国十月社会主义革命
- 美国经济大萧条
- 慕尼黑阴谋会议
- 第二次世界大战爆发
- 雅尔塔会议
- 联合国成立

俄国十月革命的胜利,资本主义和社会主义共同发展,人类社会进入现代史。在经济全球化的推动下,世界越来越紧密,但是世界各国的发展模式又是多样的,这种全球化和多样化的矛盾统一,构成了世界各国既相互依存又相互竞争的复杂局面,人类社会也经历了前所未有的苦难。

时间	事件	地区	主线
公元1917年4月	列宁在布尔什维克的会议上作报告	欧洲俄国	十月革命的经过

俄国十月社会主义革命（公元1917年）

俄国二月革命后，沙皇被迫退位，发动这场革命的工人和士兵登上了历史舞台，建立了自己的领导机构——苏维埃。由于当时大多数布尔什维克的领导人不是在监狱就是被流放，导致苏维埃的领导权被孟什维克和社会革命党人所窃取。这些人支持资产阶级建立临时政府，凌驾在苏维埃政权之上。

代表资产阶级利益的临时政府继续奴役广大劳动人民，并且想方设法地扑灭革命的火焰。公元1917年4月，列宁在布尔什维克的会议上作了《论无产阶级在这次革命中的任务》的报告，提出了从资产阶级民主革命过渡到社会主义革命的任务，为革命的发展指明了方向，彻底改变了布尔什维克支持临时政府的政策。

俄国十月革命

资产阶级临时政府为了转移矛盾，7月向德意志国家和奥匈帝国发动战争，妄图用战争去消灭革命。这次冒险的行动，让俄国在10天内损失6万人。战争失败的消息传来，工人、士兵纷纷走上街头游行示威，要求停止战争，将全部政权归还苏维埃。临时政府怎么舍得将自己的权力拱手让出？于是派军队进行了血腥的镇压，制造了七月事变。这次的屠杀，让人民深刻认识到，必须以革命的暴力才能打倒反革命暴力。

公元1917年11月6日（儒略历10月24日），列宁秘密来到起义总指挥部——斯莫尔尼宫，亲自领导武装起义。从6日晚间到7日上午，革命士兵和起义工人迅速占领了彼得格勒的各个战略要地，除了宫廷广场和伊萨基耶夫斯卡广场地区，其他地区几乎都掌握在起义者的手里，临时总理也仓皇逃跑。

7日下午，2万多革命士兵和赤卫队员包围了冬宫，革命军事委员会向临时政府下达了最后通牒，命令他们必须在下午6时20分前缴械投降，但是遭到拒绝。晚上9时45分，革命军事委员会以阿芙乐尔号巡洋舰开炮为信号，发起了总攻。激战持续到8日的凌晨，最后彼得格勒武装起义取得胜利，推翻了资产阶级的临时政府。

起义成功的当天夜里，苏维埃代表通过了《告工人、士兵和农民书》，向全国各地宣布了全部政权一律转归工人、农民、士兵代表的苏维埃政府的消息。第二天，又通过了《和平法令》和《土地

列宁与十月革命

主线	地区	事件	时间
十月革命的经过	欧洲俄国	列宁领导武装起义	公元1917年11月

时间	事件	地区	主线
公元1917年11月	列宁领导武装起义	欧洲俄国	十月革命的经过
公元1929年	美国爆发股灾，引发经济大萧条	北美洲	大萧条的后果

法令》。《和平法令》反映广大劳动人民迫切希望和平的愿望，《土地法令》废除了地主土地所有制，全部土地收归国有，交给广大农民使用。

俄国十月社会主义革命，是人类历史上第一次获得胜利的社会主义革命，建立了世界上第一个无产阶级专政性质的政权，世界上第一个社会主义国家诞生了。十月革命的胜利沉重打击了帝国主义的统治，推动了国际社会主义运动的发展，鼓舞了殖民地半殖民地人民的解放斗争。

十月革命也结束了资本主义独占天下的局面，并为之后的社会主义阵营的建立奠定了基础。

美国经济大萧条（公元1929年—公元1933年）

大萧条指的是公元1929年至公元1933年间发源于美国，后来波及整个资本主义世界的经济危机，其中受影响的国家包括美国、英国、法国、德国和日本等。

由于工业革命，美国的经济日趋繁荣，股市也一片大好。美国财务部长在公元1929年9月还向公众保证："这一繁荣的高潮将会持续下去。"

只是这个保证很快被击碎，公元1929年10月24日，美国股市突然暴跌，这一天美国金融界崩溃了，股票下跌的速度连自动显示器都跟不上了。10月29日，人们纷纷涌向华尔街，开始疯狂地抛售手中的股票，股指骤然下跌了近

40个百分点。成千上万的美国人，眼睁睁地看着他们一生的积蓄就这样消失了。

这个"黑色星期二"被视为经济大萧条时期开始的标志。此后，短短两个星期内，共有300亿美元的财富蒸发了，这相当于美国在第一次世界大战中的总开支，但这不过是这场经济大萧条爆发的火山口而已，随后的灾难让美国和全球陷入长达10年的经济大萧条期。

随着美国股市的崩溃，美国经济全面陷入毁灭性的灾难中，就像多米诺骨牌的倒塌，引起了一系列可怕的连锁反应：银行发生了疯狂的挤兑，导致银行倒闭，工厂关门，工人失业，很多人无家可归，无食物可吃。美国失业人口达到了830万，在美国各城市排队领救济食品的穷人超过几个街区。

经济大萧条

但是，农业资本家和大农场主却将大量"过剩"的产品销毁：把牛奶倒进密西西比河，用小麦和玉米代替煤炭做燃料。他们宁愿把这些产品扔掉，也不愿减少自己的利润降价销售。

主线	地区	事件	时间
大萧条的后果	北美洲	美国暴发股灾，引发经济大萧条	公元1929年

时间	事件	地区	主线
公元1929年	美国暴发股灾，引发经济大萧条	北美洲	大萧条的后果

这场经济危机很快从美国蔓延到其他资本主义国家，千百万的人挣扎在吃、穿、住的困境中。很多人失业，即使以前成功的商人和银行家也变得一无所有，有200万—400万名中学生辍学。一些人忍受不住生理和心理的痛苦而选择自杀，社会治安日益恶化。

经济大萧条时的场景

美国的这次经济大萧条造成的灾难，是人类历史上前所未有的，它造成了美国大面积的饥荒，让大约700万美国人非正常死亡，导致美国人口锐减，给美国留下了永久的伤痛。记录美国历史的《光荣与梦想》一书曾悲愤地写道："千百万人只因像畜生那样生活，才免于死亡。"

经历了大萧条后，工人从20年代的麻木状态清醒过来，开始发动罢工来增加自己的权利。一些自由主义者被苏联的繁荣所吸引而成为马克思主义者，而保守主义者由于惧怕布尔什维克主义，开始转向法西斯主义。

德国、意大利、日本为了摆脱大萧条走上了对外侵略扩张与法西斯主义道路，阿道夫·希特勒、贝尼托·墨索里尼、东条英机等独裁者的出现，间接造成了第二次世界大战的爆发。

慕尼黑阴谋会议（公元1938年）

捷克斯洛伐克（以下简称捷）位于欧洲的中心，具有重要的战略位置，并且矿产丰富，军事工业发达。如果占有了这个有利的地区，德国东可以进攻苏联，西可以进攻法国和英国。为了得到这个地方，早在1937年时，德国就拟订了侵占捷的计划。

公元1938年3月，德国强行吞并奥地利后，又开始打捷的主意，企图以支持"民族自决"为名，侵占西部德意志族人集中居住的苏台德地区。德国法西斯为了找一个侵略的借口，不惜利用捷民族之间的问题挑起事端。4月，希特勒唆使德意志族人要求苏台德地区"自治"，同时德军在德、捷边境集结，进行武力威胁。但是因为捷的顽强抵抗，希特勒被迫暂时退却。

9月12日，希特勒在纽伦堡公开发表演说，宣布会支援苏台德德意志族的独立运动。当晚苏台德地区发生暴乱，出现了"九月危机"。面对

慕尼黑会议

主线	地区	事件	时间
《慕尼黑协定》的内容	欧洲	德国挑起事端	公元1938年

时间	事件	地区	主线
公元1938年9月	英国首相张伯伦赴德国与希特勒会谈	欧洲	《慕尼黑协定》的内容
公元1938年9月	签订《慕尼黑协定》		

德国的野心，英、法政府采取了绥靖政策，他们为了自身的利益不惜牺牲捷，用来换取自己的安全。

9月15日，英国首相张伯伦赴德国与希特勒会谈，不惜一再退让，同意将苏台德地区割让给德国，法国总理达拉第则与英国保持一致。9月19日，英、法两国联合对捷施加压力，迫使捷割让出苏台德地区。9月21日，捷被迫接受英、法的建议。9月22日，希特勒又提出要兼并更多捷的领土，但遭到捷政府的断然拒绝，德国以战争相威胁，导致局势空前紧张。

9月29日，张伯伦、达拉第、希特勒和意大利首相墨索里尼在德国慕尼黑举行了四国首脑会议，于30日凌晨签署

张伯伦从慕尼黑归来

《慕尼黑协定》。几个小时后，迫于英法的强大压力，捷政府被迫接受了该项协定。英德两国签署共同宣言（后来法德亦签署共同宣言），决心用协商办法处理两国关系的一切问题，"永远不再投入彼此之间的战争"。

这只是希特勒使用的"声东击西"的手法，《慕尼黑协定》不过是一场阴谋而已。德国在占领了苏台德地区后的第二年，就公然侵占了整个捷帝国。不到半年的时间，又将波兰全部吞下。与此同时，还挑起了对英国和法国的全面战争，使得当初以为不会再有战争伤亡的英法两国再一次面临了战争的威胁。

张伯伦以"损人的目的开始，以害己的结果告终"，后来"慕尼黑协定"演变成了一己之利而牺牲他国利益、纵容侵略行为的代名词。

第二次世界大战爆发（公元1939年）

虽然都是帝国主义，但各国发展的重点各不相同，这导致各国的政治、经济、军事极不平衡。当德、意、日发现自己的军事实力远超其他国家时，他们就想获得更多的权利，想重新划分天下，于是帝国间的矛盾就尖锐起来。公元1931年9月18日，日本发动"九一八"事变，形成了东方第一个战争策源地。当时的西方大国普遍奉行绥靖政策，只要没有损害自己的利益就纵容法西斯，从而助长了

主线	地区	事件	时间
《慕尼黑协定》的内容	欧洲	签订《慕尼黑协定》	公元1938年9月
二战的经过	世界	波兰战役	公元1939年

时间	事件	地区	主线
公元1939年	波兰战役	世界	二战的经过
公元1940年	德国侵占荷兰、比利时		

法西斯的嚣张气焰。

公元1935年10月3日,意大利发动了对埃塞俄比亚的侵略战争。公元1937年7月7日,日本发动全面侵华战争,进一步加剧了国际形势的紧张态势。公元1938年,德意志吞并了奥地利,随后又控制了捷克斯洛伐克。公元1939年,苏联和德意志签订了《苏德互不侵犯条约》,得到苏联的中立保证后,希特勒决定放手一搏。

签订《苏德互不侵犯条约》一星期后,德国发动对波兰的战争,随后苏联也入侵波兰,很快苏德两国占领了波兰全国领土,波兰战役结束。波兰战役是第二次世界大战欧洲战区的起点,一般被认为是第二次世界大战的开始。

第二次世界大战开始

公元1940年5月10日,德军进攻荷兰,荷军投降。5月28日比利时投降。后来德军的坦克兵团深入法国腹地,法国几乎没进行有组织的抵抗就签订了《贡比涅停战协定》,同意德国占领法国北部和大西洋沿岸地区,并宣布法国退出战争

整装待发的军队

和解除法国舰队武装，法国全面停火。

德国占领法国后，希特勒便着手对付欧洲北部的英国。德国制订了针对英国的"海狮计划"，要对英国进行登陆作战，这就要先歼灭英国的空中力量，于是德国在公元1940年8月对英国发动了大规模的空袭。这是二战中规模最大的空战，很多被德国占领的欧洲国家也加入了保卫英国的行列。战争最终以德国的失败而告终，德国不得不放弃入侵英国的作战计划。

公元1941年6月，德国撕毁之前与苏联签订的条约，发起了侵苏的"巴巴罗萨"计划。由于德国低估了苏联红军作战的能力和顽强的意志力，加上气候的恶劣、食物的短缺和过长的战线，导致这个计划失败。该计划开启了长达数年的苏德战争，成为人类历史上最血腥的战争，数千万人因此伤亡。

公元1942年6月，德国发动了争夺苏联南部城市斯大林

主线	地区	事件	时间
"二战"的经过	世界	德国发动对英国的空袭	公元1940年8月
		德国侵略苏联	公元1941年

时间	事件	地区	主线
公元1941年	德国侵略苏联	世界	"二战"的经过
公元1945年	成立联合国		

格勒的战役。斯大林格勒位于伏尔加河下游西岸,是苏联内河航运干线,是苏联中央地区通往南方重要经济区域的交通咽喉,战略位置非常重要。苏军誓死守卫,最终阻止了德国前进的步伐,成为第二次世界大战东部战线的转折点,也是"二战"的转折点。

第二次世界大战中直接死于战争及与战争相关的人数大约为7000万。由于第二次世界大战的惨烈,根据雅尔塔会议协定,为了维护国际和平与安全,中、英、美、苏、法为首的同盟国在公元1945年10月24日发起成立了联合国。联合国先后组织制定了从不扩散核武器到和平利用外层空间等数百个国际条约。

在"二战"中,由于英、法等老牌帝国主义受到重创,亚非地区的殖民地人民掀起了独立运动,印度、越南、埃及等国纷纷独立。"二战"

"二战"时德国陆军

让中东、非洲数十个国家先后独立,最终导致由西方地理大发现后在全球形成的殖民地体系彻底瓦解。

从客观上来讲,第二次世界大战还推动了科学技术的迅速发展。"二战"期间,因为战争的需要,各国开始制造新式武器，大战后这些科学技术为和平事业服务，推动了人类历史文明的进步。

雅尔塔会议（公元1945年）

第二次世界大战进行到1943年年底时，战争已进入尾声，德、意、日的败局已定。战争结束后一些国际事务应如何处理？这需要三大联盟国共同商量，于是一场联盟国的高层会晤迫在眉睫。

在欧洲战场上，因为苏联红军和英美联军的两面夹击，反法西斯联盟的胜利指日可待。虽然军方人士认为日本必败，但是在太平洋战场上，日军与美军的战事异常惨烈，双方都损失惨重。太平洋战场的严峻形势，让美国认识到击败德国并不意味着对日战争的结束，美国必须做出长期战争和付出极大代价的准备。为了尽快结束太平洋战争，美国迫切

雅尔塔会议

主线	地区	事件	时间
雅尔塔会议的内容	欧洲乌克兰	美、英、苏三国首脑会聚，召开雅尔塔会议	公元1945年

时间	事件	地区	主线
公元1945年	美、英、苏三国首脑会聚，召开雅尔塔会议	欧洲 乌克兰	雅尔塔会议的内容

丘吉尔

希望苏联能早日参加对日作战，这样就可以牵制日本在中国的兵力，让他们无法去增援太平洋战场。

1945年2月4日至2月11日，美国罗斯福、英国丘吉尔、苏联斯大林三大国家首脑，在黑海北部的克里木半岛的雅尔塔皇宫内举行了一次关于制定战后世界新秩序和列强利益分配问题的关键性会议，也就是雅尔塔会议。

会议的主要内容有：决定由美、英、法、苏四国分区占领德国，德国必须交付战争赔偿以及彻底消灭德国军国主义和纳粹主义；会议还讨论了对于波兰、远东、联合国等问题的处置。对于远东问题，苏联在必要的条件下，同意参加对日作战。

雅尔塔会议缓和了同盟国之间的矛盾，加强了反法西斯世界统一战线，让各同盟国能同仇敌忾共同抵抗法西斯，加速了世界反法西斯胜利的进程。此外，雅尔塔会议还在消除纳粹主义和军国主义等方面起了重要作用，也影响了战后的世界格局。但是，在涉及其他国家主权的问题上，雅尔塔会议并没有遵守各国平等合作的原则，也没有尊重其他国家的主权完整性，而是表现出大国支配一切的强权政治。

联合国成立（公元1945年）

"二战"期间，日本偷袭了美国太平洋上的海军基地——珍珠港，使美国海军遭受重创，美国奋起反击，太平洋战争爆发。太平洋战争在开始阶段，美英联军节节败退。于是，英国首相丘吉尔到华盛顿，同以美国总统罗斯福为首的美国军政要员举行会谈，提出建立世界反法西斯同盟。

公元1942年年初，美、英、苏、中等26个国家在《联合国家宣言》上签字。这是第一次正式使用"联合国家"，也译为"联合国"。

公元1943年10月30日，在莫斯科会议上，苏、中、美、英四国代表共同发表《普通安全宣言》，号召尽早建立一个维护世界和平与安全的国际机构。后来，美国、苏联和英国的领袖再次确认了这个目标。联合国的蓝图，是在公元1944年9月敦巴顿橡树园会议上第一次提出的。此后，为了制定联合国的章程，苏、中、美、英四国又分别举行过几次国际会议，并就安理会表决程序达成协议。对于《联合国宪章》的制定问题，会议决定留待联合国家国际组织大会上完成。

主线	地区	事件	时间
联合国的宗旨		美国罗斯福提出成立"联合国"设想	公元1942年
		提出联合国蓝图	公元1944年

时间	事件	地区	主线
公元1945年	联合国正式成立	美国旧金山	联合国的宗旨

公元1945年4月25日，来自50个国家的代表齐聚旧金山，参加了联合国家国际组织大会，代表们起草了《联合国宪章》，6月25日该宪章获得全票通过。同年10月24日，《联合国宪章》开始生效，联合国就此正式成立。

联合国旗帜图案

联合国设有联合国大会、联合国安全理事会、联合国人权理事会、联合国经济及社会理事会、联合国托管理事会、国际法院和秘书处，共7个主要机构。其总部设在美国纽约，在瑞士日内瓦设有联合国欧洲办事处。

联合国的宗旨是维护国际和平与安全；制止侵略行为，

联合国总部

促进国际合作，发展国际间以尊重各国人民平等权利及自决原则为基础的友好关系；进行国际合作，以解决国际间经济、社会、文化和人道主义性质的问题，并促进对于全体人类的基本自由的尊重。

附录：第十二章参考文献

[1]姚好，蔡新苗. 图说一战二战[M]. 北京：北京联合出版公司，2015.

[2]高连奎. 大萧条，美国曾经的大灾难[J]. 现代阅读，2018(1).

[3]于沛. 十月革命和世界历史进程：纪念十月革命100周年[J]. 史学理论研究，2017(3).

[4]阮炜."二战"究竟因何爆发[N]. 人民日报，2015-04-23.

[5]宋义东. 联合国成立70周年[J]. 国家人文历史，2015(20).

主线	地区	事件	时间